中华传统文化国粹
经典文库

名家导读版

道德经

［春秋］老　子 ○著
王　蒙 ○导读

中国民族文化出版社
北京

图书在版编目（CIP）数据

道德经 / （春秋） 老子著；王蒙导读. -- 北京：中国民族文化出版社有限公司，2024.10
（中华传统文化国粹经典文库 ：名家导读版）
ISBN 978-7-5122-1556-6

Ⅰ.①道… Ⅱ.①老… ②王… Ⅲ.①《道德经》
Ⅳ.①B223.1

中国国家版本馆CIP数据核字(2023)第055706号

道德经
DAODEJING

作　　者	[春秋]老　子
导读者	王　蒙
责任编辑	赵卫平
责任校对	李文学
装帧设计	宋双成
出版者	中国民族文化出版社　地址：北京市东城区和平里北街14号
	邮编：100013　联系电话：010-84250639　64211754（传真）
印　　装	三河市冠宏印刷装订有限公司
开　　本	710 mm×1000 mm　16开
印　　张	25
字　　数	380千字
版　　次	2024年10月第1版
印　　次	2024年10月第1次印刷
标准书号	ISBN 978-7-5122-1556-6
定　　价	42.80元

版权所有　侵权必究

中华传统文化国粹经典文库

品文化经典　通古今智慧

总策划

李继勇

策划人、出版人、北京书香文雅图书文化有限公司董事长。专业从事图书策划，儿童文学、儿童阅读推广，国内文化交流等。已成功策划"儿童文学光荣榜"系列、"爱阅读课程化丛书"系列、"文学百年·名家散文典藏"系列、"科幻文学群星榜"系列、"绘本里的世界"系列、"童诗百年"系列等多种类型出版物。

总顾问

于润琦

中国现代文学馆研究员、中国作家协会会员。总主编《插图本百年中国文学史》（3卷），主编《清末民初小说书系》（10卷）、《海派作家作品精选》（16册），校、注古典小说《型世言》《金屋梦》《中国古典文学海外珍稀本文库》30余种，参与编选《明、清、民国时期珍稀老北京话历史文献整理与研究》（30册）、《中国现代文学百家》（116册），以及《北京的门礅》《老北京的门楼》北京民俗著述多种。

导读者

（按姓名音序排列）

◎**薄克礼**
文学博士，天津城建大学教授。攻文史，好四书。

◎**陈鹏程**
历史学博士，天津师范大学文学院副教授。

◎**陈世旭**
当代作家，曾任中国作家协会主席团委员、江西省文联主席兼作家协会主席。

◎**陈喜儒**
作家，著名翻译家，曾任中国作家协会外联部副主任、中国外国文学学会日本文学研究分会会长。

◎**冯 蒸**
首都师范大学文学院教授，博士生导师，北京国际汉字研究会理事、副会长。

◎**官 铎**
管子思想理论和应用资深研究学者。

◎**关四平**
哈尔滨师范大学文学院教授，博士生导师。主要从事中国古代小说及戏曲等研究。

◎**韩小蕙**
著名作家，中国作家协会会员，中国散文学会副会长，南开大学文学院兼职教授。

◎**侯忠义**
北京大学教授，曾任北京大学图书馆古籍整理研究室主任。主要从事先秦两汉文学史、文言小说研究。

◎**李海涛**
天津师范大学历史文化学院教授，天津市孙子兵法研究会荣誉会长。

◎**李瑞兰**
天津师范大学历史文化学院教授，曾任中国先秦史学会理事。

◎**李树果**
资深《易经》研究者，中国散文诗学会理事，《中华时报》记者。

◎**李硕儒**
作家，著名编剧。合著长篇历史小说《大风歌》获重庆市"五个一工程奖"。

◎**廉玉麟**
天津中医药大学第一附属医院主任医师，教授。

◎**林海清**
天津师范大学国际教育交流学院副教授，天津市红楼梦研究会副秘书长兼理事，中国三国演义学会、中国水浒学会会员。

◎林 骅
天津师范大学文学院教授，曾任古典文献研究所所长，天津市红楼梦研究会顾问。

◎马文大
首都图书馆研究馆员、北京地方文献中心主任，北京史研究会副会长。

◎孟昭连
南开大学文学院中国语言文学系教授，中国东方文化研究会理事。

◎宁稼雨
南开大学英才教授、博士生导师，2017年度国家社科基金重大项目"全汉魏晋南北朝小说辑校笺证"首席专家。

◎宁宗一
南开大学学术委员会委员、中国武侠文学学会名誉会长、中国儒林外史学会副会长。

◎牛 倩
天津大学国际教育学院副教授，硕士研究生导师。

◎欧阳健
福建师范大学文学院教授，曾任《明清小说研究》杂志主编。

◎潘务正
安徽师范大学文学院教授，教育部人文社会科学重点研究基地安徽师范大学中国诗学研究中心副主任，中国韵文学会赋学专业委员会（中国辞赋学会）副会长。

◎乔卉林
中国城乡金融报社记者。其作品曾多次获得奖项。

◎尚学峰
又名尚学锋。文学博士，北京师范大学文学院教授。

◎邵永海
北京大学中文系教授。主要从事汉语史方面的教学和研究工作。

◎石定果
北京语言大学人文学院教授，汉语言文字学博士。著有《说文会意字研究》等多部作品。

◎石 厉
原名武砺旺。著名诗人，文艺理论家。《诗刊》编委，《中华辞赋》杂志总编辑，中华诗词学会副会长。

◎石 麟
湖北师范大学文学院教授。中国水浒学会会长。

◎孙立仁
曾任《中国老年报》社长，发表多篇小说、诗歌、散文、报告文学等。当代篆刻家。

◎孙钦善
北京大学中文系教授，全国高等院校古籍整理研究工作委员会委员，中华炎黄文化研究会理事。

◎田秉锷
江苏省文艺评论家协会顾问，徐州市孔子学会顾问，江苏师范大学客座教授。

◎王建新
中国历史文献研究会理事，中原传媒集团出版部副主任。

◎王 蒙
著名作家、学者，文化部原部长。茅盾文学奖获得者。多年来致力于传统文化研究。2019年获"人民艺术家"国家荣誉称号。

◎王晓华
民国史专家，中国第二历史档案馆研究馆员。中央广播电视总台、北京电视台、湖北卫视等多个栏目主讲嘉宾。

◎吴 波
湖南农业大学教授、党委委员、副校长，中国儒林外史学会副会长，湖南省古代文学学会副会长。

◎武道房
安徽师范大学中国诗学研究中心教授。

◎徐 刚
诗人，作家。曾获鲁迅文学奖、郭沫若散文奖、中国报告文学终身成就奖等。

◎俞 前
中国作家协会会员，苏州市吴江区南社研究会会长，苏州南社文化研究院副院长。

◎查洪德
文学博士，南开大学中国语言文学系教授，博士生导师。内蒙古元代文学学会会长。主要从事元明清文学与文献研究。

◎张秋升
曲阜师范大学历史文化学院教授，主要研究儒家史学理论。

◎张世林
新世界出版社编审，著有《大师的侧影》等著述。

◎张弦生
中州古籍出版社编审、副总编辑。

◎郑铁生
天津外国语大学教授，原中国三国演义学会常务副会长兼秘书长，曾任中国红楼梦学会学术委员会委员、北京曹雪芹学会副会长。

◎周传家
北京联合大学应用文理学院教授，中国昆剧古琴研究会副会长，中国戏剧文学学会顾问，中国戏曲学会常务理事。

◎卓 然
原名王坤元，笔名卓然。作家，诗人。著有中短篇小说集《我记忆中的河》、散文集《天下黄河》等作品。

名家导读

老子名李耳，字伯阳，号老聃。司马迁《史记》载其为楚国苦县厉乡曲仁里人。今考苦县在春秋时期为陈国相县（今安徽省亳州市涡阳县），楚惠王六年（公元前483年）发兵陈，陈归入楚，故老子应为陈国相县人。他写的五千字《道德经》，影响巨大。

一、《道德经》的思想："道"

《道德经》所说的"道"，是世界的本原和归宿，是世界的根本规律，世界的终极无穷存在，有些像数学里的无穷大（∞）。老子认为"道"是看不见的，视之不见叫"夷"（无色）；"道"是听不见的，听之不闻叫"希"（无声）；所以"道"是摸不着的，是高度抽象又高度精微的。这是人在头脑中对"道"的体悟。而"道"的本体存在，其特点是大、逝、远、反。大是伟大、宏大、无穷大，无所不包；逝是变动不羁、永远演化、时时产生、时时更新、时时衰老、时时消失；远是不受时间空间局限，影响无界无垠；反是时时反转，有所循环，如否定之否定。

老子所说的这个"道"，是有指向性、必然性、理论性，虽没有能被感官感知或触及的实体，却是处于你的主观意识之外的绝对存在，是你的一种毫无疑问的感受而不是切实的实体。也可以说，"道"的实体就是世界，就是自然，就是你、我、他，就是天文、地理、生物、人类、自然、社会和文化的一切的一切。世界上一切事物都有自己的发生、变化、局限、灭亡、消失，同时，世界是永存的。很简单的道理，如果世界有时间与空间的边界的话，那么边界之外又是什么呢？如此说来，一切的一切发生于何？灭亡于何？永恒于何？存在于何？你把它们综合起来，就是"道"。

事物的出现与被发现是一个过程，但它们的形成，其道理与原质是先天、先验的。你的出生是猴年马月，没错，但令你出生的阴阳之气、之理，人类的祖先——猿人的进化，你的祖先的存在，构成人的各种元素的存在是绝对的。飞机的发明是1903年，但在飞机出现以前，发明飞机所需的空气动力学、物理学的学理所反映的客观规律都是早已有之的。故哲学家有所谓"未有飞机之前已有飞机之理"一说。如此说来，当人的思想逐渐走向寻找本质的时候，我们所追寻的正是"道"。

"道"是中华文化的概念之神。老子强调"人法地，地法天，天法道，道法自然"，就是说人的一切要根据大地的规律与情势做，而大地的一切要根据天时、季节与气候、天象做，天的一切，取决于"道"，是师法"道"而运动的，而"道"的一切，最终取决于自然状态——世界万物本有的、自有的规律。这个自然，不是指自然界，是自然而然的意思，是世界万物本来的样子、本来的特性，是不依人的意志转移的自然状态、自然法则。

你也许会问，说来说去，到底什么是"道"呢？提出这个问题，说明你已经有悟性了，说明你已经有了对于"道"的感悟与追求，你已经琢磨上道了——除了眼前的、鼻子底下的东西，你想进一步弄清到底是什么，究竟是什么？太棒了，你问的"到底"与"究竟"，好极了，它就是"道"！

在《道德经》一书中，道有时称作"天道"，有时叫作"大道"，有时叫作"一"，有时叫作"朴"（原意是未加工过的木材），而"德"的概念是指"道"的功能。《道德经》中，讲到"天"的地方比讲到"道"的地方还多。"天"，是自然的存在，是终极的本质，是人心与智慧的认知与感悟，是先验的与天生的第一性概念，是一元论的整体性的一，还是伟大、深刻、至善、至高的同义语。这表现了老子哲学将唯物与唯心、文化与政治、理论与现实、信仰与认知合而为一的东方哲人思路。

二、《道德经》的思想："无"

除了"道"，《道德经》里强调的还有"无"。老子强调"无为而无不为"。简单地说，只有不干那些错误的、多余的、越俎代庖的、适得其反的、凭空添乱的事情了，各种应该做的事情才能做好。老子所处的时代，各诸侯国争权夺利，急于求成，战争连连，谋略多多，以致天下大乱，民不聊生；诸侯们都想着扩张强悍自身，吞并别的邦国。老子认为，他需要大喊叫停，挽狂澜于既倒，给诸侯及其卿相急躁盲目的胡作非为泼冷水。

他看到了事物正反相依、相反相成的关系和结果。他对政治治理的理想就是"无为而无不为"，就是"太上，不知有之……功成事遂，百姓皆谓：'我自然。'"，即最好的治理是人们感觉不到约束干预，事成了，百姓都说，是我们循规而做的呀。

三、老子的辩证法理论

老子更有独特的辩证法理论，可以称为"中华辩证法"。我认为有几点特别让我们受用。

一个是"无"与"有"的辩证法。他说，房屋、车辆、器皿等，都是"有之以为利，无之以为用"。房屋有墙壁、门窗、屋顶和地面，这些都是"有"，但正是窗门顶地造成的中间的"无"，才是我们可以使用的，确切地说，四面墙中间的空无、空白，才是有用的空间。器具有底有壁，也可能有托有顶盖，但我们使用的是内里空间，是中间的无，如果器具是死腔的，或者装满了东西，就不能用了。所以应该虚心，不自满，不自大，才能听进不同意见，才能进步。老子把"有"和"无"、"实"和"虚"说得非常辩证，"有"为利，"无"为用，二者互为依托，才发挥了作用；极其生动巧妙，发人深省。

到了庄子那里，他的名言叫"虚室生白"。一间房子，放的东西越少就越亮。人的内心世界，越明朗清静，越能留下纠错的空间，留下调整适应变化的空间。所以，不能自满，不能被一大堆成见堵死自己的心胸，要虚心好学，要使自己亮亮堂堂；不能小肚鸡肠，画地为牢，坐井观天，要开拓自己的精神空间；不要狭隘偏颇，要宰相肚里能撑船，有容乃大。

一个是自己与他人的关系。"以其无私，故能成其私""夫唯不争，故天下莫能与之争"。你越不死盯着自己的私利，你的个人的追求与愿望反而越容易实现；你越不与别人斤斤计较，别人反而越没有办法与你争斗。老子还说："吾所以有大患者，为吾有身；及吾无身，吾有何患？"你的忧心忡忡全在于对自身得失的计较，如果你不计较自身的得失成败，到了无我的境界，你还有什么忧愁苦恼呢？你知道符合自然而然的天道，也就成就了自己。

一个是"祸"与"福"的辩证法。"祸兮，福之所倚；福兮，祸之所伏。"这句名言告诉我们，福祸是可以转化的，人要胜不骄，败不馁，高潮和低谷时都要保持平常心，沉住气。有了成绩而忘乎所以、牛皮哄哄，对你不利的事可能就快来了，最终只能是自取灭亡；反之，不能因受到挫折、处于逆境就悲观失望，动摇泄气，只要保持生活的热情与进取的勇气，你还有绝处逢生的机会。这个思想，还有后来《淮南子》讲的"塞翁失马焉知非福"的成语故事，在中国家喻户晓，脍炙人口，鼓励了一代代有志者不怕艰险，知难而进，取得了成绩，获得了成功。

一个是"相反相成"的辩证法。"大成若缺，其用不敝。大盈若冲，其用不穷。大直若屈，大巧若拙，大辩若讷，大赢若绌。"在老子看来，越是大格局大出品，越难免有可挑剔的缺憾，有待于精益求精，但是它的效用永远不会衰敝；越是大积蓄大充实，越是要留下吸收新事物新进步的空间，所以你用之不竭；大真理直言会照顾到许多方面，难免像是有一点曲里拐弯，大的智巧像是有一点笨拙，因为它从来不投机取巧，不打折扣；了不起的言说辩论之才，反而显得不善谈吐也不常说话，因为世上的空谈废话、意气之争、口水之战太多，只有真正值得你去说去辩去讨论去分析的话题才有意义。老子说的是，相反的事物是互相依存的，是一个整体，不要用一个方面否定另一个方面，不要被一种现象所蒙蔽；想要保持精神优势，就要全面思考，深谋远虑，才有定力，才能保持最佳状态，不受外界的干扰。

一个是"物极必反"的法则。"将欲歙之，必固张之；将欲弱之，必固强之；将欲废之，必固举之；将欲取之，必固与之。"你要关紧一扇门，先要将它开大，这样才好用力将之关闭严实；你想削弱对手打败敌手，不妨先使之扩张膨胀，出现破绽危机；你想要有所得，必须先有所付出。很多人认为老子讲的是兵法，但老子本意是讲各种行为的普遍规律。有人认为老子阴险，那要看老子的整个三观，他坚决反对战争，反对利己主义，反对争夺私利，同情人民，同情弱势群体。他讲的是一种斗智哲学，是一种处理问题、改变处境的方法，他是伟大的思想家，当然不是阴谋家。

四、老子的名言

老子还有许多名言，其味其理，其文其意，隽永深厚，读起来颊齿留香，如沐春风，如赏青山高峰、江海浪潮。

老子说，"上善若水，水善利万物而不争"。水又包容，又清纯，维系生命，洗涤污浊，而且谦卑，甘居人下，充满了生命的喜悦与平凡的伟大。

老子说，"治大国，若烹小鲜"。治理大国就像浅炖小鱼，简化手续，不折腾，不轻举妄动。这是多么胸有成竹、举重若轻的一种姿态呀！

老子说，"我有三宝……一曰慈，二曰俭，三曰不敢为天下先"。老子的哲学思维在先秦文化中首屈一指，但他不是为学术而哲学，他的目标仍然是为帝王师，想对为政者有所诫勉。他认为对于帝王与权力系统来说，最重要的是慈——亲民爱民，俭——珍惜民力国力，不敢为天下先——不提过于超前的口号目标，而要时时与人民在一起。这里，老子警惕的是滥用权力。

老子说，"圣人常无心，以百姓心为心"。圣人没有个人的成见偏见定见，圣人了解百姓，把百姓的利益放在首位，跟着百姓的愿望走。这里讲的是政纲民主、政策民主、义理民主；两千五百年前，当然还没有谈到程序民主与法制民主。这与"为人民服务""以人民为中心"是一致的。

老子说，"知其白，守其黑""知其荣，守其辱"。就是说，心里十分明白，但要避免激化矛盾，更要不露锋芒，韬光养晦，一步一个脚印；还包括了不钻营、不出风头、不炒作的做人修身之道。

老子说，"天之道，损有余而补不足；人之道则不然，损不足以奉有余"。他认为天之道是贬损富足有余的人去补助生活困难的人，可是人之道却反过来，常常剥削困难的弱势群体去滋养富足有余的人。这个说法很厉害，所以，中国历史上的农民起义经常打起"替天行道"的旗帜，搞杀富济贫，开仓放粮，根源来自这里。

老子说，"抗兵相若，哀者胜矣"。他认为处在被侵略被欺侮被践踏的不利状态中的悲愤痛苦的人民，能够奋勇拼搏而取得胜利，具有激励被剥削、被压迫的劳苦大众起而抗争的意义。

五、《道德经》的现实价值

"道可道，非常道；名可名，非常名。"说起老子的《道德经》，人们总觉得高深莫测、玄而又玄。这里的"玄"，可以理解为抽象性和逆向思维性。《道德经》确实是众妙之门，打开这个"门"，你就能领会日常生活中想不到的许多道理。

老子真是聪明啊，他的思维能力非常发达。他的《道德经》充满了逆向思维，他在平凡的事物中发现了至理，给别人认为合情合理的地方指出了不同的思维途径和发展结果。有人认为他学说中的某些方面与辛辛苦苦、仁义道德的儒家形成对立面，有时不无片面和消极；但我认为，老子学说是我们中华民族精神财富中很重要的一个组成部分，是儒家学说的一个很好的补充。老子给了我们一个思想武器，我们无论从政做官，还是作为一个专家，抑或从事某一方面的工作，知人论事，修身求进，都可以从老子学说中的积极方面汲取养分。当我们处于弱势、处于逆境时，可以充实自我，沉着应对，调整身心，化不利为有利，以柔弱胜刚强；当我们处于优势或者做出成绩有些得意时，应该同时看到自身弱点和他人长处，戒骄戒躁，以防物极必反；当我们看待万事万物时，我们可以放开视野，多几种维度，多几个角度，看得长远些、开阔些。而这种辩证思维的能力，正是我们中华民族所特有的一种精神品质、精神气质、精神风度。

王 蒙

上篇　道经 / 001

第一章　众妙之门 / 002

第二章　不言之教 / 006

第三章　不见可欲 / 010

第四章　和光同尘 / 015

第五章　多言数穷 / 020

第六章　谷神不死 / 024

第七章　天长地久 / 028

第八章　上善若水 / 032

第九章　功遂身退 / 036

第十章　养生修行 / 041

第十一章　无之为用 / 045

第十二章　去彼取此 / 049

第十三章　宠辱若惊 / 054

第十四章　执古之道 / 058

第十五章　微妙玄通 / 063

第十六章　虚极静笃 / 069

第十七章　太上，不知有之 / 075

第十八章　大道废，有仁义 / 079

第十九章　见素抱朴 / 083

第二十章　独异于人 / 087

第二十一章　孔德之容 / 092

第二十二章　曲则全者 / 096

第二十三章　希言自然 / 101

第二十四章　企者不立 / 106

第二十五章　道法自然 / 110

第二十六章　宜戒轻躁 / 114

第二十七章　常善救人 / 118

第二十八章　知雄守雌 / 122

第二十九章　去奢去泰 / 127

第三十章　不以兵强天下 / 131

第三十一章　不得已而用兵，铦袭为上 / 135

第三十二章　知止不殆 / 138

第三十三章　自知者明 / 141

第三十四章　不自为大，故能成大 / 147

第三十五章　往而不害 / 153

第三十六章　将欲取之，必固与之 / 157

第三十七章　道常无为 / 161

下篇　德经 / 167

第三十八章　上德不德 / 168

第三十九章　贵以贱为本 / 172

第四十章　有生于无 / 177

第四十一章　明道若昧 / 181

第四十二章　损之而益 / 186

第四十三章　无为之益 / 190

第四十四章　知足不辱，知止不殆 / 194

第四十五章　大巧若拙 / 198

第四十六章　知足常足 / 203

第四十七章　不为而成 / 209

第四十八章　为学日益，为道日损 / 213

第四十九章　圣人常无心 / 217

第五十章　出生入死 / 221

第五十一章　尊道贵德 / 227

第五十二章　天下有始 / 233

第五十三章　行于大道 / 237

第五十四章　以身观身 / 242

第五十五章　物壮则老 / 246

第五十六章　知者不言 / 252

第五十七章　无为而治 / 256

第五十八章　祸福相依 / 260

第五十九章　治人事天，莫若啬 / 264

第六十章　治大国，若烹小鲜 / 272

第六十一章　大者谦下 / 278

第六十二章　道者，万物之奥 / 283

第六十三章　终不为大，能成其大 / 287

第六十四章　慎终如始 / 291

第六十五章　与物反矣 / 297

第六十六章　为百谷王 / 302

第六十七章　我有三宝 / 308

第六十八章　不争之德 / 315

第六十九章　哀兵必胜 / 319

第七十章　被褐怀玉 / 325

第七十一章　病病不病 / 330

第七十二章　自爱不自贵 / 335

第七十三章　天网恢恢，疏而不失 / 339

第七十四章　民不畏死 / 346

第七十五章　无以生为者，是贤于贵生 / 350

第七十六章　柔弱处上 / 354

第七十七章　损有余而补不足 / 360

第七十八章　弱之胜强，柔之胜刚 / 364

第七十九章　天道无亲，常与善人 / 369

第八十章　小国寡民 / 373

第八十一章　利而不害，为而不争 / 378

上篇 道经

第一章　众妙之门

〔题解〕

本章是《道德经》的开篇，老子提出了"道"的哲学观念。他认为道是玄妙深奥的，一个人在后天生活中不主动去认识和探索道，那么他是不可能理解进而感悟道的。另外，道本无名，人们所命之名只能反映道的部分特征，并不能等同于浑然一体、博大精深的道。

道可道，非常道①；名可名，非常名②。

无，名天地之始；有，名万物之母。

故常无，欲以观其妙；常有，欲以观其徼③。

此两者，同出而异名，同谓之玄④。玄之又玄，众妙之门⑤。

【字词注解】

①道可道，非常道：道是能够论述说明的，但并不完全等同于那个不可分割、永久存在、运动不止的大道。第一个"道"为名词，指不可分割的宇宙本体、永久存在的万物之源、运动不止又可相互转化的天地法则。第二个"道"为动词，有论述、说明的意思。常道，指那个不可分割、永久存在、运动不止的大道。

②名可名，非常名：道之名是可以将道命名的，但并不完全等同于不

可分割、永久存在、运动不止的道之名。第一个"名"为名词,道之名。第二个"名"为动词,是命名的意思。常名,指不可分割、永久存在、运动不止的道之名。

③ 徼(jiào):边界,边际。

④ 玄:玄妙、深远。

⑤ 众妙之门:天地万物变化的起始。

【白话解说】

"道"如果可以用语言来表达,那它就不是永恒的"道"了;"名"如果可以用文字来表述,那它就不是恒久的"名"了。

天地之初称"无",孕育万物之母称"有"。

所以,要经常处于清静无欲的状态,去观察体会"道"无名无形的微妙;要经常保持追求的欲望,去观察体会"道"有名有形的端倪。

无与有这两者,同出于"道"而名称不同,都可称为玄妙、深远。玄妙而又玄妙,这是天地万物变化的起始。

【智慧剖析】

老子率先提出"道"为自己的哲学思想体系之核心。

哲学家们在解释"道"时,意见并非完全一致。有人认为,"道"是一种物质性的东西,是构成天地万物的元素;也有人认为,"道"是一种精神性的东西,是产生天地万物的源泉。当然,在解释"道"的时候,学者们均认为它并非僵化静止的,而是运动变化的;而且宇宙万物均遵循"道"的规律而发展变化,其中包括自然界、人类社会及人的思维等的一切运动。总而言之,本章中,老子说天地万物皆由"道"所化生。它无法以语言的方式表达,且非常深邃奥妙,并非轻易能领会的。

老子所说的"道",即宇宙和自然的规律,也可看作我们人类的世界观与自然观。对人类而言,只有通过认识这些规律,顺从且不违背它,然后适应它,最后懂得利用它,才能不断地发展和壮大自己。

老子的"道"具有一种对人生的独到理解和深刻体察,这源于他对自然界细致入微的观察，以及一种强烈的神秘主义直觉。这种对自然和自然规律的细致关注，是老子哲学思想的基石。

本章为全书的总纲，读懂它便能够掌握打开余下每一篇的钥匙。老子非常清醒地抓住了一个最普遍且根本性的问题：世间万物的生存、发展和消亡，均是在时间、空间和环境等外界因素的作用下，根据自己的方式完成其过程的。当然，老子并非否认精神世界的存在，相反，老子承认存在精神世界，而且非常看重它。然而，由于客观世界属于万物，而精神世界属于人类这一特殊群体，故老子将精神世界和客观世界区别对待。

小故事·大道理

一天，侯子家来了一位客人，客人送给他一只獐子。侯子问道："獐子能驯化吗？"客人回答道："在太平盛世里，野兽都能成群地出游。獐子为何不能驯养呢？"侯子说："是呀，那我试试看吧。"

侯子为獐子建了一间房子，开始驯养它。獐子的情绪十分不稳定：时而低声嚎叫，叫过之后，就安静地待在那儿一动不动，仿佛在思念什么似的；时而大声嚎叫，看起来非常悲凉。到了夜晚，獐子不愿意被囚禁在房子里，经常用头去撞门。倘若有人走进房间去看它，它就会非常惊恐地将自己缩到角落里，团成一团，然后一动不动地盯着来人。虽然獐子在这些事情上表现得与人极为相似，但是侯子仍旧很难驯服它的野性。

仲虺王子听闻此事，就对侯子说道："看来你不善于驯养獐子。你为什么不把它交给我，让我驯养呢？"

侯子回答道："你的院子内有两条狗，大的是西旅氏的猛狗，小的是韩之卢的后代，非常凶猛。倘若那两条恶狗将獐子吃掉了怎么办？"

王子听了哈哈大笑道："你不仅不擅长驯养獐子，还不了解我的两条狗。我准备带獐子去见那两条狗，先让它们习惯在一起吃食，再慢慢让它们晚上同睡，让它们的关系渐渐亲善成为好友。我既然要求驯养獐子，当然只会让它的生活更安定，又怎么会伤害它呢？"

侯子听了这话，认为有些道理，但仍旧嘱咐道："即便如此，你也要派小童看着点儿,将獐子用绳子拴起来,不要让它和狗靠得太近。"

王子听完沉思了片刻,不言一语。就这样,獐子被这位王子带回去了。

三天过去了,王子派人前往侯子的府第,带话给侯子说:"我已不再让童子看着獐子了。我的那两条狗非常安静,完全没有想要攻击獐子的意思。"

又过了三天,王子又派人前来告诉侯子说:"现在我已经解开绳子了,我的那两条狗也能和獐子和睦相处了,而且非常亲热。虽然獐子仍旧有些戒备,但是我相信用不了多久就会好起来的。"

又过了三天,王子再次派人前往侯子的府第,带话给侯子说:"獐子已经对我的那两条狗没有戒心了,它们现在亲密无间了。"

又过了三天,趁着獐子熟睡,西旅氏狗一口咬住了它的喉咙,韩之卢狗咬住了它的肋,就这样,獐子被咬死了。

愚蠢的仲凫王子不顾獐子与狗本是天敌的规律,硬是逼它们相亲相爱,自然会有如此可怕的后果。

第二章　不言之教

〔题解〕

本章包含对立统一的辩证法思想。老子认为，世界上的事物都有正反对立的两面相反相成，两者相互依存，相互补充，在一定条件下还可以相互转化。圣人掌握了这一规律，所以会在治理国家的过程中，遵循自然之道，采取"处无为之事，行不言之教"等措施，最后成就不会泯灭的功绩。

天下皆知美之为美，斯恶已；皆知善之为善，斯不善已。

有无相生，难易相成，长短相形①，高下相倾②，音声相和，前后相随，恒也。

是以圣人③处无为④之事，行不言之教⑤；万物作而弗始，生而弗有，为而弗恃⑥，功成而弗居。夫唯弗居，是以不去。

【字词注解】

①相形：相互比较。

②相倾：相互依存。

③圣人：体任自然并按自然规律办事的人。

④无为：顺应自然，不妄为。

⑤不言之教：不发号施令，以德政感化人民。
⑥恃：倚仗。

【白话解说】

世人都知道美的事物称为"美"，那是因为已经有丑恶存在；都知道善的事物称为"善"，那是因为已经有邪恶存在。

因此，有和无相依而生，难和易相互转化，长和短相比而显，高和下相互依存，音和声相互和谐，前和后相互跟随。这是永恒的现象。

因此，圣人顺应自然，推崇无为，不以言教治理百姓；任万物生长而不加干预，滋养万物而不据为己有，助其成长而不自恃己能，成就功业而不居功。正因为他不居功，所以他的功绩不会泯没。

【智慧剖析】

本章内容分为两个层次：第一层集中体现了老子对立统一的辩证思想。他通过列举美丑、善恶、有无、难易、长短、高下、音声、前后这一系列既对立又统一的概念，阐述了它们在客观世界中是普遍存在的，都是相互依存、相互作用的，论述了对立统一的规律，并确认了对立统一的、普遍的、永恒的法则。

第二层意思以第一层意思为基础：人们如何对待对立统一的客观世界？老子在本章中提出了"无为"的观点。这里所说的"无为"并非随心所欲、无所作为，而是根据辩证法的原则对人们的社会生活加以指导，帮助人们寻找并遵循事物的客观发展规律。老子以圣人为例，教导人们要顺应自然、有所作为，但不能胡作非为。学术界有人认为，第一章为全书的总纲；也有人认为，前两章为全书的引言，全书的宗旨均在其中了。老子认识到宇宙间的事物都处于运动变化之中，宇宙间没有永恒不变的东西，事物从产生到消亡，都是有始有终、经常变化的。老子在本章指出，事物都有自己的对立面，都以对立面作为自己存在的前提。有和无、长和短都是相互依存的——没有"有"，"无"也就不存在了；没有"长"，"短"也就不存在了；反之亦然。这便是中国古典哲学中的"相辅相成"。本章所用的"相生""相成""相形""相倾""相和""相随"是指相互比较而存在，相互依靠而生成，只是不同的对立概念使用了不同的动词。

"无为"一词首次出现于本章，指出我们人类应遵循自然界"无为"的规律做事。老子对矛盾的对立和转化非常重视，他的这一见解，恰巧是朴素辩证法思想的具体运用。由于"圣人"能够遵循客观规律办事，所以老子幻想人类也能这样，以"无为"的方式化解矛盾，促进自然的改造与社会发展。本章中，老子主张发挥人的创造性，并非将人的被动性加以夸大，而是希望能够像"圣人"一样，以"无为"的手段达到"有为"的目的。显然，在老子的哲学中，存在发挥人的主观能动性，将自己的力量贡献出来，去成就大众事业的积极性因素。这里所讲的"圣人"，是指理想人物。圣人与普通大众并非一种阶级性的划分，只是在自觉活动的过程中，相较于普通大众先走一步罢了。圣人行事，遵循自然规律而不强作妄为。宇宙万物欣然兴作，各自呈现不同的状态，圣人仅从旁辅助，听凭各自的生命展现其丰富的内涵。

圣人总是顺应自然规律，竭尽所能地去帮助万物、帮助人们做事，以尽自己的责任；从来不贪图报酬、利益，不求功名。这样以"清静""无为而无不为"之道处世，才符合修行之道，才能获得"长生"，永不消亡。

小故事·大道理

从前，有个专门帮人家种树的人，名叫郭橐驼。他有一手非常高超的种树本领，凡是他栽种的树，都能成活，而且枝叶茂盛，结果也又早又多。他的同行总是比不过他。

于是大家便去恳求郭橐驼，请他分享种树经验："请您教教我们，说说您的种树窍门吧！"

郭橐驼想了想，回答："其实并没有什么特别的窍门，我只是按照树木的生长规律任由它自由发展罢了。通常来说，移植树木的时候，有四个方面需要注意：一要舒展开树根；二是培土要尽量均匀；三要保存原土，不能去掉；四是筑土要紧密。如此一来，就不用总惦记着它，经常去动它了，只管离开就行了。总之，栽培树木的时候要像照顾婴儿一样精心，栽好以后要任其发展；只有这样，才不会破坏树木的生长规律，而它原本的习性也能得到充分发展。其他种树的人有两种做法是错误的。一种是栽种的时候不够精心，树根无法得到充分伸展，而且抛弃了原土，全部换成了生土，培土的时候也不均匀，不是多了就是少了，这样树自然就长不好了。另一种刚好相反，对树过分爱护。将树种下去以后，早上去看一下，晚上又去摸一下，刚离开又不放心地返回去料理一番，甚至用指甲掐破树皮来确认树活没活，还用手去摇树以确认土壤是松还是紧。如此一来，弄得树一天比一天虚弱。原本怀着爱意去照顾它，结果反而害了它，这种做法与对它照顾不周没有多大区别，树仍长不好。"

请教的人又问道："您这些种树的道理用于当官治民会怎么样？"

郭橐驼说："我只懂如何种树，对当官治民可不懂。不过我住在乡间，看见老爷们总是喜欢对着老百姓发号施令，好像很爱惜人民，没事就派人督促百姓耕种啦，收割啦，抽丝啦，织布啦，还有养鸡、养猪什么的。今天打鼓叫百姓集合，明天敲梆子叫百姓聚拢，百姓们穷于应付，疲于招待，都快没有时间吃饭了，哪里还有精力去搞好生产呢？如此看来，当官治民也确实和栽种树木有很多相似之处啊！"

第三章 不见可欲

〔题解〕

本章阐释了老子"无为而治"的政治理念。他认为名誉和财富等引发民众欲念的东西，是扰乱民心的根源。统治者要想治理好国家，就应该削弱百姓的精神欲求，强健民众的身体，使民众"无知无欲"，社会就会太平，国家就能被治理得井井有条，最终实现"无为而治"。

原文

不尚贤①，使民不争②；不贵难得之货，使民不为盗；不见可欲③，使民心不乱。

是以圣人之治，虚其心④，实其腹，弱其志⑤，强其骨。常使民无知无欲，使夫智者不敢为也。为无为，则无不治。

【字词注解】

①尚贤：崇尚贤人。

②不争：不争名利。

③可欲：引起欲望的事物。

④虚其心：保持心的无欲状态。

⑤弱其志：削弱他们的欲念。弱，削弱，减损。志，贪欲的念头。

【白话解说】

不崇尚贤人，就能使百姓不争名利；不看重难得的宝物，就能使百姓不产生偷盗的欲望；不显露引起私欲的事物，就能使民心不被扰乱。

所以，圣人治理天下的方法是：净化百姓的心灵，使其清心寡欲，满足百姓的温饱，削弱他们的欲念，增强他们的筋骨。常使百姓没有奸巧，没有贪欲。使那些自作聪明的人不敢肆意妄为。以"无为"的态度治理天下，那么没有治理不了的。

【智慧剖析】

实际上，第二章的后半部分内容与本章相衔接，圣人实行无为而治，"处无为之事，行不言之教"，但说得更多的是"圣人"的品格修养，本章则谈到了"圣人之治"的具体内容。老子在上一章中提出了"无为"的概念，认为要遵循自然规律办事。本章中，老子进一步阐述了其社会政治思想。

老子所说的"无为"，并非不作为，而是不妄为、不胡作非为。老子认为，体悟"道"的"圣人"，要想治理好百姓，就应当不尊崇贤人，这样民众就不会产生争权夺利之心。在这里，老子所说的并非贬低人才、否定人才，而是统治者不能给贤才过分优越的地位、权势以及功名，以免使"贤才"变成一种诱惑，引得人们争权夺利。

在老子看来，争权夺利与物欲横流是社会混乱的根源，为此他提出统治者与民众都要改变观念。对民众，应消除其欲望。统治者自己，则应"不尚贤，使民不争；不贵难得之货，使民不为盗；不见可欲，使民心不乱"。这是老子提出的安民政策。随后，老子又给统治者提出了具体的实施办法："虚其心，实其腹，弱其志，强其骨。常使民无知无欲，使夫智者不敢为也。"很多人认为老子主张的"常使民无知无欲"是"愚民"的思想，是为了方便统治者进行统治的。这种看法不见得符合老子的本意。实际上，老子要求不让民众有贪欲，并不是要将民众的生存权利夺去，而是要尽可能地"实其腹""强其骨"，满足老百姓的温饱，使老百姓的身体强健，并足以自保自养；此外，还要"虚其心""弱其志"，使老百姓清心寡欲，以免争强好胜，即"见素抱朴，少私寡欲"。如此一来，便是顺应了自然的"无为"规律，就做到了"无为而治"。这一主张也对我们立身处世有着重大的指导意义。因此，这种关心民众身心健康的想法，应当与后世封建统治者有意推行的"愚民政策"进行区分。

在当时的历史条件下，老子的"无为"思想与学说，也是有其进步性、合理性的。老子认为，历史的发展有一定的自然规律。这种规律不应当由上天安排和操纵，也不受人的主观意志支配，而是客观的、自然的。当时的思想界推崇的是"敬天法祖"和某些宗教迷信的观念，老子的这一观念对当时那些被推崇的思想起到了一定的破坏作用。

小故事·大道理

一

麦克的父亲罗曼，在证券交易所当一名普通职员，微薄的工资，一半用于医药费，一半用来接济比他们还穷的亲戚，日子过得紧巴巴的。

在这座小城里，唯一没有汽车的人家，就是麦克家了。

"做人要有骨气。一个人有了骨气，就是有了一笔珍贵的财富。怀着希望生活，就等于有了一大笔精神财富。"麦克的母亲常这样安慰家人。

这座小城举行市庆的那天，一辆崭新的别克牌汽车吸引了全城人的目光。这辆车作为奖品，在大街上那家最大的百货商店橱窗里展出，将在当晚以抽彩的方式馈赠给中奖者。

虽说罗曼和麦克父子俩一直心心念念着想拥有一辆汽车，但他们根本没想过这次他们家会得到幸运女神的眷顾。所以，当高音喇叭宣布麦克的父亲为这辆车的得主时，麦克简直不敢相信自己的耳朵。

父亲缓缓地开着车驶过人群。好几次，麦克想上车同父亲分享幸福的时刻，都被父亲赶走了。最后，父亲竟然对他吼道："滚一边去，让我清静一会儿！"

麦克大惑不解，回家后，他委屈地告诉了母亲。母亲对丈夫十分了解,她温和地说:"你误会你父亲了,他正在考虑一个道德问题,我想他很快会找到正确的答案的。"

"为什么?我们中彩得到汽车,难道不道德吗?"麦克疑惑地问。

"这就是问题的关键:我们根本就不应该得到汽车。"母亲说。

"不可能!"麦克失态地大叫起来,"明明是大喇叭宣布爸爸的彩票中奖的。"

"来,看看这个。"母亲指了指桌上台灯下放着的两张彩票存根。迈克看到,存根的号码分别是"348""349",中彩号码是"348"。

"你看看,这两张彩票有什么不同。"母亲说。

麦克反复看了几遍,终于发现,一张彩票的角落上有用铅笔写的不太明显的字母"K"。

母亲解释说,这字母"K"代表一个名字——凯滋克。

"基米·凯滋克?"麦克有些不解。因为,凯滋克是爸爸交易所的老板。

"对。"母亲肯定地说。

原来,当初买彩票时,父亲对凯滋克说,他可以为凯滋克代买一张。"为什么不呢?"凯滋克随口应道。老板说完就出去了,也许他再也没有想过这事。"348"这张彩票正是给凯滋克买的。

"汽车应该归爸爸!"麦克激动地说,"凯滋克是一个千万富翁,家里有十几辆汽车,他不会计较这辆别克车的!"

"让你爸爸决定吧,"母亲平静地说,"他知道该怎么做。"

这时,父亲进门径直去了里间,麦克听到他给凯滋克打电话。翌日下午,凯滋克的两个司机上门,送给麦克的父亲一盒雪茄,然后开走了别克车。

麦克一直到成年才拥有一辆属于自己的汽车。他逐渐对母亲的那句"人有了骨气,就是有了一笔珍贵的财富"的格言有了深刻的理解。回首往昔时,麦克才悟出,父亲打电话给凯滋克那时,正是他们一家人最富有的时刻。

二

清朝乾隆年间，辽阳县里出了一位才子，名字叫作王尔烈。王尔烈非常聪明，从小就很会作诗文，还写得一手好书法。长大后，他做了官，做官期间，他清廉不贪，有"双肩明月，两袖清风"的美誉。有一次，王尔烈从江南主考回来，恰逢嘉庆皇帝登基，嘉庆帝召见他，说道："老爱卿，家境如何？"王尔烈回答道："几亩薄田，一望春风一望雨；数间草房，半仓农器半仓书。"嘉庆帝说道："老爱卿为官清廉，我是知道的，朕现在派你去安徽铜山主管铸钱，你去那里待几年，就能改善自家光景。"王尔烈到了铜山，那里有座清朝御制通宝的铸钱炉。他在那里任职三年，又奉诏回到京城。嘉庆帝召王尔烈上殿，问："老爱卿，这一回可以安度余年了吧？"言外之意是，这一回从钱堆里出来，该有不少"收获"吧。王尔烈听了以后，笑了笑："臣依然是两袖清风，一无所存。"嘉庆帝说："不会吧，你再查查看！"王尔烈只好又回手一掏，从袖套里掏出三个铜钱来，个个磨得溜光雪亮，原来是铸钱时用的模子。嘉庆皇帝见王尔烈如此清廉，十分感动："爱卿真可谓清廉啊！"

王尔烈并不富有，甚至可以说清贫得很，可他过得充实满足。

有些人似乎觉得只有钱财才能带给自己安全感，所以把钱财看得很重，为了钱什么事情都敢干——投机行险，贪赃枉法，徇私舞弊，玩忽职守，等待他们的只会是法律的严惩。

第四章　和光同尘

〔题解〕

本章详述"道"的形态和功用。老子指出,"道"是空虚深邃、用之不竭的,它是自然万物的主宰,产生于天帝之前。老子的观点直接否定了传统观念所秉持的"天命观",反映了老子思想的进步性和超前性。

【原文】

道冲,而用之或不盈①。渊兮,似万物之宗②。挫其锐,解其纷,和其光,同其尘。湛兮,似或存。

吾不知谁之子,象帝之先③。

【字词注解】

①不盈:无穷无尽。

②渊兮,似万物之宗:深邃而博大,就像万物的主宰。渊,深邃。宗,主宰。

③象帝之先:似乎在天帝之前。象,似。帝,天帝。

【白话解说】

"道"是阴阳两者互相融合的,但它的作用却无穷无尽。它深邃而博大,就像天地万物的主宰。收敛锋芒,消除纷争,含敛光辉,混同尘世。

它深远昏暗似无若有地存在着。

我不知道它来自哪里，似乎在天帝之前它就已经存在了。

【智慧剖析】

老子认为，"道"是虚体的，无形无象，看不见，触不着，只能依赖意识去感知它。虽然"道"是虚体的，但它并非一无所有，而是蕴含着物质世界的创造性因素。这种因素极为丰富、极其久远，存在于天帝产生之前。因而，创造宇宙天地万物自然界的是"道"，而不是天帝。就这样，老子从物质方面再次解释了"道"的属性。

把"道"喻为一只肚内空虚的容器，是对其神秘性、不可触摸性和无限作用的最直观和最形象的比喻。哲理的揭示，只有扎根于形象，才会使其蕴含的丰富性、概括性、抽象性和外延性，得到能动而富有想象力的发挥，老子对"道"的这种不拘常规的描述方式，给予我们无限的启迪。

老子认为"道"是宇宙的本原，而且先于天地而存在；事物都是互相矛盾而存在的，并且处于变化发展之中。此外，老子还提出了关于社会政治和为人处世的某些基本观点。这些学说无不蕴含耐人寻味的智慧。

人生在世，难免会与别人发生矛盾，引起纷争。产生纷争的根源主要是人的私欲。当一个人对别人对自己的态度、给自己的报酬等感到不满，觉得自己受了委屈和不公平的待遇，而这种不公平又超出了他愿意承受的范围时，就会抱怨，甚至与人产生纷争。

那如何才能解决生活中的矛盾和纷争呢？

这就要求我们顺从大道，效法大道，做到"挫其锐，解其纷，和其光，同其尘"。一个人能做到收敛锋芒，消除纠纷，含敛光辉，混同尘世，就不会受困于私欲。

孟子说，君子之所以异于常人，在于其能时时自我反省；即使受到他人不合理的对待，也先反省自身，自问：我是否做到了"仁"的境界？是否欠缺"礼"？否则别人为何如此对待我呢！若自我反省的结果合乎"仁"也合乎"礼"了，但对方强横的态度却仍然不改，那时，君子还要反问自己：我一定还有不够真诚的地方。当反省的结果是自己没有不够真诚的地方，而对方的态度依然如故，君子才会感慨地说："他不过是个荒诞的人罢了。这种人和禽兽又有何差别呢？何必与禽兽计较。"

每个人都生活在人群中，有人的地方自然会有矛盾，那有了分歧该怎么办？很多人都喜欢争吵，非论个是非曲直不可。这种做法不明智，吵架又伤和气又伤感情，不值得，不如大事化小、小事化了。俗话说："家和万事兴。"推而广之，人和也万事兴。人际交往中切不可太认死理，有时装装糊涂于人于己都有利。

事实上，按照一般常情，任何人都不会把过去的经历轻易地从记忆中抹去。就某些方面来讲，人们有时会对一些事情产生很深的执念，甚至会终生不忘。但是，要知道，记忆中的怨恨会越积越深，随时随地都可能反作用于自己。因此，为了避免招致别人的怨恨，要尽量少得罪人。一个人行事须小心在意，为人要心胸豁达，以君子般的坦然姿态应付一切。

小故事·大道理

一

亚历山大大帝骑马旅行到俄国西部，投宿在一家乡镇小客栈。一天，为进一步了解民情，他决定步行去看一看。当他穿着没有任何军衔标志的平纹布衣服走到一个三岔路口时，已经记不清回客栈的路怎么走了。

亚历山大无意中看见有个军人站在一家旅馆门口，于是他走上去问道："朋友，你能告诉我去客栈的路吗？"

那军人叼着一只大烟斗，头一扭，高傲地把这个身着平纹布衣服的旅行者上下打量一番，答道："朝右走！"

"谢谢！"亚历山大大帝又问道，"请问离客栈还有多远！"

"一英里。"那军人生硬地说，并瞥了他一眼。

亚历山大大帝抽身道别，刚走出几步又停住了，回过头来微笑着说："请原谅，我可以再问你一个问题吗？如果你允许我问的话，请问你的军衔是什么？"

军人猛吸了一口烟说:"你猜。"

亚历山大大帝风趣地说:"中尉?"

那烟鬼的嘴唇动了一下,很显然他不止中尉。

"上尉?"

烟鬼摆出一副很了不起的样子说:"还要高一些。"

"那么,你是少校?"

"是的!"他高傲地回答。于是,亚历山大大帝敬佩地向他敬了个礼。

少校转过身来摆出对下级说话的高傲神气,问道:"假如你不介意,请问你是什么官?"

亚历山大大帝乐呵呵地回答:"你猜。"

"中尉?"

亚历山大大帝摇头说:"不是。"

"上尉?"

"也不是。"

少校走近仔细看了看说:"那么你也是少校?"

亚历山大大帝镇静地说:"继续猜!"

少校取下烟斗,那副高傲的神气一下子消失不见了。他用十分恭敬的语气低声说:"那么,您是部长或将军?"

"快猜着了。"亚历山大大帝说。

"阁……阁下是陆军元帅吗?"少校结结巴巴地说。

亚历山大大帝说:"我的少校,再猜一次吧。"

"皇帝陛下!"少校的烟斗从手中掉到了地上,他猛地跪在亚历山大大帝面前,忙不迭地喊道,"陛下,饶恕我!陛下,饶恕我!"

"饶恕你什么,朋友?"亚历山大大帝笑着说,"你没有伤害我,我问你路,你告诉了我,我还应该谢谢你呢。"

二

鲁国一书生登门拜见老子。一落座，他便很不客气地说："听闻先生是当世圣人，所以我远道而来拜见。这一路走了百余日，脚上磨出了厚茧也不止步，今日终于见到了您。但看您屋内，地上倒着白生生的剩饭，鼠洞旁有黄灿灿的粮食，如此暴殄天物，不能算是仁吧；看您院中，禾粟垒积如山，灶房内生熟吃食成堆，这般横加聚敛，不能算是义吧。不仁不义，怎能算作圣人？不过徒有虚名罢了！"

老子神情淡然，不做回应。书生大失所望，愤然离去。第二天，这书生再次登门，对老子施礼道："昨日自觉所言有理，但不知为何一直惴惴不安。小生言行无状，冒犯了先生，万望先生原谅。"

老子说："世人所谓'智巧神圣'，与我毫无干系。你说我是牛，我便是牛；你说我是马，我便是马。名称而已，并无区别，你随意称，我随之受，自自然然，合于天道，我不知你有何过错要我原谅。"

书生请老子指点。老子说："人心本静，无知无欲，顺道而行。无知，则不诈，不诈则无恶，无恶则无所谓'仁'和'不仁'；无欲，则不求，不求则不贪，不贪则无所谓'义'和'不义'。故守静而不乱，则心中自安；人心自安，何需外求？人之心，最忌外来搅扰。天下民心纷纷大乱，究其根本，在于以'仁''义'扰乱人心。所以，弃仁废义，去巧绝智，顺人之性，心静自安；背人之性，扰心求安，心中大乱。所谓心静，不过顺其自然罢了。"

第五章　多言数穷

〔题解〕

本章阐述了"无为而治"的治国理念。老子认为，天地无爱无憎，对万物一视同仁，统治者应当取法自然，清静无为，不对百姓过度干预，公正地对待每一个百姓。

原文

天地不仁①，以万物为刍狗②；圣人不仁③，以百姓为刍狗。
天地之间，其犹橐籥④乎？虚而不屈⑤，动而愈出。
多言数穷⑥，不如守中⑦。

【字词注解】

①天地不仁：天地无所偏爱。仁，指儒家的仁爱之心。

②刍（chú）狗：古代祭祀时用草扎成的狗。天地对于万物无爱无憎，就像人们对祭祀时用的刍狗一样，因此有"以万物为刍狗"之说。

③圣人不仁：圣人无所偏爱。指圣人取法自然，行无为之治。

④橐籥（tuó yuè）：古代冶炼时用来鼓风的器具，类似今天的风箱。

⑤屈：穷尽。

⑥多言数（sù）穷：政令繁苛则加速灭亡。多言，与第二章的"不言"相反，指政令繁苛。数，通"速"。

⑦守中：保持虚静。

【白话解说】

天地无所偏爱，将万物看成刍狗一样平等对待；圣人无所偏爱，将百姓视为刍狗一样平等对待。

天地之间，不正像个风箱吗？虽然空虚但不会穷尽，鼓动起来风吹不止。

政令繁苛，就会加速灭亡，不如保持虚静。

【智慧剖析】

本章也是承上章，对"道冲"做进一步论述。此处由"天道"推论"人道"，由"自然"推论"社会"，对清静无为的好处做了阐述。老子用具体形象的比喻说明如何认识自然和正确对待自然，论述天地本属自然，社会要顺乎自然，保持虚静。

首先从反对"有为"的角度出发，老子谈论的仍是"无为"的道理。天地不仁，表明天地是一个物理的、自然的存在，万物在天地之间依照自然法则运行，并不像有神论者想象的那样，以为天地自然法则对某物有所偏爱，或对某物有所嫌弃。

总之，本章的主旨仍是宣传"虚用"，同前两章相连，犹在宣传"无为"，所使用的阐述方式仍是由天道而人道、由自然而社会。

老子说"多言数穷，不如守中"，意即政令繁苛，只会加速其败亡，不如保持虚静状态。这里所说的"中"，不是中正之道，而是"虚静"。儒家讲中正、中庸、不偏不倚，老子讲的这个"中"，还含有"无数"的意思。制定很多严苛的法令，用狠厉的言辞、手段强迫人民遵守，很快就会失败，不如按照自然规律办事，虚静无为，万物反而能够生化不竭。反之，就不会有好的结果。这是老子在本章最后所提出的警告。

"多言数穷"，一个"穷"字道出了话多之人的窘迫。话越多，越窘迫，何必多言，多言必多心，多言必多事。

小故事·大道理

一

有个人到一家商店退一件圣诞节前买的礼物。商店里的客人很多，这人要求退货时，一位忙碌的店员只对他说了句"买的东西不能退"，便撇下他招呼别的顾客去了。于是，这人把礼物放在收款机旁等着。十分钟后，那位店员回来了，这人冲店员笑了笑，但没有开口。那位店员在收款机前忙了几分钟后，没说一句话就拿起了这人的礼物到柜台后面去了，回来时将退回的钱给了他。这人有礼貌的沉默使他办成了想办的事。如果他同店员吵闹，结果恐怕会适得其反。

"适时沉默"同语言一样具有表达能力，若能很好地掌握并利用它，就能得到你所希望的结果。

二

报纸上刊登了一家公司招聘员工的信息，有一个人前去应聘。他事先打听到这家公司总经理的一些旧事，一见面就对那位总经理说："我十分荣幸能在这里工作，我更愿意追随您努力工作，因为我知道，在十几年前，这个办公室里只有一台打字机和一个职员，经过您的艰苦奋斗和努力经营，才成就今天这样伟大的事业，这是多么令人敬佩的事啊！"

那位总经理本来对应聘的人大都瞧不上眼，已经有很多应聘者兴兴而来，扫兴而归。可这个应聘者的话，正中总经理的下怀，总经理谈兴大发，对他讲起了自己的奋斗史。

总经理说得兴高采烈，眉飞色舞，这位应聘者只是在旁边侧耳恭听，不时表示敬佩。谈了半晌，总经理连这位应聘者的学历、技能都没问，就对坐在旁边的副经理说："我看这小伙子很不错，我们就定下要他吧。"这个职位，他就在倾听了总经理的奋斗史后稳稳地拿到手了！正如俗语所说的"兵在精而不在多"，说话也是如此，不在说得多少，而在能说得恰如其分。

三

随着现代商品经济的迅速发展，企业竞争不断加剧，消费者在购买商品方面有了更大的选择余地。争取公众信任，树立企业形象，成为企业生存发展的重要条件。于是乎，有些企业的广告就采取地毯式"轰炸"。这固然有效，但有些企业却能不"告"而世人皆知。英国的马克斯-斯宾塞百货公司就是如此。

马克斯-斯宾塞百货公司的创始人马克斯是波兰犹太人，出生于一个贫苦家庭，他的母亲因为难产而早逝，马克斯由姐姐抚养长大。十九岁时，他决定自立自强，于1884年毅然离开家乡，只身闯入英国碰运气。

当他到达英国达里兹城时，已经身无分文，而且语言不通。值得庆幸的是，这里聚集了许多犹太人。有个叫杜赫斯特的犹太富商，专做批发百货的生意，他觉得马克斯为人忠厚，却因为不懂英语很难找到工作，便主动借给这个青年五英镑，鼓励他做点儿小买卖维持生活。

马克斯不懂英语，售货时不好讨价还价，他就把所有货物都定价一便士，并打出招牌"不要问价钱，每件一便士"，以此招揽顾客。由于服务良好，他很快就有了品质优良、价格公道的好口碑。

两年后，马克斯便将"便士市集"开到约克郡和兰开夏。后来，他又联合斯宾塞合股经营，打出"马克斯-斯宾塞"的招牌，在伦敦闹市设立了一家百货商店。

不久，斯宾塞和马克斯先后去世。马克斯的后辈们成功地继承了他"薄利多销，物美价廉"的传统。

公司并不像大多数零售商那样，从供应商手中购买成品，而是靠自己拥有的百名训练有素的技术员与制造商合作，自主掌控商品设计、原料选择、生产工序及质量检验等，按公司的要求生产，确保商品物美价廉。

从事广告业务二十多年的广告公司主席米勒认为，马克斯-斯宾塞公司的名声确实很响，这从广告的角度看是反常现象，因为其公司从不做广告宣传，但他们的声誉和名望在英国无人不晓。其实，有了优质的商品，有了良好的口碑，他们当然不需要再花钱去做广告了。

第六章　谷神不死

〔题解〕

这一章老子分别用"谷神"和"玄牝之门"做比喻,诠释了"道"的绵延不绝;更是以"玄牝之门"为喻,既揭示了"道"的生生不息、永恒存在,又歌颂了伟大的母性。

原文

谷神①不死②,是谓"玄牝"。玄牝之门③,是谓天地根④。绵绵⑤若存,用之不勤⑥。

——【字词注解】

①谷神:这里指道——生养天地万物的神灵。谷,养。

②不死:不停息。

③玄牝(pìn)之门:玄妙母体的产育之门。牝,母体。

④根:根源。

⑤绵绵:绵延不绝。

⑥勤:疲倦,辛苦。

——【白话解说】

道——生养天地万物的神灵永不停息,它就是玄妙的母体。玄妙的母性之门，就是天地万物的根源。它连绵不断仿佛永远存在，持续运行而不知疲倦。

【智慧剖析】

本章用简洁的文字描写"道"的形态，继续阐述第四章"道"在天地之先的思想，用"谷"象征"道"体的虚状；用"神"说明"道"生万物，而且绵延不绝。

老子认为"道"是在无限的空间中支配万物发展变化的力量，是具有一定物质规律性的统一体。它空虚幽深，无穷无尽，永远不会枯竭，永远不会停止运行。这种支配万物发展变化的力量，就是对立统一规律。"谷神不死"，体现出"道"的永恒性，即恒"道"。他想说明"道"的作用是无穷无尽的：从时间而言，它历久不衰，天长地久；从空间而言，它无处不在，无穷无尽。它孕育着宇宙万物而生生不息。

"玄牝之门"是产生万事万物的根源，它的作用非常大。"玄牝之门""天地根"，都是用来说明"道"为产生天地万物的地方。

人类最原始的本性表现为对母体的依恋，对此，每个人的内心都有所感知。然而这种本性在人类的精神需求上，却又曲折地表现为那种依赖自然，企求与自然合为一体的强烈愿望，急切地希望在自然无穷的奥秘中，寻回那些我们失去的东西。

老子所讲的"道"具有伟大而崇高的母性，天地和万物从它那里诞生，并从它那里获取源源不断的生命和享用不尽的养料。它养育着却不据为己有，给予却不自恃有功。这种奉献而不索取的品质和精神恰似养育我们的父母。我们的父母为我们付出了毕生的心血，作为子女的我们应该尊重父母，孝顺父母，尊重他们的人格和情感，尊重他们的付出和劳动，尊重他们为家庭、为社会所做的贡献。如何为人子女，如何尊重父母，古代的仁人君子给我们做了示范。

小故事·大道理

一个朋友讲了下面这件事。

上班的时候，我看见同事夏老师正搬走学校门口一辆辆停放在人行道上的自行车。我走过去，和她一起搬。我说："车子放得这么乱，的确有碍观瞻。"她冲我笑了笑，说那是次要的，主要是侵占了盲道。我不好意思地红了脸，说："您瞧我，多无知。"

夏老师说："其实，我也是从无知过来的。两年前，我女儿的视力急剧下降，到医院一检查，医生说视网膜出了问题，告诉我要做好心理准备。我没听懂，问要做好啥心理准备。医生说：'当然是失明了。'我听了差点儿晕过去。我央求医生说：'我女儿才二十多岁呀，眼睛看不见怎么行？医生啊，求求你，把我的眼睛抠出来给我女儿吧！'那一段时间，我真的做好了把双眼捐给女儿的心理准备了。为了让自己适应失明以后的生活，我开始闭着眼睛拖地抹桌、洗衣做饭。每当辅导完晚自习，我就闭上眼睛沿着盲道往家走。那盲道，也就两块砖的宽度，砖上有八道杠。一开始，我走得磕磕绊绊的，怎么也踩不准那两块砖。在回家的路上，我被石头绊倒过，被车子碰过，很多次忍不住要睁开眼睛瞅瞅，可一想到有一天我将生活在彻底的黑暗里，我就坚持着不睁眼。后来，我在盲道上走熟了，脚竟熟悉了那八道杠！真高兴，自己终于可以做个百分之百的盲人了。就在这个时候，我女儿的病居然奇迹般地好了。那天晚上，我们一家人在街上散步，我让女儿解下她的围巾蒙住我的眼睛，我要给她和她爸表演一回走盲道。结果，我一直顺利地走到了家门前。解开围巾，看见走在后面的女儿和她爸都哭成了泪人儿……你说，在这一条条盲道上，该发生过多少叫人流泪的故事啊。要是这条人间最苦的道路连起码的畅通都不能保证，那不是咱们明眼人的耻辱吗？"

带着夏老师讲述的故事，我开始深情地关注那条"人间最苦的道路"，国内的、国外的、江南的、塞北的……我向每一条畅通的盲道问好，我弯腰捡起盲道上碍脚的石子。有时候，我一个人走路，就跟自己说：喂，闭上眼睛，你也试着走一回盲道吧。尽管我的脚不认得那八道杠，但是，那路的感觉那样真切地从足底传到了心间。我明白，有一种挂念深深地嵌入了我的生命。

请让那条窄路无障碍地延伸，谢谢！

二

从前有一位珠宝商，因为美德而远近闻名。一天，一位老人来找他买一些宝石，打算将宝石做成职位最高的教士衣袍上的装饰。

他列出了想要购买的宝石名称，并提出了一个公道的价格；可珠宝商却说现在不能给他拿出宝石，请他过些时候再来。

这位老人可不想等，他以为这是珠宝商嫌价格太低，于是又给出双倍的价钱，后来更增至三倍，可这个珠宝商仍是那样。这位老人只能愤怒地离开了。

没过多大会儿，珠宝商来找这位老人，并把他所要的宝石拿了出来。老人十分满意，于是给了他最高价，可珠宝商却说："我只要你最早提出的那个公平的价格。"

老人感到非常奇怪："那为什么你一开始不愿意做这笔生意呢？"

"因为那时候我父亲在睡觉。"珠宝商回答，"他手里拿着开启宝石箱的钥匙，我要从箱中拿宝石的话，就必须叫醒他。他的年龄大了，多睡一个小时对他的身体是有好处的，因此，就算把全世界的财富都给我，我也不能打扰他休息。"

老人听了十分感动，赞赏地拍着珠宝商的肩说："现在你爱你的父母，以后你的儿女也会一样地爱你。上帝保佑有德行的人。"

第七章 天长地久

〔题解〕

本章阐发的是圣人的处世哲学。老子以天道比喻人道,指出正是圣人的谦卑无私使其成就了伟业。这一章告诫人们,为人处世要懂得谦卑处下。

天长地久。天地所以能长且久者,以其不自生,故能长生①。是以圣人后其身②而身先,外其身③而身存。以其无私,故能成其私④。

—•【字词注解】

①长生:长久。

②后其身:将自身利益置于众人之后。

③外其身:置个人生死于度外。

④成其私:成就自己。

—•【白话解说】

天地的存在是长久的。天地之所以能够长久存在,是因为天地不为自己而生,所以能够长久。

因此，圣人把自己的利益放在众人之后，却能被大家推崇而占先；把自己的安危置之度外，反而能保全自己。因为他无私，所以能够成就自己。

【智慧剖析】

在这一章，老子由天道推论人道，说的依然是"道"，是对"道"的进一步阐述。这一章是继第五章之后，再一次歌颂天地。天地是"道"所产生并依"道"的规律运行而存在的，是"道"的体现。

老子用朴素辩证法的观点，说明利他（"后其身""外其身"）和利己（"身先""身存"）是互相统一的。老子认为，利他往往能够转化为利己，想以此说服人们都来利他。这种谦退、无私的精神有它积极的一面。

老子赞美天地，由天道推及人道，希望人道效法天道。老子所认为的人道，就是以天道为依归，也就是天道在具体问题上的具体运用。在老子的书中经常看到这样的观点。在本章里，他就表达了这种观点。紧接着，老子以"圣人"来说明人道的问题。老子认为：天地由于"无私"才能长存永在，人间的"圣人"由于忘私退身而成就其伟大。我们都知道大禹为人民治水，八年里三过家门而不入，人民拥戴他为天子，他足以成为"圣人"。圣人是处于最高地位的理想的统治者，对他而言，人道既要用于为政治世，又要用于修身养性，而且最重要的是要切实效法天地的无私无为。对天地"以其不自生，故能长生"。

"后其身而身先"，指落于人后反而能先到。

"外其身而身存"，指把身体交出去，反而能保存，就是用"大我"换"小我"，以"无我"的方式"为我"。石头把自己交给路，反而能得长久；美玉把自己藏在山里，反而被开采，不能存其璞。

"以其无私，故能成其私"，就是用无私成就自己，把自身交出去，给家庭，给朋友，给团队，给国家民族，给全人类，变"小我"为"大我"，才会成就真正的自我。

有的人永不满足，所以永远得不到；有的人容易满足，所以总是能够得到。与其说人想要得到某种东西,不如说人想要得到某种感觉——有感觉就津津有味,没感觉就味同嚼蜡。

小故事·大道理

一

吕蒙正在宋太宗、宋真宗时三次任宰相。他不喜欢把人家的过失记在心里。他刚任宰相不久,上朝时,有个官员在帘子后面指着他对别人说:"这个无名小子也配当宰相吗?"吕蒙正假装没有听见。他的同事都为他愤愤不平,要求查问这个人的名字和担任的官职,吕蒙正急忙阻止了他们。退朝以后,同事们的心情还是平静不下来,后悔当时没有及时查清楚。吕蒙正却对他们说:"如果知道他的姓名,那么一辈子也忘不掉。宁可不知道,也不去查问他,这对我又有什么损失呢?"当时的人都佩服他气量大。

二

一天下午,小松鼠在森林里发现了一个苹果。小松鼠从来没见过这么大这么香的苹果,它觉得整个森林里很难找到这样好的苹果。

小松鼠正在欣赏这个大苹果,它的好朋友小白兔刚好经过,看到了这个苹果,小白兔很想尝尝,并建议小松鼠跟大家一同分享。小松鼠却很自私地说:"这个又香又甜的大苹果,连我都不舍得吃,怎么可以分给你呢?而且,我们也不算是很好的朋友吧!"

小白兔听了这番话,伤心地离开了。由于苹果太香了,小猴子、小猪、小象和小花猫等也来到小松鼠的跟前,希望可以与它分享苹果,它们甚至拿出了自己最心爱的东西与它交换,可惜全被小松鼠拒绝了。最后小松鼠觉得大家太烦,便跑到很远的山洞里,避开这些想尝尝苹果的家伙,准备独自把苹果吃掉。

当小松鼠咬第一口时，觉得这个苹果的味道实在太香了！便忍不住一口接一口，不停地吃起来。可是这个苹果实在太大了，小松鼠吃到一半的时候，肚子已经撑得像个皮球，吃不下剩下的那一半了。但小松鼠却对自己说："这么辛苦才能独自享受的苹果，无论怎样，也要把它吃完，不能分给别人！"

于是小松鼠继续努力，一口一口地咬着苹果，一个多小时后，它终于把苹果吃完了。可是，因为吃得太多，小松鼠的肚子疼了起来，最后连路都走不了，只能在山洞里痛苦地呻吟。小白兔见小松鼠一直没回来，担心它遇到危险，便在山里四处寻找，用了整整一个晚上，才找到了昏倒在山洞里的小松鼠，并把它救回家。

小松鼠苏醒以后，得知是小白兔救了自己，感激地说："谢谢你救了我！可是我这么自私，你为什么还要救我呢？"小白兔微笑着说："因为我们是好朋友啊！"

第八章 上善若水

[题解]

本章主要讲修身，阐述了谦虚退让的道理。老子用水来形容上善者的人格，认为高尚的人就像水一样与世无争，安于卑下。老子向来主张"谦下不争"的处世哲学，并将其视为立身之本。这种观点对今天的我们依旧有所启迪。

上善若水。水善利万物而不争，处众人之所恶①，故几②于道。

居善地③，心善渊④，与善仁⑤，言善信⑥，政⑦善治，事善能⑧，动善时⑨。

夫唯不争，故无尤⑩。

【字词注解】

① 所恶：厌恶的地方。此指低洼之处。
② 几：接近。
③ 善地：低洼之地。
④ 渊：深邃，沉静。
⑤ 与善仁：交往时善于友好待人。与，交往。仁，即人。
⑥ 信：信义。
⑦ 政：为政。

⑧能：能力。
⑨时：时机。
⑩尤：过失。

【白话解说】

上善者就像水一样。水滋润万物而不与万物相争。水处于人们所厌恶的低洼之处，所以水之善最接近于"道"。

他居于行善的地方，心胸宽广，思虑深远，交往善于友好待人，出言必定守信，为政精于治理，处事善于发挥能力，行动善于选择时机。

正因为不争，所以才没有过失。

【智慧剖析】

在自然界的万事万物中，老子最推崇水，认为水之德是近于道的；而理想中的"圣人"是道的体现者，因为他的言行类似于水。为什么说水之德近于道呢？王夫之解释说："五行之体，水为最微。善居道者，为其微，不为其著；处众之后，而常得众之先。"不争，无私，这就是水最显著的特性。

相关资料上记载了孔子回答弟子子贡问水的一段对话：

孔子观于东流之水。子贡问曰："君子所见大水必观焉，何也？"孔子曰："夫水，大遍与诸生而无为也，似德。其流也埤下，裾拘必循其理，似义。其洸洸乎不淈尽，似道。若有决行之，其应佚若声响，其赴百仞之谷不惧，似勇。主量必平，似法。盈不求概，似正。淖约微达，似察。以出以入，以就鲜洁，似善化。其万折也必东，似志。是故君子见大水必观焉。"

在此处，孔子以水描述了他理想中的具备崇高人格的君子形象，这里涉及德、义、道、勇、法、正、察、志，以及善化等道德范畴。这其中的观点与道家思想有明显的区别，也有某些相似之处。

最上等的德行莫过于水的德行。老子在本章提出了水的性格、品德和行为，指出水具有滋润万物的本性，却与万物毫无利害冲突，水具有宽广的胸怀，毫无所求，甘居众人厌恶的卑下、垢浊之地。水的德行是接近于"道"的。

水是软的、无色透明的，一句话——水性温柔。光线直来直往，水比光更体贴。一个人站在阳光下还会形成阴影，一个人泡在水里则全身都被温柔呵护。水，对于人的日常生活是必需的，对于人的精神生活更是必需的。老子主张"阴柔"，就是取象于水。水是阴柔的，这种阴柔会聚集巨大能量。洪水也是阴柔的，但它同时也非常阳刚。

老子说"水善利万物而不争"，就是说，水是一切生命之源，给万物以利益。水之所以善利万物，是因为它本身是流动的、运动的、功成不居的，所以能成全万物。

老子赞扬水有"处众人之所恶"的美德，意思是不择高低，一路流过，相当公平无私。大地表面凹凸不平，凸处多风，比较干净，凹处空气流通不畅，渐渐会聚集成草木腐朽的场所，弥漫令人窒息的气味。水从高处往下流，流经凸处，冲洗之；流经凹处，还是冲洗之。这样，泥沙俱下，一路过来冲走了所有的脏东西。因为水是流动的，所以它自身永远是清洁的。万物受其恩赐，也变得清洁。

老子说"几于道"，意思是水像大道一样无所不成，无坚不摧。

水滋润万物但不索取于万物，而且甘心停留在最低洼、最潮湿的地方。在此后的七个并列排比句中，都具有关于水德的描写，同时也介绍了上善者应具备的品格。老子并列举出七个"善"字，都是受到水的启发。最后的结论是：为人处世的要旨，即为"不争"，即宁处别人之所恶也不去与人争利，因此别人也没有什么怨尤。其中"心善渊"的意思就是心胸像渊潭那样深邃，善于自守。之所以能自守，是因为已经经历了该经历的一切。第六十六章中的"江海所以能为百谷王者，以其善下之，故能为百谷王"句，说得就更明白了。

老子在这一章的中心思想就是"上善若水"，意思是，人最好的状态就是像水那样流动，像水那样涓流成河，百川归海；像水那样目标清晰，去往既定的方向。

小故事·大道理

　　日本有位南隐禅师。一天，一位颇有建树的大学教授来找他问禅，名为请教，实为借机自吹。南隐禅师以茶相待。二人相对而坐，教授侃侃而谈，禅师微笑聆听，不时给教授将要饮尽的杯中续茶。当这位教授又一次放下将尽的水杯，准备接着高谈阔论时，南隐禅师再次将茶水注入教授的茶杯，茶杯中的水很快就满了，但这次他没有停手，继续往里倒。教授见状忙道："不要再倒了，水已经溢出来了！"南隐禅师听了，停止注水。"你就像这只杯子一样，"他对教授说，"里面已经装满了你自己的看法和想法。你不先把自己杯子里的水腾空，叫我如何对你说禅呢？"

第九章 功遂身退

〔题解〕

这一章论述了一般人的为人之道。老子认为物极必反,做任何事都应有度。锋芒毕露,不知满足,只会给自己带来灾祸。功成而身退,才是正确的养生之道。

持①而盈之,不如其已;揣②而锐之,不可长保。

金玉满堂,莫之能守;富贵而骄,自遗其咎③。

功遂身退,天之道④也。

【字词注解】

①持:把持。

②揣(chuí):捶打。

③咎:灾祸。

④天之道:自然的法则、规律。

【白话解说】

执持而使之盈满,不如趁早停止;捶打而使之锐利,不能保持长久。

金玉满堂,没人能守住;富贵而骄,自己招灾引祸。

功成而身退,才符合天道。

【智慧剖析】

本章论述的重点是"盈"和"功遂身退"。老子劝人功成而不居,急流勇退才能保全天年。有些人贪心不足,居功自傲,忘乎所以,结果身败名裂。贪慕权位利禄的人,往往得寸进尺;恃才傲物的人,总是锋芒毕露。这些是应该引以为戒的。否则,富贵而骄,便会招来祸患。就普通人而言,建立功名是相当困难的,但功成名就之后能及时敛身自保,那就更不容易了。

"功成名就"固然是好事,但其中也含有引发祸端的因素。老子已经悟出辩证法的道理,正确指出了进退、荣辱、正反等互相转化的关系,因而他奉劝人们见好即收。在事情做好之后,不要贪恋权位名利,不要居位其间,而要收敛欲念,含藏动力。

懂得急流勇退是一种睿智;君子所重不在结果的功成名就,而在过程中的尽力而为。凡事发展到顶峰,随后而来的就是衰退和败落,明智的人不会贪图虚荣放不下功名利禄,因其清楚这些身外之物只会绊住自己。

《庄子·天运篇》中说:财富至上的人,不会把财富让给别人;名声至上的人,不会把名誉让给别人;迷恋权势的人,不可能把权力交给别人。这样的人一旦获取了财富、名声和权势,便唯恐丧失而整日战栗不安,而放弃这些东西又会悲苦不堪,因而心中全无见识,眼睛只盯住自己无休止追逐的东西。这样的人其实是遭受上天刑戮之人。

小故事·大道理

张良是战国时韩国的贵族,在他少年时代,秦灭韩,张良"悉以家财求客刺秦王";终于"得力士,为铁椎重百二十斤",欲趁秦始皇游天下时,在博浪沙伏击。秦始皇出巡,有专车三十六乘,张良与刺客实在无法判断秦始皇在哪一辆车上,于是"误中副车"。秦始皇大怒,在天下搜捕刺客,张良只好更名换姓,逃亡于下邳。张良从贵公子变成了逃犯,不得不改变过去的贵公子作风，注意尊重他人。

张良在下邳圯上遇到黄石老父，以屈身为黄石老父穿履，得到黄石老父的信任。黄石老父授他《太公兵法》，并告诉他："读此则为王者师矣。"张良有了做帝王师的才干，需要一个能依照他的意见行动的帝王，这个人就是在秦末农民战争中起兵的刘邦。

刘邦出身农家，但自小"不事家人生产作业，及壮，试为吏，为泗水亭长"。亭长的任务是"捕盗"，手下能管五个兵，而且在捕捉犯人时多少有些权力；于是刘邦便借机交了一些朋友，如萧何、曹参、王陵、周勃、樊哙、夏侯婴、灌婴等。其中，萧何是沛主吏掾，曹参是沛狱掾，与刘邦打交道最多，"高祖为布衣时，（萧何）数以吏事护高祖。高祖为亭长，常左右之。高祖以吏繇咸阳，吏皆送奉钱三，何独以五"。为此，刘邦最信任的是以萧何、曹参为首的沛县老乡。刘邦领着这支由沛县同乡组成的队伍，原本没指望成什么大事，只想乘乱谋些好处，不想在下邳遇上了张良。

刘邦一见到张良，便认定这是一个有才干的人。他拜张良做厩将，对张良的建议也言听计从。而张良"为他人言，皆不省"，从而认定刘邦是一个值得辅佐的人，于是不断给刘邦出主意，包括破武关取咸阳，屯军灞上，鸿门宴全身而退，制止郦食其分封六国主张，说服刘邦封韩信为齐王，等。这些关键性谋略，把一个"好酒及色"的市井无赖，变成了代秦而立的帝王。

《史记·萧相国世家》载，汉王五年（公元前202年）时，刘邦已经灭了项羽，平定了天下，决定按功封赏。众多大臣争功。经过了一年多的讨论，还没有一个定论。刘邦认为，萧何的功劳最大，所以封赏的食邑最多（食邑就是享受封邑的租税）。功臣们都说："我们身上穿着坚固的盔甲，手中拿着锐利的兵器，作战多的人参加了一百多次战役，作战少的人也有数十回合的战役，攻取城池，占领土地，有的功劳大，有的功劳小，各有一定的等级。萧何只会舞文弄墨、议论政事，不曾实地参加作战，没有半分军功，如今论功行赏，他反而在我们的上面，这是什么道理呢？"刘邦说："各位都知道打猎的事情吧！"功臣们说："知道。"高祖说："各位知道猎狗吗？"功臣们说："知道。"

高祖说:"追赶捕杀兔子等野物的是狗,然而发现踪迹并推测野兽所在之地的是人,现在诸位功臣,只能获得走兽罢了,就像打猎的时候猎狗所获得的功劳一样。至于萧何这样的人,他能够发现踪迹并指出野兽所在处,他的功劳如同打猎时人所建立的功劳;况且各位仅仅以自身跟随我作战,最多也不过两三人,但萧何他的全宗族几十人都跟随我作战,他的功劳是不能忘记的。"自此,群臣们再无人敢提出质疑。

　　张良见刘邦只认萧何等沛县同乡的"人",将其他功臣皆视为"狗",立即明白了自己的处境。他见到刘邦先后将非沛县同乡的韩信、彭越、英布等功臣诛杀,自知再跟着刘邦恐怕自身难保。于是,当刘邦说"运筹策帷帐中,决胜千里外,子房功也。自择齐三万户",张良立刻道"始臣起下邳,与上会留,此天以臣授陛下。陛下用臣计,幸而时中,臣愿封留足矣,不敢当三万户"。刘邦想,留离长安较近,让张良待在留更容易监管,便封张良于留。

二

　　春秋时期的文种,不听范蠡的劝告,迷恋相位,最终招致杀身之祸。

　　灭吴之后,越王勾践进入吴国,在吴王的文台上举行盛大的酒宴,以庆贺胜利。文种上前献祝词称颂说:"皇天佑助,我王受福。良臣共谋,我王之德。先君显灵,辅君成事。君不忘臣,臣尽其能。功配上天,德不可掩。举酒祝君,万福无疆!"越王听了这一番祝词,却默然不语。文种再上祝词说:"我王仁贤,怀道抱德,灭仇破吴,不忘返国。赏无所吝,群邪杜塞。"越王仍然面无喜色。

　　此时,范蠡已看出勾践是个只可共患难、不可共富贵的人。他不惜群臣之死,以成就自己的功业,却不愿封赏功臣,所以才面色沉郁不喜。范蠡暗下决心,要离越而去。因此,等到勾践从吴返越,又北上争霸中原,意得志满地凯旋之后,范蠡便劝文种说:"现在已是离开越王的时候了,否则必有杀身之祸。"文种却不以为然。范蠡又写信给文种说:"我听说天有四时,春生而冬伐;人有盛衰,泰极而否来。知进退存亡而不失其正道,大概只有贤人才能做到吧。蠡虽才能低下,还能明白进退之道。飞鸟已尽,良弓当藏;狡兔已死,良犬当烹。越王的为人,脖子长而嘴如鸟喙,目如鹰视,行步如狼,可与共患难,而不可共处乐;可与履危,不可与安。您如不忍离去,必为所害!"但文种始终不信越王会加害自己,到底没有离去。

勾践成就大业之后,对功臣们的态度果然日渐冷淡,并且愈来愈疏远他们。文种因此整日忧心忡忡,故而多日称病不上朝。于是,有人向越王进言说:"文种自以为是他使得君王能有今天,但他却未被加官封地,因此心怀怨恨,愤积于内而现形于外,故而不来朝见君王。"勾践听了这番话,对文种越发厌恶。有一天,文种对越王说:"臣多年来之所以早来而晚归,苦身焦思,就是为了助王灭吴。现在吴国已灭,大仇已报,君王也就不再有什么可忧虑的了。"勾践听这话,心中不快,默然不语。

周元王四年(公元前473年)的一天,越王召文种上殿,问道:"我听说,知人易,自知难。有谁能知道相国您究竟是什么样的人吗?"文种回答说:"君王提出这样的问题,太令人感到可悲了。君王知臣之勇,不知臣之仁;知臣之忠,不知臣之信。臣多次劝谏大王损声色、减淫乐,对大王尽心竭忠,言无所讳,因此多次触犯大王。不能顺从大王之意而言,难免获罪。臣不敢畏死而不言,但愿言而后死。从前伍子胥被吴王所杀,临死前曾说:'狡兔死,良犬烹;敌国破,谋臣亡。'范蠡临行前也和我说过同样的话。从大王之问,臣可见大王之志了。"勾践默然不应。文种回到家里,对他的妻子说:"我已看出君王有杀害忠良之意。我的性命难保,只不过在须臾之间了。"

果然,不久勾践又召见文种,对他说:"你有谋略兵法和克敌制胜的九术之策,今用其三,即已灭吴。你那里还有六术,望你能用这六术辅我前王于地下,以谋灭吴之前人。"于是文种仰天叹道:"可悲呀!我后悔不从范蠡之谋,而终为越王所杀!"勾践赐给文种一把剑。文种得剑,又叹道:"本为南阳之宰,而今为越王所擒!"又自笑道:"后世百代,忠臣必以我为鉴!"说罢,他便伏剑而死。文种死后,勾践把他葬在国都郊外的西山上。

可怜一代相才文种,死得如此悲惨。

第十章　养生修行

〔题解〕

本章前半部分讲述个人修身。老子认为，没有灵魂，身体也会消亡；身与道的结合，其意义在重道，即使人的精神达到平和宁静、纯洁高尚、清静无为的状态。后半部分由修身推及治国，再次强调了"无为而治"的思想。

载①营魄②抱一③，能无离乎？

专气④致柔，能如婴儿乎？

涤除⑤玄览⑥，能无疵⑦乎？

爱民治国，能无为乎？

天门⑧开阖，能为雌⑨乎？

明白四达⑩，能无知乎？

生之畜之。生而不有，为而不恃，长而不宰⑪，是谓"玄德"⑫。

【字词注解】

①载：加，持。

②营魄：魂魄。

③抱一：坚守大道。一为"道"。

④专（tuán）气：聚集精气。专，同"抟"，集聚。

⑤涤除：清除，摒除。

⑥玄览：深观。

⑦疵（cī）：瑕疵，缺点。

⑧天门：耳、目等感官。

⑨雌：这里指清静。

⑩四达：通达四方。

⑪宰：主宰。

⑫玄德：玄妙幽深的德行。

【白话解说】

形体如同车一样拉着灵魂，能永远不分离吗？

聚集精气而归于柔顺，能像婴儿那样吗？

清除杂念，观照内心深处，能做到没有瑕疵吗？

爱民治国，能遵循自然无为之道吗？

耳目开合感受外界，内心能保持清静不乱吗？

已通达四方，仍能以无知而自谦吗？

让万物生长繁衍，生养而不占有万物，使万物繁盛而不自恃有功，让万物成长而不主宰它们，这就是玄妙幽深的德行。

【智慧剖析】

本章继续深入阐述有关修身的问题。开头六句提出六种情况、六个疑问："能无离乎？""能如婴儿乎？""能无疵乎？""能无为乎？""能为雌乎？""能无知乎？"这六个问题，实际上说的就是有关修身、养性、为学、治国诸多方面的内容。

"载营魄抱一，能无离乎？"这是说一个健全的生活必须是形体和精神合一而不偏离的。"抱一"即抱"道"，能抱"道"即肉体生活能与精神生活达到和谐。

"专气致柔"是集气到最柔和的境地。"气柔"是心境极其静定的一种状态。

"涤除玄览"即洗清杂念,摒除妄见,而反观内心的本明。

"无离""无疵"文法辞例一致;"营""魄"分别说形、神,"涤除""玄览"亦分别说形、神的高境界修炼。

"婴儿"与"为雌"同一辞例,也是相近的比喻。"儿"说其"和","雌"说其"守",这是老子修身学两种形式而同一指向的最高境界。

"无为""无知"也是一样的辞例。"明白四达"却若"无知"是"营魄抱一""专气致柔""涤除玄览""天门开阖"等修养的终极结果;而"修之于身"的"玄德"之自然流行,便是以"无为"去"爱民治国"的"修之于天下"。

判断一个人的好坏,不在于他的外表,而在于他灵魂的高贵或低贱。有的人外表很好看,但是灵魂却很肮脏;有的人外表虽然不好看,但灵魂却很洁净。长得美丽且灵魂洁净的人真是难得。与人交往得久了,我们都会有这样的经验,朋友的音容笑貌永生难忘,不是因为他长得好看,而是因为他人好。敌人的样子也许非常漂亮,可是,我们想起来就恨之入骨。灵魂是本质的东西,容貌只是装饰。我们人类有一个很大的特点,那就是拥有自己的精神与意志,可以用自己的精神和意志去思考和判断,从而理解世界。这也就有了人类灵魂的特性。

由于我们对自身认识的局限性和片面性,导致很多错误与失败。

我们人类的灵魂和肉体,大多数时候处于分离状态,它们是经常不在一起的。通常,我们的灵魂能达到一个很高的程度,但我们的肉体却无法承受,使得我们的万丈雄心经常在残酷的现实面前表现得极其脆弱。这正是我们人类最大的烦恼,它带给我们心理与生理上的失调。要想使身心达到平衡,就必须做到心境极其静定,清除杂念,摒弃妄见,懂得自然规律,并加深自身的道德修养。

小故事·大道理

斯匹特是一位年轻的电脑销售经理。他有一个温暖的家和一份高薪工作，在他的面前是一条充满阳光的大道，然而他的情绪却非常消沉。他总认为自己身体的某个部位有病，认为自己快要死了，甚至选购了一块墓地，并为自己的葬礼做好了准备。实际上他只是呼吸有些急促，心跳有些快，喉咙有些梗塞。医生劝他在家休息，暂停销售工作。

斯匹特在家里休息了一段时间，但是由于恐惧，他心里仍不安宁。他的呼吸变得更加急促，心跳得更快，喉咙仍然梗塞。于是，医生建议他到海边去度假。

海边虽然有使人健康的气候、壮丽的高山，但仍阻止不了他的恐惧感。一周后他回到家里，觉得死神就要降临了。

斯匹特的妻子看到他的样子，将他送到了一所有名的医院做全面检查。医生告诉他："你的症结是吸进了过多的氧气。"他立即哭起来说："我怎样对付这种情况呢？"医生说："当你感觉到呼吸困难、心跳加快时，你可以向一个纸袋呼气，或暂且屏住气。"医生递给他一个纸袋，他就遵照医嘱行事；结果他的心跳和呼吸变得正常了，喉咙也不再梗塞了。他离开这个诊所时心情非常愉快。

此后，每当他的病症复发时，他就屏住呼吸一会儿，使身体正常发挥功能。几个月以后，他不再恐惧，症状也随之消失。自那以后，他再也没有犯这个病。

第十一章　无之为用

〔题解〕

这一章具体阐述了"有"与"无"的辩证思想。老子认为,"有"和"无"相互依存,缺一不可,而"无"往往发挥着更为重要的作用。老子用生活中实实在在的事例,强调了"无"的功用,提醒人们认识"无"的重要性。

三十辐①共一毂②,当其无,有车之用③。
埏埴④以为器,当其无,有器之用。
凿户牖⑤以为室,当其无,有室之用。
故有之以为利,无之以为用⑥。

【字词注解】

①辐:车轮中连接轴心和轮圈的木条。古时候的车轮有三十根辐条,这个数目取自每月的天数(每月三十天)。

②毂(gǔ):车轮中心的圆孔,即插轴的地方。

③当其无,有车之用:有了车毂中空的地方,车才能起作用。无,毂的中空之处。

④埏埴(shān zhí):揉土。

⑤ 户牖（yǒu）：门窗。

⑥ 有之以为利，无之以为用："有"给人便利，"无"让"有"发挥作用。

─●【白话解说】

三十根辐条汇集到一个车毂当中，有了车毂中空的地方，才有车的作用。

糅合陶土做成器具，有了器皿中空的地方，才有器皿的作用。

开凿门窗建造房屋，有了门窗四壁中空的地方，才有房屋的作用。

所以，"有"给人便利，"无"让"有"发挥作用。

─●【智慧剖析】

在《道德经》这本书中，大部分篇章都是通过认识天地、刍狗、风箱、山谷、水、土、容器、锐器、车轮、房屋等具体的东西揭示抽象的道理。老子的学说，往往是从具体到抽象、从感性认识到理性认识。

在本章中，老子举了三个例子：车子的作用在于载人运货；器皿的作用在于盛装物品；房屋的作用在于供人居住。这是车、皿、室给人的便利。车子是由辐和毂等部件构成的，这些部件是"有"，毂中虚空的部分是"无"，若没有"无"，车子就无法行驶，当然也就无法载人运货，其"有"的作用也就发挥不出来了。器皿若没有虚空的部分，即没有"无"，就不能起到装盛东西的作用。房屋同样如此，如果没有四壁门窗中空的地方可以出入、采光、流通空气，人就无法居住。可见，是中空的地方让房屋发挥了作用。所以说"无之以为用"。

一般人只注意实（有）的作用，而忽略虚空（无）的作用。老子举例说明：一、"有"和"无"是相互依存、相互作用的。在这一章所说的"有""无"是就现象界而言的，本书中第一章所说的"有""无"是就超现象界、本体界而言，这是两个不同的层次，它们的符号形式虽然相同，但意义和内容却不一样。二、无形的东西能产生很大的作用，只是不容易被人觉察。老子特地把"无"的作用彰显了出来。

有了实物（有）才有利用价值，有了虚空（无）才能发挥种种功能和作用。

老子说"当其无，有车之用"，是说车轮是空的，所以能转动起来。实际上，老子借由这句话道出了一个简单的道理：任何事物都需要留出空间才能发展。

小故事·大道理

一

从前有两个穷人，因为欠下了不少外债，便商量好趁着天黑逃跑。逃跑途中坐在路边休息时，其中一个人说："哎，如果咱们这么走着走着忽然捡到一大笔钱的话，应该怎么分呢？"

另外一个人说道："如果捡到很多钱，当然是每人分一半，你应该给我分一半。"

提出问题的那个人说："你想的倒是不错。但是不行！钱这东西，谁捡到了就是谁的，凭什么分给你一半？"

另一个人生气了，叫道："什么？咱们一起赶路，捡到了钱当然是一人一半了，你还想独吞不成？想不到你居然是这种贪财之人，太不够朋友了！"他越说越激动。

提出问题的那个人也急了，嚷道："你凭什么骂我呀！你算个什么东西！"

就这样，两个人越吵越激动，越吵越生气，最后扭打了起来。

这时，有个人从他们身边经过，看到这两个人大打出手，便过来劝解道："喂！你们这是干什么呀？究竟为了什么打成这样呢？"

一个人说道："正好请你来评评理，我们两个人一起出门，这个家伙捡了钱却不肯分给我，想要独吞。"另一个人也不示弱："对，请你评评理，我捡到的钱当然是我的，这个小子凭什么要分一半，太无耻了吧。"

劝架的人说："你们都别激动，让我给你们调解调解。你们先告诉我,到底捡了多少钱呢?"

一听这个问题,这两个打架的人都傻眼了,异口同声地说:"还没有捡到呢。"劝架的人闻言不禁哈哈大笑,说道:"你们为本来没有的东西打起来,这是何苦呢?"

二

苏格拉底在与朋友聚会时常常会凝视空酒瓶。有一回,他的学生柏拉图忍不住问他:"老师,您为什么看着空酒瓶?"

苏格拉底说:"因为空酒瓶能装酒。"

柏拉图没明白过来。

苏格拉底接着说:"酒瓶满了就不能装酒了。"

柏拉图大悟。

第十二章　去彼取此

〔题解〕

本章阐述了物欲对人的危害。老子认为，纵情享乐会对人的身体造成伤害，并使人做出背德的行为。因此，老子主张"为腹不为目"，即清心寡欲，不贪图享乐。老子的观点虽然有些偏激，但其中有值得借鉴的合理成分。

原文

五色①令人目盲②，五音③令人耳聋④，五味⑤令人口爽⑥，驰骋⑦畋猎令人心发狂⑧，难得之货令人行妨⑨。

是以圣人为腹不为目⑩。故去彼取此⑪。

【字词注解】

①五色：青、赤、黄、白、黑。泛指多种颜色。

②目盲：此喻眼花缭乱。

③五音：宫、商、角、徵、羽。泛指多种乐音。

④耳聋：此喻听觉不灵。

⑤五味：酸、苦、甘、辛、咸。泛指多种味道。

⑥口爽：口病。爽：引申为伤、败，此喻味觉变弱或缺失。

⑦驰骋：纵横奔走，此喻纵情。

⑧心发狂：心放荡而不可制止。

⑨行妨：伤害操行。妨，害，伤。

⑩为腹不为目：只求温饱，不求纵情声色。

⑪去彼取此：摒弃物欲，只守温饱。彼，指"为目"（纵情声色）的生活。此，指"为腹"（只求温饱）的生活。

——●【白话解说】

五光十色会使人眼花，五音混杂会使人耳聋，五味佳肴会使人口涩失味，纵情狩猎会使人放荡不羁，稀有财货会使人心生贪欲。

因此，圣人只求饱腹不求声色悦目。要摒弃那些而保守这些，就得明白以上所说的这些道理并切身去实践。

——●【智慧剖析】

老子在这一章提醒人们要摒弃外界物欲的诱惑，保持内心的清静，确保固有的天性。

老子认为，正常的生活是为"腹"不为"目"，务内而不逐外。俗语说："罗绮千箱，不过一暖；食前方丈，不过一饱。"务内而不逐外，但求温饱，不求纵情声色。

为"腹"，即求建立内在的宁静恬淡的生活；为"目"，即追逐外在的贪欲的生活。一个人越是投入外在化的旋涡，则越是流连忘返，产生自我疏离，心灵日益空虚。因而，老子提醒世人摒弃外界物欲生活的诱惑，持守内心的满足，确保固有的天性和本真。

人不能贪欲奢侈、纵情声色，糜烂生活令人目盲，令人耳聋，令人心发狂；物欲横流，腐蚀人的精神。

无论是五色、五音还是五味，之所以会带给我们伤害，是因为我们的欲望在无限制地膨胀。老子认为，世人大多容易因对外物的贪欲而丧失本性：小人牺牲自己去求财宝，读书人牺牲自己去求名声，为官的牺牲自己谋求高位，为王的牺牲自己去求天下。这几种人事业不同，名声各异，但他们的牺牲自己、丧失本性却都一样。隐士伯夷为了名声好听，饿死在首阳山下；盗跖为了金银财宝，被人打死在金陵山上。这两人虽然所求迥异，一个是求名、一个是逐利，却同样丢掉了生命，丧失了本性。

"世人都说神仙好，唯有功名忘不了"，人人都想活得潇洒一点儿，轻松一点儿，快乐一点儿，但终其一生也潇洒不了，轻松不了，快乐不了；是被什么东西拖住了，缠住了，压住了？老子认为，这东西就是功名利禄。功名利禄成了人生的境界，似乎功名愈厚，人生也愈美妙滋润。其实功名利禄是一副用花环编织的罗网，只要你进去了，你就无法自在与逍遥。没有功名利禄，于是想得到功名利禄；得到了小的功名利禄，又想得到更大的功名利禄；得到了功名利禄，又害怕失去功名利禄。人就在这种患得患失中虚度一生，哪里品尝得到人生甘美、清纯的滋味呢？世人只道功名利禄会给人带来幸福，殊不知功名利禄也会给人带来痛苦。在老子眼中，为了功名利禄，世人劳心，劳神，劳力；为了功名利禄，世人谋划，忙碌，奔波；为了功名利禄，世人怀疑，欺诈，争斗；为了功名利禄，世人玩阴谋，耍诡计，溜须拍马；为了功名利禄，世人斤斤计较，患得患失。

在这一章，老子主张保持一种属于自我的、内在的、安静恬淡的生活，放弃追逐远离自我的、外在的、声色犬马的物欲生活。假如世人能控制欲望，甚至消减它，就不会被这些外在的东西轻易伤害到，就是真正享受快乐、享受自由的人！还能得到真正的自我保全和平安！

由此可见，真实的享受是有理性、有节制的，是有正确取向的，放弃虚假的享乐和愚蠢的放纵，回归自然的、顺其正道的宁静。

小故事·大道理

一

有一天，著名教育家夏丏尊先生前来拜访弘一大师（李叔同）。吃饭时，见弘一大师只吃一道咸菜，夏先生不忍心地说："难道您不嫌这咸菜太咸吗？"

弘一大师回答："咸有咸的味道。"

过了一会儿，弘一大师吃好了，伸手端起一杯白开水。见此，夏先生皱着眉头说："难道没有茶叶吗？怎么每天都喝这寡淡的白水啊？"

弘一大师笑一笑说："白水虽淡，但淡也有淡的味道。"

夏丏尊与弘一大师是青年时代的好友，他知道弘一大师在俗世之时，有过歌舞繁华的日子，所以才会这么问。但是，弘一大师早就超脱了咸、淡的分别，这种超脱并不是没有味觉，而是能够用心品味咸菜的好滋味与白水的真清凉。

弘一大师的"咸有咸的味道""淡有淡的味道"，是多么令人回味无穷的禅理啊！

二

珠光是日本一位比较有名的禅师，曾在一休和尚门下修行。他悟性很高，进步很快，但有一个毛病，就是坐禅时常打瞌睡。这使他在众人面前觉得很不好意思。

于是，他求助医生，询问有什么好办法可以解决这个问题。医生建议他喝茶试试。他接受了医生的建议，每天早晚各喝一杯茶，时隔不久果然治好了这个毛病。他天天喝茶，养成了习惯，在仔细品味当中，慢慢发现喝茶也很有规矩，不同的喝法有不同的味道。于是，他便开始创制各种喝茶的规矩。

有一天，他刚刚定好一条茶规，一休和尚走了进来，问他："应当以何种心情喝茶？"

珠光回答："荣西禅师曾说，应当为了健康而喝茶，平心静气。"

一休和尚又问："有一位修行僧问赵州佛法，赵州回答'吃茶去'。对此，你怎么想？"

珠光不语。一休和尚让侍者拿来一碗茶，递给珠光。当珠光刚把茶杯接到手上，一休便对着他破口大骂，还将他手中的茶杯打落在地。

珠光沉默不语，过了一会儿，他起身向一休行了一礼，转身向禅房走去。一休大声喊道："珠光！"珠光应答："是！"然后，他回过头来望着一休。

"刚才问你应当以何种心情喝茶,如果不管心情如何,只是无心喝茶,又会怎样?"一休步步紧逼。

珠光不紧不慢地答:"花红柳绿。"

一休马上意识到,珠光已开悟了;于是他便让珠光出师了。

第十三章　宠辱若惊

〔题解〕

这一章论述贵身爱身之道，重在修身。老子认为，无论得宠还是受辱，都会给人带来祸患：得宠则患得患失，丧失人格的独立；受辱则伤害自己的尊严。老子提出要珍重生命，把荣辱置之度外；唯有珍重生命的人，才能维护自己的人格尊严，担当治理天下的重任。

宠①辱②若惊，贵③大患若身。

何谓宠辱若惊？宠为上，辱为下；得之若惊，失之若惊，是谓宠辱若惊。

何谓贵大患若身？吾所以有大患者，为吾有身；及④吾无身，吾有何患？

故贵以身为天下，若可寄天下；爱以身为天下，若可托天下。

【字词注解】

①宠：得宠。

②辱：受辱。

③贵：重视。

④及：若，如果。

【白话解说】

得宠和受辱都惊惧不安，如临大患，重视宠辱这样的大患如同重视自己的身家性命。

什么叫"宠辱若惊"呢？受宠者地位卑下，受宠时担心失宠会感到惊恐，真的失宠则更是惶恐；受辱时惊恐，之后还会因害怕再次受辱而惊恐，这就叫作得宠与受辱都感到惊恐。

什么叫"贵大患若身"呢？我们之所以有祸患，是因为我们有身体的存在。如果我们没有身体，那我们还有什么祸患呢？

所以，能做到像贵身（珍惜自己的生命）那样服务于天下人，才可以把天下大事托付于他；能做到像爱身（珍爱自己的生命）那样服务于天下人，才可以把天下的重任交付给他。

【智慧剖析】

本章所讲关于"贵身"和人的尊严问题，大意是说"圣人"不以宠辱荣患等身外之事易其身，这是接着上一章"是以圣人为腹不为目"而言的。凡能够真正做到"为腹不为目"，不为外界荣辱乱心分神者，才有能力担负治理天下的重任。

老子用"宠辱若惊"四个字，形象地刻画了人类的心态及行为动态的重要特征。一般人对于身体的宠辱荣患十分看重，甚至于许多人重视身外的宠辱远远超过自身的生命。人生在世，难免要与功名利禄、荣辱得失打交道。许多人以荣宠和功名利禄为人生最高理想，目的就是享荣华、得富贵，福及子孙。总之，人活着就是为了功、名、利、禄等身外之物。虽说功名利禄人人皆可求，但将其摆在什么位置，人与人的态度就不同了。如果把它摆在比生命还要宝贵的位置，那就大错特错了。

老子告诫我们，人若只追求自己的荣誉欲望，反而会为其所误，不能完善、保全自己。只有舍弃追求荣誉、欲望之私，以奉献之心立身处世，才会得到人们的信赖，才是真正地在珍重、爱惜自己，才算履行了为人的义务，尽到了为人的责任。

《庄子·在宥》中有段耐人寻味的话，道出了"宠辱不惊，去留无

意"的真谛。其大意是:

> 喜欢目明,就会沉溺于美色之中;喜欢耳聪,就会沉迷于乐声之中;喜欢仁德,会扰乱自然的德行;喜欢道义,会违背自然的常理;喜欢礼仪,会助长浮华的技巧;喜欢乐曲,会助长靡靡之音;喜欢圣贤,会助长六艺的泛滥;喜欢求知,是助长吹毛求疵之风。天下人要保持天生的真性情,这八条可有可无。天下人若不能保持天生的真性情,这八条便会纠结扰攘而搅乱天下。天下人竟尊崇珍爱它们,真是太糊涂了。这八条,本应经历之后就忽视掉,但天下人却非常虔诚地谈论,恭恭敬敬地传授,唱歌跳舞地赞颂,对此,我有什么办法呢?
>
> 所以,君子不得已而统治天下,不如实行无为。无为,然后才能使百姓性情安宁。所以说,能像珍惜自己的生命一样来治理天下,就可以把天下托付给他;能像爱护自己的生命一样来治理天下,就可以把天下交给他。
>
> 所以,君子若能不放纵自己的情欲,不卖弄自己的聪明,坐如木雕泥塑,动如龙腾虎跃;沉默如深渊,出言如雷鸣。精神活动完全出于自然,从容不迫,无所作为,万物就像尘埃在空中飘动,既已如此,君子又何须去治理天下呢!

小故事·大道理

有位修行很深的禅师叫白隐,无论别人怎样评价他,他都会淡淡地回应一句:"就是这样吗?"

在白隐禅师所住的寺庙旁,有一对夫妇开了一家食铺,他们有一个漂亮的女儿。某天,夫妇俩发现女儿的肚子竟然大了起来,异常震怒。在父母的一再逼问下,女儿终于吞吞吐吐地说出"白隐"二字。

夫妇俩怒不可遏地找白隐理论,但这位大师不置可否,只若无其事地回应道:"就是这样吗?"孩子一生下来,就被抱到白隐这里。此时,这位禅师已名誉扫地,但他不以为意,只是非常细心地照顾孩子——他向邻居乞求婴儿所需的奶水和其他用品,虽常常横遭白眼或被冷嘲热讽,他却总是处之泰然,仿佛是受托抚养别人的孩子一般。

事隔一年,那个生下孩子的女子不忍再欺瞒下去了。她老老实实地向父母吐露真情:孩子的生父是住在附近的一个青年。

她的父母立即将她带到白隐那里,向白隐道歉,请他原谅,并要领回孩子。

白隐依旧淡然如水,只是在交回孩子的时候,轻声说道:"就是这样吗?"仿佛从来没有发生什么事;即使有,也只像微风吹过耳畔,转瞬即逝。

第十四章 执古之道

〔题解〕

本章重在论"道"。老子所说的"道",无形无状,无声无色,是我们的感官无法感知,却实实在在地存在的。为了使世人更好地理解和认识"道",老子在文中论述"道"的性质和作用。老子指出,"道"有自己的变化运动规律,掌握了这种规律,便能了解具体事物的根本。

【原文】

视之不见,名曰"夷";听之不闻,名曰"希";搏之不得,名曰"微"①。此三者不可致诘②,故混而为一。其上不皦③,其下不昧④。绳绳⑤兮不可名,复归于无物。是谓无状之状,无物之象,是谓"惚恍"。迎之不见其首,随之不见其后。

执古之道,以御今之有⑥。能知古始⑧,是谓道纪⑨。

【字词注解】

①夷、希、微:这三个名词都是用来形容感观所不能把握的道。

②致诘:究诘,追究。

③皦(jiǎo):明亮,清晰。

④昧:阴暗。

⑤绳绳(mǐn mǐn):众多的样子,戒慎的样子。此指无头无绪,延

绵不绝。

⑥惚恍：若有若无，闪烁不定。

⑦有：此指具体的事物。

⑧古始：宇宙的初始或道的端始。

⑨道纪：道的纲纪，即道的规律。

【白话解说】

道呀，想看却看不见的叫"夷"，想听但听不到的叫"希"，想摸可摸不着的叫"微"。这三者的形象无从究诘，因此混沌为一体。它的上面不明亮，它的下面不阴暗。它绵绵不绝而不可名状，一切的运动都会回到不见物体的状态。它是没有形状的形状，不见物体的形象，它叫作"惚恍"。迎着它，看不见它的头；追着它，看不见它的背。

把握着自古有之的道，用它驾驭当下的具体事物，能认识和了解宇宙的初始，这就叫作"认识'道'的规律"。

【智慧剖析】

在本章，老子提出了三个带有悬念的概念，即"夷""希""微"，它们分别是不可见、不可闻、不可摸的，没有形体的东西，也就是无形、无声、无状的东西。老子认为，这些无形、无声、无状的东西，根本不能追根究底，但是它们却能浑然一体。

老子说"视之不见，名曰'夷'"，是说看不见的名叫"没有"。老子这话隐含的意思是：要看到"没有"，看到"空无"。老子在另一章说"大象无形"，意思是大的图像是没有形状的，感觉像是没有，其实是有的。人从认识有形到认识无形，本身的形状也渐渐扩大。

老子说"听之不闻，名曰'希'"，是说听不到的名叫"寂静"。老子这话隐含的意思是：要听到"寂静"，听到无声之声。老子在另一章说"大音希声"，意思是说：最大的声音充盈世界，以致听不见。比如人在夜晚睡在海船上，开始时听见波涛的声音，渐渐地就什么也听不见了。这样，我们就知道，寂静其实也是一种声音，之所以让人感觉不到寂静的声响，是因为它已完全占据我们的心灵，合二为一。

老子说"搏之不得，名曰'微'"，是说触不到的名叫"微茫"。老子这话隐含的意思是要触微茫。微茫如暮色，仿佛不可触摸，其实人走在暮色中，全身都是暮色。

老子说，它们确实存在，却无法命名，因为它们缺少可比拟的对立物或等同物；同时，它们没有形状，没有表象，没有标记，只不过是一个混沌的存在。按照老子的理论，这个不能言说的东西，就是"道"。老子认为，大道就是那个看也看不见，听也听不着，摸也摸不到；无法用感官去感知，只能用意识去体会；无法以概念分析和判断，只能以精神接近的自然规律。因此"夷""希""微"，都只是一个简单的描绘词，无法用于探索大道的本原，也无法让人真正了解大道。因为，大道是宇宙万物的主宰，是存在于冥冥之中的，是变化的，是无影无形、无声无息的；它没有光亮和黑暗，没有前进与退后，没有停止与运动；它没有丝毫的相对性，它是永恒的，是生生不息、绵延不绝的；当你感觉到它的存在，似乎可以把握它时，它又忽然回到先前无迹可寻的状态中去了。总之，它给我们的感觉是恍恍惚惚、无始无终、无上无下、无左无右、无前无后、其大无外、其小无内，没有贴切的概念能概括它，因此把它叫作"惚恍"，这是没有办法的办法。

"迎之不见其首"，指看不见开头；"随之不见其后"，指找不到结尾。看不见开头，并不是没有开头，而是开头被隐藏了；找不到结尾，并不是没有结尾，而是结尾被隐藏了。做大事之人当如神龙，不能让人看见首尾，不能示人以全貌，这样才能不被控制。连龙都怕被控制，因为龙多，屠龙的人也多，何况是人！有的人喜欢毫无保留地展示自己，很难占据主导地位。

在这一章，老子要表明的观点是：做大事之人，如神龙一般，自身清清楚楚，却只让人看到该看到的一小部分。有人看到龙鳞，说是金子；有人看到龙爪，说是霹雳。管中窥豹，只能看见斑点；盲人摸象，只能摸到厚墙。豹与象都只能走，不能飞，已经让人如此难见到全貌，何况飞龙！一代圣人孔子，就把老子比喻成"乘风云而上天"的神龙。

小故事·大道理

一

查尔斯王子和戴安娜王妃举行的婚礼盛典，是1985年英国乃至世界的重要新闻。当时，伦敦的一位珠宝商利用公众对此次婚礼盛典的关注心理，精心策划了一则关于戴安娜王妃的假新闻，使其生意红火一时。

这个珠宝商首先找到一位长相酷似戴安娜王妃的模特，让她穿上戴安娜经常穿的衣服，梳上戴安娜的发型，并对戴安娜的神态、气质做了煞费苦心的模仿训练。

一天晚上，这家珠宝店灯火辉煌，老板神采奕奕地站在门口，好像在恭候重要人物的光临，此举吸引了不少路人。过了一会儿，一辆高级轿车缓缓停在门口，"戴安娜王妃"从容地从车上走下，嫣然一笑，向聚拢来的行人点头致意。老板笑容可掬地把"王妃"迎进珠宝店，彬彬有礼地向她介绍项链、耳环、钻石等贵重首饰。"王妃"面露喜色，一边称赞一边挑选了几件首饰。这些场面全被老板请来的电视台记者拍了下来。

第二天，电视台在黄金时段播放了这段新闻录像。在老板的授意下，记者把它拍成"默片"，自始至终没有一句解说词。这则新闻顿时在伦敦引起轰动，崇拜戴安娜王妃的人纷纷来到这家珠宝店，抢购"戴安娜王妃"称赞过的各种首饰。这家珠宝店变得门庭若市，生意异常兴隆，短短几天的营业额远远超过开业多年的总和。

这则新闻惊动了皇室。皇室发言人郑重声明："经查日程安排，戴安娜王妃并没有去过那家珠宝店。"这家珠宝店的老板振振有词地解释："新闻录像中没有说那位嘉宾就是戴安娜王妃，是围观的公众想当然地把她当成王妃了。"

二

魏惠王派太子申和庞涓集结全国兵力，再次攻打韩国。韩侯向齐国告急求救。齐威王派田忌为将、孙膑为军师，发兵救韩。孙膑建议采取"围魏救赵"的办法。田忌说:"军师上次用过此计,这次再用恐被敌人识破。"孙膑笑着答道:"这次我另有计谋让敌人上当。"田忌听从了孙膑的建议,率齐军直奔魏都大梁。

魏惠王见齐军来攻大梁,急忙命令太子申和庞涓回兵救魏。孙膑深知庞涓有勇无谋,只能智取,不能硬拼。于是,他向田忌献上"减灶诱敌"的计谋。

魏、齐两军刚刚相遇,孙膑就命令齐军撤退。庞涓追到齐军驻地时,只见地上满是用来煮饭的灶头,经清点有十万之多。次日,齐军再次急急退却,驻地留下五万个灶头。第三天,齐军的灶头减少到两万个。庞涓见状,非常高兴,命令魏军继续追赶齐军。太子申询问原因,庞涓说:"我早就听说齐军胆小怕死,三天之内士兵就逃走了大半。我军穷追不舍,定能取胜。"

后来,齐军退到了两山之间的马陵道,孙膑见这里溪谷深隘,道路狭窄,很适宜设兵埋伏,就命令士兵砍倒树木作为路障,又把路旁一棵大树的树皮剥去,在上面写了几个大字。接着,孙膑命一万名弓箭手夹道埋伏,只等庞涓前来送死。

黄昏时分,庞涓带着疲惫不堪的魏军追到马陵道。在士兵清理路障时,有人发现路边大树上有字,忙向庞涓报告。庞涓持火把一照,只见上面写着"庞涓死于此树下",不由得大惊失色。孙膑一声令下,埋伏在两旁的弓箭手万箭齐发,魏军死伤无数。中了箭的庞涓自知生还无望,只得拔剑自刎。

第十五章 微妙玄通

〔题解〕

本章描述古代得"道"之人的修养和风度，表达老子对理想人格的崇敬和向往。老子首先从多个方面描绘得"道"之人，认为他们深奥通达，难以认识，具有小心谨慎、淳厚朴实、心胸开阔等精神风貌。本章末尾，老子对得"道"之人的形象做了总结，指出他们谦虚而不盈满，所以才能吐故纳新。

【原文】

古之善为道者，微妙玄通①，深不可识②。夫唯不可识，故强为之容③：豫④兮，若冬涉川；犹⑤兮，若畏四邻；俨⑥兮，其若客；涣⑦兮，其若凌释⑧；敦⑨兮，其若朴⑩；旷⑪兮，其若谷；混⑫兮，其若浊。孰能浊以静之徐清⑬？孰能安以动之徐生⑭？

保此道者，不欲盈⑮。夫唯不盈，故能蔽而新成⑯。

【字词注解】

①玄通：通达。是说古代的一些得道者，心思幽深而高深莫测，精神能沟通上天。

②深不可识：其心思和精神幽深玄妙，不能从表象上被认识。

③容：形容。

④豫：踌躇。

⑤犹：犹豫。

⑥俨：俨然，恭敬庄重。

⑦涣：流散。

⑧释：消解。

⑨敦：淳厚。

⑩朴：未经雕琢的原木。

⑪旷：空旷。

⑫混：浑厚。

⑬静之徐清：沉静后会徐徐而清澈。

⑭动之徐生：行动后会徐徐而产生。

⑮盈：丰盈。

⑯蔽而新成：推陈出新。蔽，通"敝"。

【白话解说】

古代那些善于行道的人，见解微妙而能洞察幽隐，其心思深不可测。正是因为深不可测，所以只能勉强地给他一个描述和形容：他小心谨慎啊，仿佛在冬天涉过结冰的大河；他处处警惕啊，仿佛畏惧周围的邻国；他恭敬庄重，仿佛在别人家里做客；他胸襟潇洒，仿佛春天里冰雪融化一样温和自如；他淳厚朴实，仿佛未经雕琢的原木；他豁达开阔，仿佛那空山幽谷；他浑厚宽容，就像水一样可以和光同尘。谁能在浑浊动乱中平静下来，使身心清静如水呢？谁能在安定祥和之后行动起来，充满力量生机？

能遵循此规律的人不会自满。正因为他从不自满，所以总能不断地推陈出新。

【智慧剖析】

在这一章中，老子继续阐述"道"，"道"是玄妙精深、恍惚不定的。我们要认识"道"，并不是只认识它的形状、声音、物体，主要是认识它的规律。它的规律对我们立身处世有重要的指导意义——认识了"道"的规律，我们的行为就不会出现障碍和祸患，就能真正达到"明哲保身"的境界。

一般人觉得"道"难以捉摸，而得"道"之士则与世俗之人明显不同，他们有独到的风貌、独特的人格形态。世俗之人"嗜欲深者天机浅"，让人一眼就能够看穿；得"道"人士静谧幽深，难以测识。老子认为的理想人格是敦厚朴实、静定持心的，内心世界极为丰富，并且可以在特定的条件下由静转入动。这种人格的静与动同样符合"道"的变化规律。

老子试图对得道之士的风貌和人格形态做一番描述：从"豫兮，若冬涉川"到"混兮，其若浊"，这几句，写出了得道者慎重、戒惕、威仪、融和、敦厚、空豁的容态和心境，以及淳朴、恬静、飘逸等人格修养和精神面貌。

"豫兮，若冬涉川"这句话的意思是说，得道者的每一个行动，都特别慎重，警惕，就好像在冬天踏冰过河一样小心翼翼。这是通过生活常理来阐述高深道理。一般人都知道，在冬天踏冰过河是很危险的事情，在中原地区，冬天的结冰期很短暂而且冰面非常脆弱，稍不小心就会失足落水，所以，冬天踏冰过河必须小心谨慎。在日常生活中，人们不常遇到冬天涉大川的情形，所以，往往表现得漫不经心，粗枝大叶。得道者则不然，只要涉及具体行动，行动之前或行动中，都会秉持冬天涉河的谨慎态度。

"犹兮，若畏四邻"这句话的意思是说，得道者在日常生活中处处严格要求自己，约束着自己的言行使之不逾常规，制止着自己的行动使之不嚣张放肆，好像是畏惧邻居们的注视。为什么要这样小心拘谨地生活？大多数人可能对一些远亲并不十分熟悉，对邻居倒是了如指掌。所以，乡邻关系构成了人生的重要部分。一个人在异地他乡，或许可以不管不顾地搞一些诡秘或不那么正大光明的活动，却不敢在家乡做任何令乡邻切齿的事；一个人或许有胆在一段时间里不见容于天下，却不愿有一刻不见容于乡邻，所以，老子郑重地告诉人们，得道者的所有行动，都像畏惧邻居一样百般犹豫和小心。这样的行为，看起来容易，其实并不简单；有不少誉满天下的人，往往不能获得邻居的好评。

"俨兮，其若客"这句话的意思是说，得道者无论在什么时候，无论在什么场合，都好像是做客的客人，以一本正经的姿态来处理生活问题。俨，恭敬庄重的样子，也就是我们平常所说的一本正经的意思。在这里，老子为我们提供了一个日常生活中的样板，这是一个得道者的生活常态，即以极端严肃认真的态度对待日常生活，处理问题，采取行动。以客人的姿态生活，势必让自己保持谦卑的态度，以崇拜的态度遵从自然；而以主人的姿态生活，则势必令自己端着尊贵架子，以嚣张的态度征服自然。在生活中，人们难免高看自己低看他人，所以老子的思想是：我们应该像客人一样，保持谦卑，不可嚣张。

"涣兮，其若凌释"这句话的意思是说，像冰雪融化一样温和自如。

"敦兮，其若朴"这句话的意思是说，像未经雕琢的原木一样淳朴。

"旷兮，其若谷"这句话的意思是说，像山谷一样豁达。

"涣兮""敦兮""旷兮"三句，是说做人要效法"道"，成为得"道"之人，就应具有温和、淳朴、豁达的品格。

"混兮，其若浊"，这句话的意思是说，像污水浊流一样混浊。

老子通篇提倡"无为""不言"的处世态度，像污水的混浊，正是这种处世态度的体现；虽然外貌上表现得浑浑噩噩的样子，但内心却如明镜。

郑板桥有云，大巧若拙，大勇若怯，天下之智皆在一个"藏"字。与人交往，藏得巧妙，则能先发制人，出其不意，比之锋芒毕露者，不知要高明多少倍。从表面看，这种处世态度似乎保守，可细想之下却很是可取。凡事为自己留条退路，不炫耀，不显露，如此才不会犯大错，才会有所成就。

"孰能浊以静之徐清？孰能安以动之徐生？"这句说的是得道之士的静定功夫和精神状况。"浊"和"清"对立，"安（静）"和"生（动）"对立。得道之士在动荡（"浊"）的状态中，透过"静"的功夫，恬退自养，静定持心，转入清明的境界（"清"），这是动极而静的生命活动过程；而在长久沉静安定（"安"）之中，得道之士又能生动起来，趋于创造的活动（"生"），这是静极而动的生命活动过程。

小故事·大道理

一

隐峰禅师跟从马祖禅师三年，自认得道高深，有些扬扬得意。他备好行装，挺起胸脯辞别马祖禅师，准备到石头禅师处一试禅道。

马祖禅师看出隐峰有些心浮气躁，决定让他碰一回钉子，从失败中获得一些经验，便在隐峰出发前特意提醒他："小心啊，石头路滑。"这话一语双关：明里是说山高路滑，小心被石头绊了栽跟头；暗里是说，你在石头禅师那里弄不好就会碰壁。

隐峰却不以为意，扬手而去。他一路兴高采烈，并未栽什么跟头，不禁更加得意了。一到石头禅师处，隐峰就绕着法座走了一圈，轻狂地问道："你的宗旨是什么？"石头禅师连看都不看他一眼，两眼望向上方回答道："苍天！苍天！"（禅师们经常用苍天来表示自性的虚空。）隐峰无话可对，他见识到"石头"的厉害了，这才想起马祖禅师说过的话，于是悻悻地回到马祖禅师处。

马祖禅师听了事情的始末，告诉隐峰："你再去问，等他再说'苍天'，你就'嘘——嘘——'两声。"石头禅师用"苍天"来代表虚空，到底还有文字，可这"嘘——嘘——"两声，不沾文字！真是妙哉！隐峰仿佛得了个法宝，欣然上路。

他这次满怀信心，以为胜券在握。到了石头禅师处，隐峰还是做了同样的动作，问了同样的问题，岂料石头禅师却先朝他"嘘——嘘——"两声，这让他措手不及。他愣在那里，不得其解：怎么自己还没出声，就被噎了回来。

这一次他傲气尽消，回去后毕恭毕敬地站在马祖禅师面前，听从教诲。

二

有一天，老师让班上同学每人带一个大袋子到学校，还叫大家到杂货店买一袋马铃薯。第二天上课时，老师叫大家给自己不愿意原谅的人选一个马铃薯，将这个人的名字以及犯错的日期都写在上面，再把马铃薯丢到自己的空袋子里。这一周的每一天，大家都要完成这个作业。

第一天，同学们觉得还蛮好玩的。快放学时，一个同学的袋子里装了九个马铃薯，上面写的事由有：同学A说他新理的头发很丑，同学B打了一下他的头，同学C不肯让他抄作业……

下课时，老师说，在这一周里，不论到哪儿都得带着这个袋子。于是，同学们便扛着袋子去学校，回家，甚至和朋友外出也带着袋子。

一周后，那袋马铃薯就变成了相当沉重的负担，有的同学已经装了差不多五十个马铃薯在袋子里。同学们都累极了，迫不及待地等这项作业结束。

又过了几天，老师问："你们知道自己不肯原谅别人的结果了吗？会有重担压在你们自己的肩上，你不肯原谅的人愈多，这个担子就愈重，你应该拿这个重担怎么办呢？"同学们互相看看，不知道该怎么办。

老师停了几分钟接着说："很简单，把它放下来，扔掉它就行了。"同学们欢呼起来，把装马铃薯的袋子扔得远远的，再也不想背着它了。

第十六章　虚极静笃

〔题解〕

本章论述的要点是"致虚""守静"。老子认为，只有保持心灵的空明和宁静，才能掌握"道"的法则，知道"道"是如何循环往复运行的，人如果遵循"道"，就能避免凶险。

【原文】

致虚极，守静笃①。万物并作②，吾以观复③。夫物芸芸④，各归其根⑤。归根曰"静"，静曰"复命"⑥。复命曰"常"⑦，知常曰"明"⑧。不知"常"，妄作凶。

知"常"容⑨，容乃公，公乃全，全乃天⑩，天乃道，道乃久，没身不殆。

【字词注解】

①致虚极，守静笃：虚和静都是形容人的心境，是空明、宁静的状态，但由于外界的干扰、诱惑，人的私欲开始活动。因此心灵闭塞不安，所以必须注意"致虚"和"守静"，以期恢复心灵的清明。极、笃，意为极度、顶点。

②作：生长，发展，活动。

③复：循环往复。

④芸芸：茂盛，纷杂，繁多。

⑤归其根：复归于道。

⑥复命：复归生命之本，孕育新的生命。

⑦常：万物运动变化的永恒规律，即守常不变的规则。

⑧明：明白，了解。此指准确地认识和把握规律。

⑨容：宽容，包容。

⑩天：天地自然，或为自然界的代称。

【白话解说】

尽力使心灵的虚寂无欲达到极点，使生活的清静无为坚守不变。万物都一起蓬勃生长，我观察了其中循环往复的规律。那万物纷繁，各自回归根本。回归根本就叫作"静"，静就叫作"复命"。复命就叫作"常"，认识并把握了常就叫作"明"。不认识常就会轻举妄动，导致乱子和灾凶。

认识自然规律的人是宽容大度的，宽容大度就会坦然公正，公正就能周全，周全才能顺乎天地自然，顺乎天地自然才能顺乎"道"，顺乎"道"才能长久，终生不会遭遇危险。

【智慧剖析】

这一章并不是专讲人生，主要是讲认识世界，当然也包括认识人生；但无论是认识人生哲理，还是认识客观世界，其基本态度是"致虚""守静""归根"和"复命"。

先说"致虚"。虚无是道的本体，但运用起来却是无穷无尽的。"致虚极"是要人们排除物欲的诱惑，回归虚静的本性，这样才能认识"道"，不能为争权夺利忘了"道"。"致虚"必"守静"，因为"虚"是本体，而"静"则在于运用。致虚守静中的"致虚"即心智作用的消解，消解到没有一点儿心机和成见的地步。一个人运用心机会蒙蔽、阻塞明澈的本心，固执和成见会妨碍明晰的认识，所以，致虚要消解心灵的蔽障、理清混乱的心智活动。致虚必守静，透过静的功夫，才能深蓄厚养，储藏能量。

何谓"归根""复命"?"归根"就是要回归一切存在的根源。根源之处,便呈虚静状态;而一切存在的本性,即虚静的状况,回到虚静的本性,就是"复命"的思想。老子的复命思想,是就人内在的主体性、实践性做工作;认为人心原本是清明透彻的,只因智巧、嗜欲的活动而被扰乱与蒙蔽,应舍弃智巧、嗜欲的活动而复归于原本清净透明的境地。

"复命曰'常'",这个"常"是通常、经常、正常、非常,推衍开来,也有常情、常理、常规、常例等意思。老子既然把静、虚空、虚无、无为等作为生命的正常存在形式,则所有并作、芸芸、丰盈、作为,便成为生命的不正常存在形式;但无论形式上是正常还是不正常,生命终将通过不同方式回复到其根源处,这是万物存亡的常情、常理。作为人类(动物或植物当然不能理解这种道理),知道了这个常情、常理后——无论他是通过摒弃欲望和作为来达到"复命",还是通过生命力的尽情宣泄而最后走向复命——都可以算是明达了。这就是老子所说的"知常曰'明'"。明,即明了、明达、明智、明白,都是通晓的意思。既然知道了万物存亡的常情、常理,当然就不必心存任何痴愚的幻想,完全可以按照自己乐于接受的方式选择自己的生活方式以及生命最后的结束方式。事实上,生时的安静如果与死后的沉静没有什么本质以及结局上的不同,那么生死也就不是什么了不起的事情了,一切都顺其自然,这当然应该算是明达。

每一种生命最终总要复归于其根源之处,无一例外;而且,从生命的本质来说,它在展开过程中尽管努力争取到了一个多姿多彩的过程,但一旦复归根源便会立即沉静下去,至少从表面看来,万物莫不如此。生命的结局虽然是沉寂,但不是死亡;从生命循环的道理看,不过是新的生命历程之开端。

从生存到死亡是万物的常情、常理,既然生命的本质如此,明达的人自会遵循一种常情或常理安顿自己的生命过程;尽管修道与不修道各有其活法,但他们都不会以耗费自己的本体来追求外在的表现。但是,那些不知常情和常理的人,往往不管不顾地追求生命的外在表现,无视生命本质的消耗枯萎；在老子看来，这种行为对生命存在而言，是非常凶险的。

老子在本章强调了"虚""静""复""复命""常""知常""明"等概念，它们是一组意义逐渐深入的排比组合，也是一组高深哲理的逻辑排列。简而言之，只有了解大道沉静无为的根本，将事物的一切来源弄清楚，自然而然就可以包容一切，也自然而然就摆脱了欲望的束缚。

心胸开阔的人，视金钱如粪土，用万贯家财仗义行事；心胸狭窄的人，把鸡毛蒜皮的小事看得比天大，在财物上也如守财奴那般只进不出。心胸开阔的人，有豁达的人生观，重情重义，仗义而疏财，但绝不挥霍浪费。人的心胸需要后天培养，心胸豁达往往是事业成功的基础。

如果心胸狭窄，每逢事不顺心，话不顺耳，就怒不可遏，见到强于自己的人就心生忌恨，只会败坏自己的形象，危害自己的事业。

小故事·大道理

某青年老是埋怨自己时运不济发不了财，终日愁眉不展。一天，一位老人问他："年轻人，干吗不高兴？"

青年回答："我不明白，为什么我老是这么穷？"

"穷？我看你很富有嘛！"

"这从何说起？"青年问。

老人没有直接回答，而是说："假如今天我折断了你的一根手指，给你一千元，你干不干？"

"不干。"

"假如斩断你的一只手，给你一万元，你干不干？"

"不干。"

"假如让你马上变成八十岁的老翁，给你一百万，你干不干？"

"不干。"

"假如让你马上死掉，给你一千万，你干不干？"

"不干!"

"这就对了,你自身拥有的已经超过一千万了,你还不高兴吗?"

老人说完笑吟吟地走了,留下那青年独自沉思。

再平凡的生活也会有快乐。这恰好印证了牛顿的一句话:"愉快的生活是由愉快的思想造成的。"

二

有一所地势较高的中学,学生坐在教室里就能看到变化无穷的大海。

有一年,约有八十名新生入学,其中大多数是那些在大海中谋生的渔民的子弟。一位新来的老师第一次给新生们上课。

"起立。"

学生们都站了起来。这些刚入学的新生都很认真,教室里瞬间寂静下来。

但是,有一名学生没站起来。

"站起来,刚入学就是这种态度可不行!"

老师的语气非常严厉。

这时,有声音响起:"老师,我站着呢。"

是的,这名学生是站着的,但是他个子太矮,所以看起来像是坐着。其他学生都哄笑起来。

糟糕!老师顿时大为尴尬,也为自己的粗心感到愧疚,一时竟不知说什么。于是,这位老师只是让大家"安静""坐下",便开始讲课。

老师本想找个机会跟那个学生道歉,但忙乱之中竟把此事忘掉了。

第二天,天空晴朗无云,大海碧波荡漾,老师第二次给这个班上课。

"起立。"

又是瞬间的寂静。这时,忽然响起一道洪亮的声音。

"老师,我站着呢!"

是那个矮个子同学,他站在椅子上,微笑着。从他的微笑中,老师看出他这样做并不是讽刺,也不是对抗。

他仿佛在说:"老师,我不在意,不要为我担心。"这使老师的心口感到一阵酸疼。

晚上,老师怀着复杂的心情给那个同学打去电话。

"老师,别在意,别在意。"电话那头是他爽朗又略带稚气的声音。

老师长久不语,心中感慨激荡:"这里的天空真是明净高远,大海真是碧波无垠啊!"

第十七章　太上，不知有之

〔题解〕

本章阐述治国理想。老子认为，统治者要无为，最好的统治者，百姓感受不到他的存在；次好的统治者，百姓亲近他，赞誉他；较差的统治者，百姓畏惧他；最差的统治者，百姓辱骂他。所以，不轻易对百姓发号施令的统治者，才能得到百姓的信任，成就功业。

【原文】

太上①，不知有之②；其次，亲而誉之；其次，畏之；其次，侮之。信不足焉，有不信焉。悠兮③其贵言④。功成事遂，百姓皆谓："我自然⑤。"

【字词注解】

①太上：至上、最好，此指最好的统治者。
②不知有之：百姓不知道有统治者存在。
③悠兮：悠闲自在的样子。
④贵言：不轻易发号施令，即无为而治。
⑤自然：本来就如此。

【白话解说】

最好的统治者无为而治，百姓安居乐业感觉不到他的存在；次好的统治者有为担当，百姓亲近他，称赞他；较差的统治者严厉霸道，百姓畏惧他；最差的统治者一无是处，百姓轻视他。因为统治者的诚信不足，所以百姓不信任他。最好的统治者看起来轻松悠闲，也不轻易发号施令，功成事了，治下人人安居乐业，但老百姓都说"我们本来就是这样的"。

【智慧剖析】

最好的国君，以自然无为治国，看似悠闲，不轻易发号施令，让人民顺应自然，自在生活。他默默地完成天下太平、国富民强的大业（无不为），却不言己功，使百姓皆认为这种自由自在的太平生活是自然而成的、自然应有的。

老子把这种理想的政治情境，与儒家主张实行的"德治"、法家主张实行的"法治"相对比。实行"德治"，老百姓觉得统治者可以信任，因而称赞他，亲近他。这当然不错，但还是次于"无为而治"者。实行"法治"的统治者，用严刑峻法镇压人民，实行残暴扰民的政策，这就是统治者诚信不足的表现，人民只会逃避他，畏惧他。老子强烈反对这种"法治"政策，而对于"德治"，老子认为已经是"多事"的征兆了。最美好的政治，莫过于统治者"贵言"，从不轻易发号施令，百姓和官府相安无事，以至于百姓根本不知道统治者是谁。当然，这种情况在当时并不存在，只是老子的"乌托邦"式幻想。

对我们来说，这一思想非常适合运用到日常生活中。当下，社会分工越来越细，做老板或管理者的，也需要"抓大放小"，给下属充分发展的空间。这是衡量主管领导能力的一把尺子。

诸葛亮的悲剧就在于太相信自己，不相信别人，不相信自己的手下，没有充分放权；他自己的能耐再大，也不可能将所有的事情都做了。

用才之道，首要的一条就是充分信赖。如果怀疑他，那就不要用他；若要用他，就必须信任他。试问，你如果对他疑神疑鬼，怎么支持他放开手脚去工作呢？

用人不疑，保护和支持人才，是一种强大的激励手段。如果一个人被信任，一种强烈的责任感和自信心便油然而生。给予充分的信赖，就是上级对下级最好的奖赏，它将形成一股激励下级努力工作的强大动力。可以说，信任是一种催化剂，是一种助推器，可以加速人体深处的自信力的爆发，而这种自信力一旦爆发，工作起来就会达到忘我之境。

任用人才时，要以诚相待，在此基础上，建立相互信赖的感情。首先，领导者的语言表达必须真诚恳切，一定要一是一、二是二，不可言不由衷、装腔作势，不说假话、大话、空话、套话。其次，领导者在工作上要坦诚，凡能公开的一定要公开；多与下级商量研究，要搞"群言堂"，不能搞"一言堂""家长制"。

对人才的引导必须充满情感，列宁认为，没有对人的感情，就没有也不可能有对真理的追求。人们常说的"通情达理"，是先"通情"，然后才能"达理"。因此，不能忽视感情的因素，要在晓之以理的同时，动之以情，真正地使人"心悦诚服"，得到下级的信赖。

充分授权给下属。在"抓大放小"的前提下，把本属于下属的工作或适合下属的工作，以及完成这项工作所需要的权力交给下属。这不仅能让领导者从繁忙的事务中解脱出来，对下属也是很好的锻炼。

小故事·大道理

战国时期，魏文侯准备出兵攻打中山国，故召集群臣，命他们推选带兵之人。

有人推荐一个名叫乐羊的人，说他韬略过人、武艺非凡，可担任带兵之将。

但有人说，如今乐羊的儿子乐舒正在中山国任要职，让乐羊带兵去打中山，他会投鼠忌器，不敢硬攻。

可一时之间又找不到其他合适的人选，于是魏文侯派人调查乐羊，得知他对儿子乐舒在中山国侍奉昏君十分生气，曾拒绝儿子奉中山国国君之命发出的邀请，还劝儿子不要再留在中山国任职；但乐舒不肯，父子俩不欢而散，分道扬镳。

于是，魏文侯决心重用乐羊，任命他为大将军，带兵攻打中山国。

乐羊果然不负魏文侯之望，指挥大军以排山倒海之势，在很短的时间内便打到中山国国都，把中山国国都围得水泄不通。

魏文侯十分高兴，立刻派使者前去嘉奖。

然而，乐羊却只围不打，数月未曾攻城。这样一来，那些怀疑乐羊的人便有了把柄，不断向魏文侯上书，说乐羊是顾惜儿子的性命，因而不肯攻城，应撤换乐羊，再派能将。

魏文侯力排众议，相信乐羊自有安排；而乐羊也对全军士兵说："我对中山国只围不打，是想让中山国的国民知道，我们是仁义之师，只围不攻，是不想让城中百姓被迫死守，徒增双方伤亡，以争取民心，以免中山国的国民跟着中山国君死守，增加我们的攻城难度，并非为了保全我儿子的性命。"

大家感动于乐羊的用心，更加团结一致。不久，时机成熟，乐羊设计里应外合，大获全胜。

第十八章　大道废，有仁义

〔题解〕

本章揭露了现实社会的丑恶和混乱。老子认为，"仁义""大伪""孝慈"等都是社会混乱的产物，看似有仁义、重孝道、讲忠贞，其实与"大道"相背驰，他告诫统治者要顺应自然、清静无为。

原文

大道①废，有仁义；智慧②出，有大伪；六亲③不和，有孝慈④；国家昏乱，有忠臣。

【字词注解】

①大道：此指社会政治制度和秩序。
②智慧：聪明，智巧。
③六亲：父子，兄弟，夫妇。
④孝慈：一作"孝子"。

【白话解说】

大道被废弃了，才有提倡仁义的需要；聪明智巧被崇尚，伪诈才盛行一时；家庭出现了纠纷，才能显示出孝与慈；国家陷于混乱，才能现出忠臣。

【智慧剖析】

本章接着上一章"信不足焉，有不信焉"，认为社会上出现的仁义、大伪、孝慈、忠臣等，都是君之失德所致。至德之世，大道兴隆，仁义行于其中，人皆有仁义，所以仁义看不出来，也就没有倡导仁义的必要。及至大道废弃，人们开始崇尚仁义，试图以仁义挽回颓风，此时，社会风气已经不淳厚了。老子把辩证法运用于社会的治理上，指出仁义与大道废、大伪与智慧出、孝慈与六亲不和、忠臣与国家混乱，形似相反，实则相成。老子揭示了它们之间的对立统一关系，表达了相当丰富的辩证思想。

"大道废，有仁义"，这句话的意思是：大道被废弃了，才有提倡仁义的需要。随着文明范围的日益扩大，人类逐渐从生命本能支配下的自然行为冲动化，而走向礼仪道德支配下的行为规范化。这时，个人行为不再只是个人的事情，而是涉及宗族、集体甚至国家的事情。因此，个人行为，不仅要对自己负责，也要对家族、集体乃至国家负责。所以，国家政权的出现，也并不完全是阶级斗争的产物——进一步维系氏族的凝聚力，相对其他邻近部族构成优势地位，这是国家出现的重要作用之一；国家的作用，也不完全是冰冷的镇压工具，为民众制定共同遵守的行为规范，并使这些规范成为法令推广到民间，亦是国家政权的重要功能之一。这种推广工作，虽然可能采取一些强硬手段，但主要还是依靠道德教化。老子在此似乎并不完全否认仁义本身，而是要说明：仁义的出现象征着远古时代的道德原则的消失；换而言之，仁义是远古先民的行为原则被破坏之后的产物。

"智慧出，有大伪"，这句话的意思是：聪明智巧的现象出现了，伪诈才盛行一时，这是人类从蒙昧走向理智的重要标志。老子认为：智慧是大伪出现的诱因——在文明出现之前，人类还没有生出那么多汹涌澎湃的欲望；那时，人类在心灵感受上与其他比较高级的动物相比并没有多少优势，过着一种安定的生活；随着人类和社会的进步，所谓的智慧，也就是知识的出现，使得人的私欲越来越强，贪婪如同永远难以填满的沟壑。愈是贪婪的人，愈是觉得自己一无所有；为了得到一切，他们想尽办法，甚至放弃了做人的根本，比如说诚信，为财富不择手段，为权势投机钻营，永远贪得无厌，心智麻痹。老子在此虽然批评了智慧，但并不是为了否定智慧本身；他反对的，是与智慧同时出现的虚伪、狡诈、欺骗等行为。我们做人要做到安守本分，首先要约束自己，从"大伪"中走出来。归根于为人处世上就是做人要厚道，厚道不外乎"忠厚之道"，它包含了诚实、善良、豁达、感恩、直率、助人为乐、爱憎分明等品质，浓缩了几千年来人类的精神美。

"六亲不和，有孝慈"，这句话的意思是：家庭出现纠纷，才能体现孝与慈。孝和慈本身没有多少令人非议之处，它们在本质上都是血缘关系的沿袭和具体表现。维系六亲之间的和睦，孝慈之贡献亦不浅。所以老子也没有完全否定孝道和慈爱，他是在强调一种自然而然的血缘亲情，认为它应是发自内心的真情流露，无须个别人的大力提倡就可以风行于世的。老子之所以对孝慈的提倡表示反感，是因为它们象征着"六亲不和"；但事实上，无论孝慈出不出现，六亲都已不和了。

"国家昏乱，有忠臣"，这句话的意思是：国家陷于混乱，才能现出忠臣，这和"六亲不和，有孝慈"同解，这是老子对国家兴衰的真知灼见，这样的现象在老子之前已经无数次出现，在老子的时代则愈演愈烈。家贫出孝子，艰难出英才，古来圣贤皆寂寞等，都是指灾难对个人的影响。事实上，人类的发展离不开灾难，国家亦如此，"生于忧患，死于安乐"，灾难造成的人类心理上的忧患，往往有力地推动了人类历史的进步。

国家虽然从出现伊始就表现出了强大的力量，但哪个国家的发展道路都不平坦，内部的"六亲不和"以及外部的因种族矛盾而引发的战争，屡屡使国家陷于毁灭与再生的轮回之中。国家混乱，就出现了一些被看作"忠臣"的人，也就是有了"忠臣"的概念国家就会产生混乱，而国家混乱就是人的不安守本分导致的。

"智慧""孝慈""忠臣"的产生，都是消极的，是远离大道的，是人的不守本分。老子在这一章指出：做人要安守本分才无大碍，如此，社会才会安定，家庭才会和睦，国家才能太平，人民才能安然生活。

小故事·大道理

唐玄宗时，安禄山举兵造反。后来，随着形势的不利，安禄山的心情愈来愈坏，他开始随意惩罚身边之人，包括他最信任的谋士严庄和贴身侍卫李猪儿。严庄是安禄山一手提拔起来的心腹。当初安禄山发现严庄是个人才，将其安置在重要的岗位上，并对其承诺，可以随时指出自己的过失而免于责罚。严庄受了安禄山的大恩，从此一心报效，为他出谋划策。李猪儿原是一个归降的童仆，安禄山见他聪明伶俐，便将他留在身边，并给了他许多赏赐和特权。

安禄山起兵不久，眼睛就失明了，身上也长了毒疮，变得烦躁不安。待至后来叛军进展不利，战败的消息接连不断，安禄山的情绪更糟了，开始杀身边的人泄气，不时大吼大叫。严庄劝他不要生气，可是话还没说完，就被安禄山骂了一顿："我对你有恩，你就是这样报答我的吗？早知你无用，就该一刀砍了你！留你何用？"还命人鞭打严庄，打得他皮开肉绽。几次三番之后，严庄表面保持恭顺，但内里已经恨极了安禄山。李猪儿也经常无缘无故遭到安禄山的辱骂和鞭打，他还恶狠狠地对李猪儿说："我如果不收留你，你早就死了，如今我要你的命也是应该的。"严庄和李猪儿同病相怜，觉得安禄山迟早会杀了他们，便与安庆绪合谋，三人联手，将安禄山杀死在床上。

安禄山自恃对严庄和李猪儿有恩，就无所顾忌地斥责和鞭打他们，却又对他们不加防范，这是他对人缺乏了解的缘故。他施恩的用心不纯，严庄和李猪儿一旦看明白这一点，自然会怨恨他，对他不利也是正常的了。

第十九章　见素抱朴

〔题解〕

本章针对上一章描述的社会病态，提出解决的办法。老子认为，圣智、仁义、巧利是统治者用来愚弄百姓的工具，是造成社会混乱的根源。他主张摒弃圣智、仁义、巧利，使人们保持淳朴，减少私欲，这样国家才不会有忧患。

原文

绝圣弃智①，民利百倍；绝仁弃义，民复孝慈；绝巧弃利，盗贼无有。此三者②，以为文③，不足。故令有所属④：见素抱朴⑤，少私寡欲，绝学无忧⑥。

【字词注解】

①绝圣弃智：杜绝和抛弃聪明智巧。此处"圣"不作"圣人"，即不作最高的修养境界解，而是自作聪明之意。

②此三者：此指圣智、仁义、巧利。

③文：文饰。

④属：归属，适从。

⑤见（xiàn）素抱朴：保持原有的自然本色。素，没有染色的丝。朴，没有雕琢的木。素、朴是同义词。

⑥绝学无忧：弃绝仁义礼智之学不再忧患。

——●【白话解说】

（统治者）杜绝和抛弃聪明智巧，人民可以得到百倍的好处；杜绝和抛弃仁义，人民可以恢复孝慈的天性；杜绝和抛弃巧诈和货利，盗贼也就没有了。圣智、仁义、巧利，这三者全是巧饰，作为治理社会病态的法则是不够的。所以，要使人民的思想认识有所归属，须让他们：保持纯洁朴素的本性，减少私心不生贪欲，弃绝仁义礼智之学不再心存忧患。

——●【智慧剖析】

在这一章里老子告诉我们，"圣智""仁义"与"巧利"三者，是绝对不能鼓励的，这样做就会与"道"相背离，招致祸端。正如人如果不安守本分，喜欢耍小聪明，那就有灾祸了。"见素抱朴，少私寡欲"，恢复人的自然本性的观点，对我们这个社会是非常有意义的。这也是本章所阐述的重点。

老子在本章所阐述的观点，揭示了一个道理：统治者只有使民众认识到智慧的根本、人的本质，才能使他们有所归属。没有了所谓的圣明，揭去了虚伪的包装，才能有实实在在的安定。人本来应当是遵循大道的规律、顺应自然。恢复了本质的朴素，就没有了仁义与不仁义之说，也就没有了对与错的评判，更不存在贵与贱的差异了。没有分别之心，自然就不会有争夺之心，人与人之间自然也就和睦了，我们的生活自然也会回归安详与幸福。如果人不安守本分，喜欢耍小聪明，那就会出现小灾祸。

生活中总有一些爱耍小聪明的人，聪明固然是造物者的一大恩赐，但聪明过度，反而会危害自身的生存，聪明反被聪明误。对聪明人来说是这样，但如果自作聪明或故作聪明，那就更可笑了。

事物是复杂的，不顾客观实际，一味循着自己的思路考虑问题，卖弄小聪明，是愚人的行为，是招灾引祸的根源。多点儿踏实、多点儿考虑，应是聪明人的座右铭。

道理如此简单，却又无比深奥。不懂"急流勇退"的人着实愚钝，机关算尽的人最终会算到自己头上。俗语"搬起石头砸自己的脚",就是"聪明反被聪明误"的绝妙写照,最后只能"赔了夫人又折兵"。

小故事·大道理

《红楼梦》中的王熙凤,人们一方面惊叹她出色的治家才能和应付各色人等的技巧,一方面又感慨她的结局。她是文学作品中"聪明反被聪明误"的典型。王熙凤的判词是:

> 机关算尽太聪明,反算了卿卿性命。
> 生前心已碎,死后性空灵。
> 家富人宁,终有个家亡人散各奔腾。
> 枉费了,意悬悬半世心。
> 好一似,荡悠悠三更梦。
> 忽喇喇似大厦倾,昏惨惨似灯将尽。
> 呀!一场欢喜忽悲辛。
> 叹人世,终难定。

王熙凤在贾府算是一个"巾帼英雄"了,她想尽各种办法,使了种种计谋,想使贾府振兴起来,或者至少维持着大方之家的局面,同时也积攒些家私。然而她的努力,她的"鞠躬尽瘁",却换来了贾府上下的不满之声,最终也没有使贾家有什么起色,临死时几乎连女儿也保不住。

凤姐"心机又极深细,竟是个男人万不及一的""少说些有一万个心眼子。再要赌口齿,十个会说话的男人也说她不过""从小儿大妹妹顽笑时就有杀伐决断,如今出了阁,又在那府里办事,越发历练老成了""天下人都叫你算计了去!""嘴甜心苦,两面三刀;上头一脸笑,脚下使绊子;明是一盆火,暗是一把刀:都占全了"。这些熟悉凤姐为人的各色人等对凤姐的评价,活脱脱展现出了一个"机关算尽太聪明"的人物。然而,就是这样一个十分精明的人物,最终却落得孤家寡人、一无所得、劳碌至死的下场，岂不正应了"聪明反被聪明误"那句话吗？

王熙凤只知进、不知退，只知经营算计、不知厚道待人，只知损人利己、不知深藏于内；连她的丈夫也数落她，背叛她，而这一切的根源，就在于她的爱耍小聪明。

第二十章　独异于人

〔题解〕

本章中，老子以潇洒的笔触描述了自己的心境和感触。老子运用对比手法，刻画自己的与众不同，表现自己淡泊名利、与世无争的守拙品格。尾句"我独异于人，而贵食母"表现了他取法于道的修身原则。

【原文】

唯之与阿①，相去几何？美之与恶②，相去若何？人之所畏③，不可不畏。荒兮④，其未央⑤哉！

众人熙熙，如享太牢，如春登台⑥；我⑦独泊⑧兮，其未兆⑨。

沌沌兮，如婴儿之未孩⑩；儽儽兮⑪，若无所归。

众人皆有余⑫，而我独若遗⑬，我愚人⑭之心也哉！

俗人昭昭⑮，我独昏昏；俗人察察⑯，我独闷闷⑰。

众人皆有以，而我独顽且鄙⑱。

我独异于人，而贵食母⑲。

【字词注解】

①唯之与阿：唯的声音低，阿的声音高。唯，恭敬地答应，这是晚辈回答长辈的声音。阿，怠慢地答应，这是长辈回答晚辈的声音。

②美之与恶：美丑、善恶。美，一作"善"。恶，作"丑"解。

③畏：惧怕，畏惧。

④荒兮：广漠、遥远的样子。

⑤未央：未尽，未完。

⑥众人熙熙，如享太牢，如春登台：人们成群结队，兴高采烈，如同去参加盛大的宴席，如同春天里登台眺望美景。此句意为参加丰盛的宴席。熙熙，和乐，用以形容纵情狂欢、兴高采烈的情状。享太牢，太牢是古人把准备宴席用的牛、羊、猪事先放在牢里养着。如春登台，好似在春天登上高台远眺。

⑦我：可以将此"我"理解为老子自称，也可理解为所谓"体道之士"。

⑧泊：淡泊，恬静。

⑨未兆：没有征兆、预感和迹象，形容无动于衷、不炫耀自己。

⑩孩：同"咳"，形容婴儿的笑声。

⑪儽儽兮：疲倦、闲散的样子。

⑫有余：有丰盛的财货。

⑬遗：借作"匮"，不足的意思。

⑭愚人：蠢笨的人。这是老子以反话自嘲。

⑮昭（zhāo）昭：智巧光耀的样子。

⑯察察：精于算计的样子。

⑰闷闷：糊涂、不清楚的样子。

⑱顽且鄙：顽愚鄙陋。

⑲贵食母：以守道为贵。母，用以比喻"道"，道是生育天地万物之母。

— 【白话解说】

恭敬地答应和怠慢地答应，相距有多远？美好和丑恶，又相差在哪里？人们所畏惧的，我不能不畏惧。这风气从远古以来就是如此，好像没有尽头的样子！

人群熙熙攘攘，人人兴高采烈，如同去参加盛大的宴席，如同春天登上高台远眺美景；而我却独自淡泊宁静，无动于衷，混混沌沌，如同婴儿还不会发出嬉笑声；疲倦而闲散啊，好像无所归依。

众人都有所剩余，唯独我似有所不足。我真是只有一颗愚人的心啊！

众人都那么精于算计，唯独我糊涂无知。

世人都精明，灵巧，有本领，唯独我愚昧而笨拙。

我唯独与人不同的，在于得到了"道"的滋养。

【智慧剖析】

这一章是《道德经》一书的重点，有很多被后人传颂的名言警句。这些警句作为一种思想，对后来的世道人心产生了重要影响。虽然老子叙述的是自己的行为方式，但也未尝不是为天下人提供了一个生存之道，那就是保护自己的生命并委曲求全。

在老子看来，善恶、美丑、贵贱、是非，都是相对的，人们对价值的判断，经常随着时代的不同而变换，随着环境的差异而更改。世俗的价值判断极为混乱，众人所戒忌的，也正是自己不必触犯的。老子说了一些牢骚话，透出些愤世嫉俗的意味，但其中不乏深刻的哲理。

接着，老子说明他在生活态度上和世俗价值取向上的不同：世俗的人，熙熙攘攘，纵情于声色货利；自己则甘守淡泊，但求精神上的提升。在这里，老子还显示出和人群的疏离感。

宁愿栖守道德而寂寞一时，宁愿遵从大义而舍生一死，从古至今的例子有很多，文天祥就是其中的代表。

《十八史略》载，张弘范让文天祥写信招降张世杰，否则只有一死，文天祥书《过零丁洋》诗与之，其末句就是现在人们经常引用的千古名言"人生自古谁无死，留取丹心照汗青"。这就是"宁受一时之寂寞，毋取万古之凄凉"的具体表现。达人之所以"观物外之外，思身后之身"，皆因"仁义"二字，因此，文天祥在他的《衣带赞》中又说："孔曰成仁，孟曰取义，唯其义尽，所以仁至。读圣贤书，所学何事？而今而后，庶几无愧！"这是古代的舍生取义。有了这样的追求，生活上也就甘于淡泊了。

从本章中可以总结出一些人生哲理，如"委曲求全""好死不如赖活"等，积极和消极的意义并存。

小故事·大道理

一

商朝末年，孤竹国的国君有两个儿子伯夷、叔齐，国君让叔齐继位，叔齐谦让伯夷。伯夷认为父命难违，就先逃走了；叔齐不久也随之逃去。

二人听说周文王招贤纳士，便前往投奔；但还没等他们赶到，文王就过世了。武王用车装着周文王的牌位东进伐纣。伯夷、叔齐上前拦马劝谏："父死不葬，乃动干戈，可谓孝吗？以臣弑君，可谓仁吗？"旁边的人想杀他们。姜太公说："此乃义人。"让手下扶二人离去。武王灭商以后，天下归周。伯夷、叔齐认为武王以臣犯君可耻，就立志不食周粟，到首阳山隐居起来，靠采薇为食维持生命，最后饿死于首阳山。

"饿死不食周粟"的故事由此而来。他们恪守道德，甘于清贫，尽管贫穷潦倒，寂寞一时，但深受后人敬仰，成为一段佳话。反之，如魏忠贤、严嵩等人，几乎个个都是倚仗权势的奸臣，最后都落得身首异处、遗臭万年的下场。

二

清朝初期，官员由两部分人员组成，一是明朝降臣，二是满族大臣，前者蓄发盘髻，后者则是剃发梳辫。每次入朝时，官员分两班站立，彼此相安无事；但不久，这一格局被人打破。

某日，明朝降臣孙之獬一改常貌，剃发梳辫上朝，本想跻身于满族大臣之列，邀宠献媚，却因他是汉人而未被满族大臣接纳；汉族大臣们又因他形貌装束一如满人，认为他不应位列汉族大臣之中。

孙之獬左右不讨好，恼羞成怒之余就给顺治皇帝上了奏章，认为清朝允许明朝遗民保留原有的装束，只会损害清朝皇帝的威仪。

顺治皇帝见奏，大为赞赏，遂发布了"留头不留发，留发不留头"的严厉的剃发令。

天下欲反清复明的志士闻此，无不对孙之獬恨之入骨。不久，山东的一支义军攻入淄川，杀了孙之獬全家，时人听到这个消息，都拍手称快。

第二十一章 孔德之容

〔题解〕

本章首先阐述了"道"与"德"的关系,指出"道"是"德"的主宰,"德"随着"道"的变化而变化;接着详细描述了"道"的形象,强调"道"幽微无形,是天地万物的初始。

孔①德②之容,惟道是从。

道之为物,惟恍惟惚。惚兮恍兮,其中有象③;恍兮惚兮,其中有物。窈④兮冥兮,其中有精⑤;其精甚真⑥,其中有信⑦。

自今及古⑧,其名不去,以阅众甫。吾何以知众甫之状哉?以此⑨。

【字词注解】

①孔:甚,大。

②德:"道"的显现和作用为"德"。

③象:形象,具象。

④窈:深远,微不可见。

⑤精:最微小的原质,极细微的物质性的实体;微小中之最微小。

⑥甚真:很真实。

⑦信:信实,真实可信。

⑧自今及古：又作"自古及今"。
⑨此：这里指道。

【白话解说】

具有大德形象和气质之人，是能够按照大道来做事的。

"道"这个东西，没有清楚的固定实体。它是那样的恍恍惚惚啊，其中却有形象；它是那样的恍恍惚惚啊，其中却有实物；它是那样的深远幽暗啊，其中却有精质。这精质是最真实的，这精质是可以相信的。

从古至今，道一直是确确实实存在的。从大道方面可以探查出历史上那些有卓越贡献的领导者。我怎么才能知道他们的所作所为符合道呢？因为道者同于道，有相同的特征啊。

【智慧剖析】

在这一章里，老子提出了一个"德"。

何谓"德"，那就得从理解道的角度出发。

"道"是具有物质性的。因为老子说了"道之为物"，又说"道"中有物、有象、有精，这显然不是属于观念性的东西，而是属于物质性的东西。

老子所说的"道之为物，惟恍惟惚"，正是语言的局限性，对"道"的抽象意义无法描述。大道是恍恍惚惚、似有似无的。然而，这种恍惚之中却有一种形象存在着，那就是宇宙的大形象；在这种恍惚之中还有一种物质在流转，那就是大"气"在流动。大形象和大"气"在恍惚中存在着，它们是那样的幽暗深远，虽然无法寻到它们，但是其中却有一种极其精致微小的物质真实地存在着，而那正是事物的本质。这一本质已超过我们人类的认识范围了，但是我们能够感知到它们的存在，并依靠我们的意识证实这一点。例如，因为地球在自转，所以我们每天早上看到日出，傍晚看到日落，从这种宇宙的规律中取得了信息，从而感知到大道的存在对我们人类的影响。

我们今天理解道，自然不能把它视为超越万物的存在，而且，道也是世人熟知的东西，但人们所熟悉的只是它的实用性，对道中演绎出来的一系列原理以及道作为综合万物规律的抽象道理，则很少有所注意。道理、途径、规律、原则等，是我们从老子"道"的思想中提炼出来的说明用语，它们具有广泛的含义，但都不是先验的东西。道理作为一种价值功能的认识方法，自身没有实体，也没有独立属性。

此外，关于道与德的关系问题，老子认为："道"是无形的，它必须作用于物；透过物的媒介，道才得以显现它的功能。"道"之所以显现于物的功能，老子把它称为"德"。"道"产生了万事万物，而且在万事万物之中，在一切事物中去表现它的属性，也就是表现了它的"德"，在人生现实问题上，"道"体现为"德"。我们知道水在地上流动是随着地形的变化不断变化着向下流淌的。那么德就是唯道的命令是从，它只跟随在道的左右，永不叛变。我们知道大道是无言无为的，所以大德的表现方式也是无言无为的。

德与大道相融，相贯通，像道一样恍恍惚惚，幽暗深远。"德"对于我们而言，是品格，是德行，也是成功者所必须确立的内在标准。大德与大道相互交融，构建了道德体系的根本，从而反映正确的宇宙观、世界观、人生观和价值观。

这正是老子讲述《道德经》的根本意义，领会了这一点就是了解了道与德的本质，对我们了解世界、了解宇宙起着决定作用。

品德的修养是人生的基础，决定一个人一生行事是善是恶、是美是丑。一个品行不端的人，很难在事业上有所成就，就算荣耀于一时，但终会贪赃枉法、自私自利、误国误民，爬得越高摔得越重。所以成功者必须德才兼备。

小故事·大道理

哲学家史蒂芬带着他的学生们去漫游世界，十年间，游历了许多的国家，拜访了许多有学问的人。现在他们回来了，个个都满腹经纶。

在进城之前，哲学家史蒂芬在郊外的一片草地上坐了下来，对他的学生们说:"十年游历,你们都已是饱学之士,现在学业就要结束了,我们上最后一课吧!"

学生们围着史蒂芬坐了下来。史蒂芬问:"现在我们坐在什么地方?"学生们答:"现在我们坐在旷野里。"史蒂芬又问:"旷野里长着什么?"学生们说:"旷野里长满杂草。"

史蒂芬说:"对,旷野里长满杂草。现在我想知道的是,如何去除这些杂草。"学生们非常惊愕,他们都没有想到,一直在探讨人生奥妙的哲学家史蒂芬,最后一课提的竟是这么简单的一个问题。

一个学生首先开口说:"老师,只要有铲子就够了。"史蒂芬点点头。

另一个学生接着说:"用火烧也是很好的办法。"史蒂芬微笑了一下,示意下一位。

第三个学生说:"撒上石灰就能去除所有的杂草。"

第四个学生说:"斩草除根,只要把根挖出来就行了。"

等学生们都讲完了,史蒂芬站了起来,说:"课就上到这里了,你们回去后,按照自己刚才说的方法除去一片杂草,没除掉的,一年后,再来相聚。"

一年后,学生都来了,不过原来相聚的地方已不再杂草丛生,它变成了一片喜人的庄稼地。学生们围坐在这里,等待哲学家史蒂芬的到来,可是史蒂芬始终没有来。

数年后,哲学家史蒂芬去世,学生们在整理他的言论集时,在书的最后补了一章:要想除掉旷野里的杂草,方法只有一种,那就是在上面种上庄稼;同样,要想让灵魂无纷扰,唯一的方法就是用美德去占据它。

第二十二章　曲则全者

〔题解〕

本章反映了老子的人生哲学。老子认为矛盾双方是相互依存、相互转化的，求全求盈往往一无所获，处柔守静反而能得到更多；因此，老子主张"委曲求全，不争才能天下莫能与之争"。

曲则全，枉①则直；洼则盈，敝②则新；少则得，多则惑。

是以圣人抱一③为天下式④。不自见⑤，故明⑥；不自是，故彰；不自伐⑦，故有功；不自矜，故长。

夫唯不争，故天下莫能与之争。古之所谓"曲则全"者，岂虚言哉？诚全而归之。

【字词注解】

①枉：屈，弯曲。

②敝：破旧。

③抱一：守道。抱，守。一，道。

④式：法式，范式。

⑤见（xiàn）：同"现"，显现。

⑥明：聪明。

⑦伐：夸，自矜。

【白话解说】

弯曲才能保全，委屈才能直伸；低洼才能充盈，破旧才能更新；少取才能多得，贪多反而迷惑。

所以，有道的人坚守这一原则作为天下事理的范式。不自我表扬，方显聪明；不自以为是，因此彰显；不夸耀自己，反而能有功劳；不自我矜持，所以才能长久。

正因为不与人争，所以天下没有人能与他争。古时所谓"弯曲才能保全"，怎么会是空话呢？它是实实在在能够实现的。

【智慧剖析】

本章的开篇，老子引用了一段古语，即"曲则全，枉则直；洼则盈，敝则新；少则得，多则惑"。这六个词组虽然指六种事物和现象，其实只反映一个道理，即采取低姿态的生存方式。这种生存姿态的具体行为方式虽然多种多样，但可以归结为一个人人皆知的道理，即"委曲求全"。

在"曲"里存在着"全"的道理，在"枉"里存在着"直"的道理，在"洼"里存在着"盈"的道理，在"敝"里存在着"新"的道理；因而把握了其中的奥秘，就可以做到"不争"。事实当然并非完全如此，有些事不争也可以取得成功，有些事不争就不能取得成功。

老子认为，事物常在对立的关系中产生，人们对事物的两端都应当观察，从正面去透视负面的状况，对于负面的把握，更能显现正面的内涵。事实上，正面与负面是互为依存的关系。老子告诫人们，要开阔视野，虚怀若谷，坚定地朝着自己的目标前进；但是，如果不考虑客观情况，一味蛮干，其结果只能适得其反。

委曲能够获得保全或安全，这在自然万物的生长、生存过程中已充分体现。蛇类、蜥蜴类如果不能委曲自己，就只能在季节变换中僵死；老鼠、蚂蚁类，如果不能委曲在地下洞穴里，就会被天敌吞噬干净。

老子从事物的正面察其反面，再从反面观其正面，得出了许多真知灼见。

小故事·大道理

一

唐代武则天专权时，先后重用了武三思、武承嗣、来俊臣、周兴等一批酷吏，以严刑峻法、奖励告密等手段，镇压意图反抗的李唐宗室、贵族和官僚，先后诛杀李唐宗室贵戚数百人。武则天曾下令在都城洛阳四门设置"瓯"（即意见箱）接受告密文书。对于告密者，任何官员都不得询问，告密核实后，对告密者封官赐禄；告密失实，并不反坐。这样一来，告密之风大兴，朝野上下，人人自危。

一次，酷吏来俊臣诬陷同平章事狄仁杰等人有谋反行为。来俊臣先将狄仁杰逮捕入狱，然后上书武则天，建议武则天降旨诱供，说什么如果罪犯承认谋反，就可以减刑免死。狄仁杰突遭拘禁，既来不及与家里人通气，也没有机会面奏武则天说明事实，心中焦急万分。审讯的日子到了，来俊臣还在大堂上读女帝的诏书，就见狄仁杰已伏地告饶。他跪伏在地上一个劲儿地磕头，嘴里还不停地说："罪臣该死，罪臣该死！大周新政使得万物兴盛，我仍坚持做唐室的旧臣，理应受诛。"狄仁杰不打自招的这一手，反倒使来俊臣摸不着头脑了。既然狄仁杰已经招供，来俊臣乐得顺势判他个"谋反是实"，并免去死罪，听候发落。

来俊臣退堂后，坐在一旁的判官王德寿悄悄地对狄仁杰说："你也要诬告几个人，如把平章事杨执柔等几个人牵扯进来，就可以减轻自己的罪行。"狄仁杰听后，感叹道："皇天在上，后土在下，我没有干这样的事，更与别人无关，怎能再加害他人？"说完一头撞向大堂中央的顶柱，顿时血流满面。王德寿见状，吓得急忙上前将狄仁杰扶起，送到旁边的厢房休息，又赶紧处理柱子上和地上的血渍。狄仁杰见王德寿出去了，急忙从袖中抽出手绢，蘸着身上的血，将自己的冤屈都写在上面，又将棉衣撕开，把状子藏了进去。一会儿，王德寿进来了，见狄仁杰一切正常，这才放下心来。

狄仁杰对王德寿说："天气这么热了，烦请您将我的这件棉衣带出去，交给我家里的人，让他们将棉絮拆了洗洗，再给我送来。"王德寿答应了他的请求。狄仁杰的儿子接到棉衣，听到父亲要他将棉絮拆了，便知其深意。他送走王德寿后，急忙将棉衣拆开，看了血书才知道父亲遭人诬陷。他几经周折，托人将状子递到武则天那里，武则天看后，弄不清到底是怎么一回事，就把来俊臣叫来询问。来俊臣做贼心虚，一听说女帝要召见他，就知道事情不好，急忙找人伪造了一张狄仁杰的认罪书奏上，并编造了一大堆谎话，欲将武则天应付过去。

又过了一段时间，曾被来俊臣妄杀的同平章事乐思晦的儿子也站出来替父申冤，并得到武则天的召见。他在回答武则天的询问时说："现在我父亲已经死了，人死不能复生，但可惜的是陛下的法律却被来俊臣等人给玩弄了。如果陛下不相信我说的话，可以吩咐一个忠厚清廉又可信赖的朝臣假造一篇某人谋反的状子交给来俊臣处理。我敢担保，在他酷虐的刑讯下，那人定会承认的。"武则天听了这话，稍稍有些醒悟，继而想起狄仁杰一案，便把狄仁杰召来，不解地问道："你既然有冤，为何又承认谋反呢？"狄仁杰回答说："若不承认，我早就死于酷刑了。"武则天又问："那你为什么又写认罪书上奏呢？"狄仁杰断然否认说："根本没有这回事，请陛下明察。"武则天拿出认罪书核对笔迹，发现其与狄仁杰的字迹完全不同，才知道是来俊臣从中做了手脚，于是下令将狄仁杰释放。

二

汉武帝有个奶妈，他自小是由她带大的。这奶妈的权势当然很高，因此，常常在外面做些犯法的事情。汉武帝知道了，准备把她依法严办。奶妈只好求救于东方朔。东方朔是有名的可以在汉武帝面前调皮耍赖的人。

有两个人很得汉武帝喜欢。一个是东方朔，经常在汉武帝面前插科打诨，让汉武帝忍俊不禁；但他说的做的都很有道理。另一个是汲黯，他为人耿直，常直言劝诫汉武帝，让他下不了台，但他所说都是赤诚真言。汉武帝对这两个人颇为宽容重用，虽然他们官位不高，但与皇帝非常亲近，说得上话。

奶妈来求东方朔想办法。他听了奶妈的话后认为，此非唇舌所争——这件事情，只凭嘴巴来讲，是没有用的。他提点奶妈说："尔必望济者，将去时，但当屡顾帝，慎勿言！此或可万一冀耳。"你若真要我救你，又希望我能帮得上忙的话,等皇帝下命令要办你,叫人把你拉下去的时候,你什么都不要说,但你走两步,便回头看看皇帝,走两步又回头看看皇帝,千万别出言求告,或许还有万分之一的希望保全性命。

之后,汉武帝召奶妈斥问:"你在外面做了许多坏事,太可恶了!"叫左右把她拉下去法办。奶妈听了,就照着东方朔的吩咐,走一两步就回头看看皇帝,鼻涕眼泪直流。东方朔站在旁边说:"你这个老太婆发什么痴!陛下如今还要靠你喂奶?你就快滚吧!"东方朔这么一讲,汉武帝听了很难过,心想自己由她带大,现在要把她绑去砍头或者坐牢,着实不忍,算了,先饶了她吧!

东方朔的滑稽不是乱来的,他以滑稽的方式,运用了"曲则全"的艺术,救了这奶妈的命,也免了汉武帝的内疚之心。

假如东方朔跑去跟汉武帝说:"陛下!她好或不好,总是你的奶妈,免了她的罪吧!"那只会让汉武帝更生气,并质问说:奶妈又怎么样,奶妈就有三个头吗?关你什么事,你为什么替她说情?她犯罪,都是你的坏主意吧,把你这家伙也一并砍了!那就糟糕了。而这样一来,他一方面替皇帝发了脾气,老太婆发痴,如此一骂,也不需要再替她求情,皇帝自己就心软了;东方朔并没有请皇帝放她,是皇帝自己放了她,恩惠还是在皇帝身上,这就是"曲则全"。

杜光庭在《道德真经广圣义》中说"曲己全人,人必全之",意思是说委屈自己成全别人,别人也一定会成全你;想要别人怎样对待你,首先要那样对待别人。

第二十三章　希言自然

〔题解〕

本章再次阐述了"行不言之教"的施政理念。老子用自然界中暴风雨难以持久的事实作比，劝告统治者不要发号施令，更不要施行暴政，而应当清静无为，遵从"道"，这样才能"同于道者，道亦乐得之"。

原文

希言①自然。故飘风②不终朝，骤雨③不终日。孰为此者？天地。天地尚不能久，而况人乎？

故从事于道者④，同于道；德者，同于德；失⑤者，同于失。同于道者，道亦乐得之；同于德者，德亦乐得之；同于失者，失亦乐得之。

信不足焉，有不信焉⑥。

【字词注解】

①希言：字面意思是少说话，此处指上位者少施加政令、不扰民的意思。

②飘风：大风，强风。

③骤雨：大雨，暴雨。

④从事于道者：按道办事的人，此处指上位者按道施政。

⑤失：此指失道或失德。

⑥此两句已见于十七章，本章再次强调。

—•【白话解说】

不言政令、不扰民是合乎于自然的。狂风刮不了一个早晨，暴雨下不了一整天。谁使它这样的呢？天地。天地尚且不能让狂风暴雨持久，何况人呢。

所以，从事于道的就同于道，从事于德的就同于德，从事于失的就同于失。所以，同于道的人，道也乐于他有所得；同于德的人，德也乐于伴其左右；同于失的人，道也会抛弃他。

统治者的诚信不足，就不会有人信任他。

—•【智慧剖析】

在这一章，老子接续上一章的"道"与"德"讲起，论证了人必须顺应"道"，合乎"德"，才能顺应自然，没有灾祸并因此得益。

老子说得道的圣人（统治者）要"行不言之教"。他说，只要相信道，照着做自然会得到道，反之，就不可能得到道。在本章里，老子举自然界的例子，说明狂风暴雨不能整天刮个不停、下个没完。天地掀起的暴风骤雨都不能够长久，更何况人滥施苛政，虐害百姓呢？这个比喻十分恰当，有很强的说服力；告诫统治者要遵循道的原则，遵循自然规律，暴政是长久不了的。统治者如果清静无为，那么社会就会出现安宁平和的风气；统治者如果恣肆横行，那么人民就会抗拒他；如果统治者诚信不足，老百姓就不会信任他。纵观古今中外的历史，哪个施行暴戾苛政的统治者不是短命而亡的呢？中国第一个封建的、中央集权的秦王朝，仅仅存在了一二十年的时间，原因何在？就是由于秦朝施行暴政、苛政，人民群众无法正常生活了，被迫揭竿而起。另一个短命而广的王朝隋朝何尝不是因施行暴政而激起人民的反抗，被唐王朝所取代呢。

"希言"不是不说话，而是少说话，并且要说有意义的话，少说套话、虚话、假话和废话，运用于人与人的交往中就是人与人应该诚实守信。

所谓诚实，就是忠诚老实，不讲假话，忠实于事物的本来面目，不歪曲篡改事实，光明磊落，言语真切，处事实在。

所谓守信，就是信守诺言，说话算数，讲信誉，重信用，并履行自己应承担的义务。

诚实和守信，这两者意思是相通的，是互相联系的。诚实是守信的基础，守信是诚实的具体表现。

小故事·大道理

一

他人对自己的信任，在人生道路上的关键作用可以用海星集团老总荣海的经历来说明。

荣海领导的海星集团，从1988年创业时五个人三万元资金发展到后来拥有固定资产逾十亿元，产业横跨计算机、饮品、连锁超市、房地产、高效种植等行业，被誉为"西部奇迹"。

荣海如此成功得益于两次别人对他的信任，一次在1990年，一次在1991年。

1990年，西安的冬天特别冷，冷得让荣海终生难忘。年底，当一直在深圳忙着跑生意的荣海风风火火赶回西安的时候，等待他的却是公司三个副手早已酝酿成熟的瓜分公司计划。荣海在创建公司时曾说"海星是大家的，大家都有份"，现在，他却要这句话付出代价。尽管当初创立海星时，三个副手没有投资一分钱，所有的投资是荣海的三万元；但荣海还是很君子地恪守了自己的诺言。就这样，海星几年来积累的一百万元自有资产被瓜分一空，只剩下"海星"这块牌子和一些旧机器，公司核心层的四个人除了荣海都走了，大部分客户也被带走。当他带着愿意留下来的一批人吃饭时，百感交集，动情地说："好，你们留下，信任我，我一定不会辜负大伙儿的希望，一定能够闯出一片天地来。"

大伙儿对荣海的信任是建立在长期共处的基础上的，而在几个月后，他取得美国康柏公司的信任则颇有传奇色彩。

海星集团的真正崛起在于成功地代理了康柏微机，而它的起始，是在1990年年底海星集团伤了元气的五个月以后。1991年5月，康柏代表来到西安，希望委托一家计算机公司开拓西北市场。康柏公司于1990年进入中国市场，由几个人拿着电脑在市场上推销；虽然康柏电脑价格高，但质量很好，因而主要被用于军事等领域。

巧的是，那家公司迟迟不能做出决策。荣海抓住机会，飞到深圳，拜访了当时康柏公司在中国的负责人，和他谈合作。或许是对海星信心不足，想让荣海知难而退，康柏提出了非常苛刻的代理条件，且寸步不让，大意是：海星只能做地区代理；拿货价比其他代理商高三个百分点，全年完成一千四百万美元销售额，才返还这三个点；首次现款拿八百万美元的货。荣海咬着牙签了下来。六个月后荣海就做了一千三百万美元的销售额，赢利八百万元人民币。这对一个地处西北地区的企业来讲是很不容易的。紧接着，荣海在外地设立了分公司。由此，康柏公司对海星集团刮目相看，日益信任。

1992年底，海星拿到了康柏的中国地区代理权。之后，海星凭借康柏公司中国总代理的身份，迅速完成了第一期资本积累，分公司也迅速扩展至全国各地。

二

百事可乐的总裁卡尔·威勒欧普到科罗拉多大学演讲的时候，有一个名叫杰夫的商人通过演讲会的主办者约卡尔见面谈一谈。卡尔答应了，但只能在演讲完后进行，而且只有十五分钟的时间。

杰夫就在大学礼堂的外面坐着等待。卡尔兴致勃勃地为大学生们演讲，不知不觉中，时间已超过了与杰夫约定的见面时间。

正当卡尔兴致很高地演讲时，他看到一个人从礼堂外推门而入，径直朝讲台走来。那人走到他的面前，一言不发，放下一张名片后转身离去。卡尔拿起名片一看，背面写着：

"您和杰夫·荷伊在下午两点半有约在先。"

卡尔猛然省悟，他立即对大学生们说："谢谢大家来听我的演讲，本来我还想和大家继续探讨一些问题，但我有一个约会，而且现在已经迟到了。迟到已经是对别人的不礼貌，我不能失约，所以请大家原谅，并祝大家好运。"在雷鸣般的掌声中，卡尔快步走出礼堂，他在外面找到了正在等他的杰夫。后来，杰夫成了一名成功的商人，他把这段经历告诉了他的朋友。他的朋友们都对百事可乐产生了信任感并决定经销和宣传百事可乐。可见，言而有信，言出必行，能获得更多人的信服，得道多助；言而无信，肯定会失去朋友，严重的还会害了自己。如果企业不讲诚信，那么用不了多久，信誉就会扫地，企业的经营就会萎缩，甚至破产。

日本东芝公司生产的笔记本电脑畅销全球，但因为一次不诚信的行为，东芝笔记本电脑不得不退出中国市场。原因是它隐瞒了东芝笔记本电脑的设计缺陷，并且缺陷被披露后又拒不赔偿。结果，为了省去对其而言不算什么的赔偿款，东芝付出了极其惨痛的代价。

第二十四章　企者不立

[题解]

本章阐述的是谦虚退让的处世原则。老子认为"企""跨""自见""自是""自伐""自矜"几种行为都是与"道"相背离的，是多余且无用的，因此主张"不争"和"退让"。

原文

企①者不立，跨②者不行。自见者，不明；自是者，不彰；自伐者，无功；自矜者，不长。

其在道也，曰："余食赘行③，物或恶之。"故有道者不处。

【字词注解】

①企：一作"跂"，意为踮着脚尖着地，脚跟离地。

②跨：越过，阔步而行。

③赘行：即赘形，多余的形体，因饱食而使身上长出多余的肉。

【白话解说】

踮起脚想要站得更高反而站立不住，迈开大步想要走得更快反而不能远行。自逞己见的人，不聪明；自以为是的人，不彰显；自我夸耀的人，没有功勋；自傲自大的人，不长久。

从道的角度看，以上这些急躁炫耀的行为，犹如吃得过多只会长出赘肉，令人厌恶，所以有道的人不这样做。

【智慧剖析】

本章阐述的，仍是有关执政及其得失的内容，同时还包含辩证法的观点，即"企者不立""跨者不行""自见者，不明""自是者，不彰""自伐者，无功""自矜者，不长"。这些表现及其结果往往是对立的、相互矛盾的。这是老子思想中的精要。不过在这其中仍然贯穿着"以退为进"和"委曲求全"的处世哲学。这种观点、这种态度是老子哲学思想的一贯主张，但我们在现实生活中一定要灵活运用，它并不是放之四海而皆准的真理。

老子对违背"道"的虚荣之心是深恶痛绝的，其思想得到了今人的肯定。巴尔扎克说："许多虚伪的人用粗暴掩饰他们的平庸；你碰撞他们一下，他们就像别针刺着的气球一样，瘪了。"培根说："自夸、自赏为明智者所避免，为愚者所追求。"

但在我们的生活中，仍有不少人常常自我卖弄，自以为是。贪慕虚荣是一种腐蚀人类心灵的通病，没有人在一生中能完全不受它的影响。它使人变得自以为了不起，有些人明明生活困顿，但还是拼命想出风头；一旦真相大白，他们便无地自容，失去信心，到头来，虚荣带给他们的只有失败。

小故事·大道理

一

一只黑雁生长在雁群中，但它觉得自己和其他伙伴越来越格格不入了；因为随着不断长大，它的身躯比伙伴们的庞大许多，而且最主要的是它一身的黑色。它在雁群体中是个异类。

虽然同伴们并没有因为它的与众不同而排挤它，但是黑雁却瞧不起自己的同伴。

"它们一个个那么瘦小,真是可悲,而且颜色还那么难看,哪有我这种黑色高贵!哦!生活在这样一个家庭里真是太不幸了,我本来应该和黑色的乌鸦生活在一起的……"

黑雁觉得乌鸦的生活很有情调,就像一位高雅的黑衣贵族,整天什么都不干,就是唱唱歌。于是,黑雁一心一意想要搬去和乌鸦同住。可是,乌鸦发现黑雁长得和自己不一样,声音也不一样,并不想让它和自己一起住。

乌鸦带着厌恶的口吻说:"难道你不知道吗?你和我根本就不是同一类,你再怎么高贵也只是一只大雁,我不会喜欢你的……"

吃了闭门羹的黑雁无可奈何,只好回头去找它原来的伙伴。

"你不是看不起我们吗?和我们在一起会让你丢脸的,你还是走吧,这里不欢迎你!"

于是黑雁只好离开了雁群,在天空发出凄凉的叫声。

二

山鸡很美丽,浑身都披着五颜六色的羽毛,在阳光的照耀下熠熠生辉,令人赞叹不已。山鸡也很为这身华丽的羽毛而自豪。它在山间散步的时候,只要来到水边,瞧见水中自己的影子,就会翩翩起舞,一边跳舞一边骄傲地欣赏水中倒映出的那绝世无双的舞姿。

魏武帝曹操当政时,有人从南方带来一只山鸡献给他。曹操十分高兴,叫来有名的乐工,奏起动听的曲子,好让山鸡跳舞歌唱。

乐工卖力地又吹又打,可是山鸡却一点儿都不买账,既不唱也不跳。曹操的手下拿来美味的食物放在山鸡面前,山鸡连看都不看,无精打采地耷拉着脑袋走来走去。就这样,大家想尽了办法,使尽了手段,始终没办法逗山鸡起舞。

曹操气恼不已,斥责手下说:"你们这么多人,连一只山鸡都对付不了,还怎么做大事!"

曹操有一个十分得他宠爱的小儿子,名叫曹冲。曹冲自幼聪明伶俐,博览群书，颇有见识。这时，他稍加思量便有了主意，于是走上前对曹操说：

"父亲，儿听说山鸡一向为自己的羽毛感到骄傲，所以一见到水中有自己的倒影，就会跳舞来欣赏自己的美丽。何不叫人搬一面大镜子来放在山鸡面前，这样山鸡就会跳舞了。"

曹操听了拍手称妙，马上叫人将宫中最大的镜子抬过来，放在山鸡面前。

山鸡慢悠悠地踱到镜子跟前，一眼看到了自己无与伦比的丽影，比在水中看到的还要清晰。它先是拍打着翅膀冲着镜子里的自己激动地鸣叫了半天，然后就扭动身体，舒展步伐，翩翩起舞了。

山鸡迷人的舞姿让曹操看得呆了，连连击掌，赞叹不已，也忘了叫人把镜子抬走。

可怜的山鸡，对影自赏，不知疲倦，无休无止地在镜子前又唱又跳。最后，它耗尽了力气，倒地而死。

第二十五章　道法自然

〔题解〕

本章主要论述"道"的属性、状态、作用等内容。老子首先指出，"道"是独立存在的实体，是一切事物的本原，永远处于运动的状态。接着，将"道"与天、地、人并列为宇宙"四大"，提出"道法自然"的主题。

原文

有物①混成②，先天地生。寂兮寥兮③，独立而不改④，周行⑤而不殆⑥，可以为天地母⑦。吾不知其名，强字之曰"道"⑧，强为之名曰"大"⑨。大曰"逝"⑩，逝曰"远"，远曰"反"⑪。

故道大，天大，地大，人亦大⑫。域中⑬有四大，而人居其一焉。

人法地，地法天，天法道，道法自然⑭。

【字词注解】

①物：此指"道"。

②混成：混然而成，指淳朴的状态。

③寂兮寥兮：没有声音，没有形体。

④独立而不改：形容"道"的独立性和永恒性，它不靠任何外力而具有绝对性。

⑤周行：循环运行。

⑥不殆：不懈怠。殆，通"怠"。

⑦母：此指"道"，天地万物由"道"而产生，故称"母"。

⑧字之曰"道"：命名它叫"道"。

⑨大：形容"道"是无边无际的、力量无穷的。

⑩逝：此指"道"的运行周流不息，永不停止的状态。

⑪反：一作"返"。意为返回原点，返回原状。

⑫人亦大：一作"王亦大"，意为人乃万物之灵，与天地并立而为三才，即天大、地大、人亦大。

⑬域中：空间之中、宇宙之间。

⑭道法自然："道"纯任自然，本来如此。

【白话解说】

有一个东西浑然而成，在天地形成以前就已经存在。听不到它的声音也看不见它的形体，寂静而空虚啊！不依靠任何外力而独立长存地永不停息，循环运行而永不衰竭，可以作为万物的根本。我不知道它的名字，权且称它为"道"，再勉强给它起个名字叫作"大"。它广大无边而运行不息，运行不息而伸展遥远，伸展遥远而又返回本原。

所以说道大，天大，地大，人（王）也大。宇宙间有四大，而人（王）为其中之一。

人取法地，地取法天，天取法道，而道取法自然。

【智慧剖析】

关于"道"的性质和"道"的规律，其基本点在第一、第四、第十四、第二十一和本章里都论述了，即"道"是物质性的、最先存在的实体，这个存在是耳不闻、目不见、寂静又空虚的，不以人的意志为转移而永远存在，无所不至地运行而永不停止。

任继愈说："'道'不是来自天上，恰恰是来自人间，来自人间日常生活所接触到的道路。比起希腊古代唯物论者所讲的'无限'来，似乎更实际些,一点也不玄虚,可能人们受后来的神秘化了的'道'的观念的影响,才认为它是神秘、玄虚的。……宗教迷信的传统说法,认为上帝是世界的主宰者,老子说'道'出现在上帝之先('象帝之先');传统宗教认为世界的主宰者是天,老子把天还原为'天空','道'是'先天地而生'的。"(任继愈,冯憬远.老子的研究[M]//詹石窗.百年道学精华集成 第1辑 历史脉络 卷1.成都:巴蜀书社,2018:189.)

汤一介在《老子宇宙观的唯物主义本质》一文(刊于《老子哲学讨论集》,中华书局,1959年版)中提出,"道"先于天地存在,只是说在时间上先于天地,而不是在逻辑上先于天地。老子讲的道虽无形无象,但不是超空间的,而是没有固定具体形象,这样的道才可以变化成有固定具体形象的天地万物。这种观点是很中肯的。老子曾说"道在物先",又说"物在道中",这种判断是把"天地"作为"物质"的同义词了。

老子这句最著名的"道法自然"有两解。

一是,"法"就是师法,就是某物向某物学习。人向地学习,地向天学习,天向道学习,道向自然学习。自然是老师的老师。

二是,"法"就是被法约束,即臣服、被统治。人被地统治,地被天统治,天被道统治,道被自然统治。自然是君王的君王,是管理一切、派生一切的本原。

以上两解,其第一层意思是"师法自然",第二层意思是"臣服自然"。

关于师法自然,人类比较容易接受。至于臣服自然,很多人就不能接受了。回归自然说白了就是臣服于自然,甘心做自然的奴隶,也就是说人要顺其自然,无条件地遵循一切自然规律。

"臣服于自然",最终为"自然之主",这就是人类应有的智慧。老子"非常道",就是老子"自然道",它强调了一个转换的问题。这种转换不是凭空的,而是实实在在做好分内之事。

通过"臣服自然"最终为"自然之主",基础当然是"师法自然"。

老子说"道法自然",不是简单地仿生,而是在仿生的同时找出使生命成为生命的伟大因素。掌握了自然就掌握了成就一切的法宝。道法自然不仅仅是师法自然，还包括"因自然而成道"的意思。人不能因道成道，但能因自然而成道。

老子说"道法自然"，包含一个重要的思想：人类只有做好自然的仆从，才能做好自然的主人。

也就是说：谁有道，谁就是主人，谁就能成功。

小故事·大道理

一

古希腊哲学家第欧根尼在海上航行时，被海盗劫掠，当作奴隶售卖。人们问他能做什么？他说能"治理人"。第欧根尼让叫卖者喊："谁愿意买一个主人？"一个叫塞尼亚得的富人买了他做儿子的家庭教师。塞尼亚得非常尊重第欧根尼，常常说："一个杰出的天才走进了我的家门。"

朋友们终于打听到了第欧根尼的下落，赶来要为他赎身。第欧根尼却阻止了他们，说："作为哲人，即使我身为奴隶，也是他人的自然统治者，就像医生为病人服务，却是病人的导师一样。"

第欧根尼是奴隶没错，但他是主人家的家庭教师，开始时只教孩子，慢慢地，全家人都听他的教诲，奴隶成了主人的主人。

这种角色的转变与双重性是双方都觉察到的，也是双方都能接受的，因为第欧根尼确实是个导师。

二

古希腊哲学家德谟克利特常常坐在石阶上观赏蚂蚁和牧羊犬。有人问他为什么对自然之物有那么大的兴趣。德谟克利特说："所有人都是自然的学生，智者更不例外。我们从蜘蛛身上学会了纺织，从燕子身上学会了建筑，从百灵鸟身上学会了歌唱。"

第二十六章　宜戒轻躁

〔题解〕

本章反映了老子"贵重""守静"的哲学思想。老子认为，统治者治理天下，应保持稳重、沉静的精神状态，不可轻率躁动，如果肆意妄为，就很容易毁掉根基。

重为轻根，静为躁君。是以君子终日行不离辎重①。
虽有荣观②，燕处③超然。奈何万乘之主④而以身轻天下？
轻则失根，躁则失君。

【字词注解】

①辎（zī）重：军中运载器械、粮食的车。
②荣观：华丽的居所和观览之乐。
③燕处：安居。
④万乘之主：大国的君主。

【白话解说】

稳重可以制衡轻率，心里清静可以抑制浮躁。因此，君子整天维持稳重，就像行军从不离开粮草、辎重。

虽然有华丽的居所和观览之乐，却能安处其中，沉静超然。为什么作为身率万乘之国的君主，却以轻率的态度对待天下大事呢？

轻率就失去了制衡，浮躁就失去了掌控。

【智慧剖析】

上一章老子告诉我们，人应效法自然，既效法自然，自然对人必有约束的作用，于是本章便具体讲述自然的约束。

老子崇尚稳重、沉静，排斥轻浮、狂躁，认为前者才是自然之道，后者违背了自然之道。

观察大自然的景象，我们可以看到，辽阔苍茫的大地因其厚重而稳定，无边无际的天宇因其高远而稳重，一块巨石因其沉重而稳定，一座高山因其庞大而稳定；天上的游云尽管可以遮天蔽日，却因其轻飘而转瞬即逝；风雨来势汹汹，却因其轻飘而不能长久。

因此，了解大道自然的人，虽有华丽的居所，可享受观览之乐，但他们却丝毫没有因此而轻浮狂躁、自以为是，更不会因此就亏待或轻视他人。他们始终安静地生活，为人处世端庄厚重。圣人治理天下便是如此谨言慎行，从不敢草率行事；反之，轻率就会失掉根基，躁动就会丧失君位。

简而言之，老子在这一章是要告诫我们，无论做什么事，处在任何环境之中，都要淡定从容，不可心浮气躁，急切慌乱；否则，不但解决不了问题，还会忙中出错。我们每个人都应该拥有这样的品性，拥有顺其自然的心境，才能成就一生的事业，生活得安详自在。

轻率行动必然毁掉根基，失了制衡之根本，急躁妄动必然失去主宰，失了掌控的依靠。

老子一再强调要保持平静的心境，谨慎地待人处事，不可轻率急躁。

小故事·大道理

三国时的刘备可谓一代名君，但他也做过后悔终生的事，丧失了一统天下的良机。

三国时关羽败走麦城,被东吴将领所杀。刘备感情用事,兴兵伐吴,最后导致兵败,蜀国由此开始走下坡路。

刘备兴兵伐吴,首先违背了诸葛亮"联吴抗魏,三分天下"的战略决策,将军赵云首先反对,他说:"当前,我们的主要敌人是曹操,不是孙权。如果我们灭掉了魏,吴自然会顺服。现在曹操刚死,曹丕篡夺了帝位,我们正好利用这个有利时机,团结大家,趁早占领关中,控制黄河、渭水的上游,讨伐曹魏。此举名正言顺,一定会得到关东民众的响应。我们不应该把曹魏搁在一边,先同东吴交战。战火一经点燃就会蔓延下去,很难收拾了,这不是上策。"但是刘备不听。

孙权也不愿意再扩大两国的纠纷,两次派遣使者到蜀国求和,都被刘备拒绝了。

东吴的南郡太守诸葛瑾写信给刘备,信里明确指出:"从君臣的关系上讲,您应该亲关羽呢,还是更应亲先帝(汉朝末代皇帝汉献帝)?从地域上讲,荆州大呢,还是整个中国大?魏和吴都是您的敌国,但您应该先对付哪一个?请您仔细考虑一下。"

刘备不听任何人的劝阻,执意兴兵伐吴,结果一败涂地。这一战损伤了蜀国的元气,诸葛亮统一天下的大计被彻底打乱,刘备也在大战不久后病死在白帝城。

"将不可愠而致战。"刘备伐吴时,蜀军在吴营前叫骂挑战,吴将气得浑身发抖,大家请求出兵攻打蜀军,陆逊坚决不答应。他对诸将解释说:"刘备天下闻名,曹操活着的时候对他尚且有所顾忌。这次他亲自率领大军进攻东吴,已经连打了十几阵胜仗,深入我们的国土五六百里,锐气正盛。现在他列阵在平原广野之间,正是得志的时候。很明显,目前他要引诱我军出战,然后一举歼之。因此,我们必须镇定,不能轻易出击。等到蜀军求战不得、斗志消沉,我们再进攻,一定能取胜。"同时他还指出:"刘备非常狡猾,诡计多端,绝不会只叫吴班一支军队出城,后面必然有埋伏。"

刘备看吴兵不出来迎战,知道自己的计划破产了,只得把隐藏在山谷中的军队都调了出来。另一边，吴国的众将对陆逊心服口服。

234年，诸葛亮率大军伐魏，司马懿坚守不出，不同蜀军交战。诸葛亮派人给司马懿送去书信和妇人的衣物，信中说："仲达既为大将，统率中原之众，不思披坚执锐，以决雌雄，乃甘窟守土巢，谨避刀箭，与妇人又何异哉！今遣人送巾帼素衣至，如不出战，可再拜而受之。倘耻心未泯，犹有男子胸襟，早与批回，依期赴敌。"

司马懿看完书信，心中大怒，但他仍然笑着说："孔明视我为妇人耶！"接受了衣物，并款待来使。司马懿问来使："孔明寝食及事之烦简若何？"使者回答说："丞相起早睡晚，罚二十以上者皆亲览。所啖之食，日不过数升。"司马懿回头对众将说："孔明食少事烦，其能久乎？"回了五丈原，使者回禀诸葛亮说："司马懿受了巾帼女衣，看了书札，并不嗔怒，只问丞相寝食及事之烦简，绝不提军旅之事。某如此应对，彼言：'食少事烦，其能长久？'"诸葛亮叹气说："彼深知我也！"不久后，诸葛亮病故于五丈原。

第二十七章　常善救人

〔题解〕

本章主要阐述"善"的特征和价值，说明"无为而治"的道理。老子首先用"善行""善言"等事例表现顺应自然的效果，随后指出英明的统治者无所偏爱，因循自然，既善救人，又善救物。

【原文】

善行，无辙迹①；善言，无瑕谪②；善数，不用筹策③；善闭，无关楗④而不可开；善结⑤，无绳约⑥而不可解。

是以圣人常善救人，故无弃人⑦；常善救物，故无弃物。是谓"袭明⑧"。

故善人者不善人之师⑨；不善人者善人之资。不贵其师，不爱其资，虽智大迷⑩，是谓"要妙⑪"。

【字词注解】

①辙迹：明显的痕迹，可以指车辙的痕迹，亦可指足迹。

②瑕谪：缺点，过失。

③筹策：古代的计算工具。

④关楗（jiàn）：房门的锁或门闩。

⑤结：打结，捆绑。

⑥绳约：绳索。

⑦弃人：被抛弃的人。弃，遗弃，抛弃，丢弃。

⑧曳明：宽容之明，牵引之明，无所遗弃之明；若用强制、灌输、诱骗之法，则与"明"失之远矣。圣人之所以无弃人，无弃物，是因善救人，善救物，圣人之善即体现在"曳"上。曳，牵引，引导。帛书甲本中作"恘"，帛书乙本中作"曳"，"恘"应通"曳"；后世诸本作"袭"，当为误传。

⑨师：教师。

⑩迷：迷糊，迷惑。

⑪要妙：精深奥妙。

【白话解说】

善于行走的人，其足迹无处可寻；善于言语的人，其言语无懈可击；善于计算的人，其计算不用筹码就能正确无误；善于关门的人，关门不用门闩别人却不能开；善于捆绑的人，捆绑不用绳索也固不可解。

因此，圣人善于救助人民，所以没有被遗弃的人；善于利用万物，所以没有被废弃之物，这就叫作"曳明"。

所以，在某些方面表现优异的人是在这些方面表现较差的人的老师；而这些方面表现较差的人又可以作为在这些方面表现优异的人的参考。不尊重自己的老师，不珍惜自己的借鉴，即使是个有智慧的人，也只能算是不明真理的糊涂之人。这就是精深奥妙之所在。

【智慧剖析】

在这一章中，老子提出"五善"，"善行""善言""善数""善闭""善结"，目的是告诉大家如何展开行动，重在要求人们，尤其是圣人，恪守"无为而治"的原则，说明有道者顺应自然以待人接物，更表达了有道者无弃人、无弃物的胸怀。人无弃人，物无弃物，天下的善人、不善人，善物、不善物，都是有用处的。善者为师，不善者为资，一律加以善待，特别是对于不善的人，并不因其不善而鄙弃他，一方面要劝勉他、引导他，另一方面也要让他对善人有借鉴的作用。这就兼顾事物所包含的两个对立面，不要只从一个方面看。浮皮潦草、粗枝大叶或只知其一，不知其二，却沾沾自喜，自以为无所不通、无所不精，恃才傲物，都是不可取的。

"善言""善行"，就是指善于行不言之教，善于处无为之政。"善数""善闭""善结"各句，都是意义相同的比喻，比喻有道者治国，不用有形的作为。有道者能够以本明的智慧去观照人与物，了解人各有才、物各有用，进而做到——人尽其才，各因其性以造就，即"常善救人""无弃人"；做到物尽其用，顺物之性以展现其功能，即"常善救物""无弃物"。这是对有道者的待人接物的说明。

要想具备这"五善"，就要向得"道"之人学习，得"道"之人则要以离"道"之人为戒——向别人的长处学习，以别人的短处为鉴，严格要求自己。这才是无上的奥妙境界。

就管理者而言，知人善用，人尽其才，物尽其用，就是合乎于道，就可以得到大家的拥护和支持。成功最重要的秘诀就是，采用已经证明有效的方法——不断地学习别人的长处。有些人之所以能达到目标，乃是多年之功，历经无数的失败，才得出一套特别之道。你只要走进使他们成功的经验中，也许用不了多久就能达到他们那样的成就。

拿破仑·希尔在成功之前，曾用二十年的时间帮助钢铁大王卡耐基工作，这期间他一分钱的报酬也没有；但他在帮助卡耐基的同时，也帮助了自己——他本人在成功学的研究上获得了巨大的成功。

台湾成功学导师陈安之在成功之前，也长期在美国帮助世界成功学大师安东尼工作，在帮助安东尼的同时，他也得到了成功学的真传，最后获得巨大的成功。

借鉴别人的成功经验，可以从模仿开始。从某种意义上说，模仿也是一种进步。

一说起模仿，有人就会援引"东施效颦""邯郸学步"的例子，把模仿贬得一无是处。他们说："为什么要模仿别人、借鉴别人呢？要干就要拿出自己的一套来！"这话听起来很豪壮，殊不知，如果东施效颦的勇气、邯郸学步的追求，连模仿也没有，更谈不上借鉴，而离开了模仿和借鉴，又何来创造呢？

模仿别人时既可紧紧地追随，也可有选择地追随，或保持一段距离地追随。

借鉴是从模仿通向创造的桥梁。把别人的东西拿来，结合自己的实情做一番比较，取人之长，补己之短，或从中吸取教训。这就比单纯模仿要高明得多了。

小故事·大道理

战国时期，赵国的北方大多是胡人部族的地盘，他们虽然和赵国没有发生大的战争，但常有小的掠夺战斗。由于胡人都身穿短衣、长裤，骑马作战，动作十分灵活方便。开弓射箭，运用自如；往来奔跑，迅速敏捷。赵国军队虽然武器比胡人精良，但多为步兵和兵车混合编制，加上官兵的战服很长，也比较笨重，骑射多有不便；因此，在交战中常处劣势。鉴于这种情况，赵武灵王就想让国人学着像胡人那样骑马射箭；而要学习骑射，首先必须改革服装，采取胡人的短衣、长裤服式。

公元前302年，在大臣肥义等人的支持下，赵武灵王下令，全国上下改穿胡服；因为胡服在日常生活中做事也很方便，所以很快得到人民的拥护。胡服措施成功之后，赵武灵王接着训练骑兵队伍，改变了原来的军事装备。赵国的国力逐渐强大起来，不但打败了过去经常侵扰赵国的中山国，还向北开辟了上千里的疆域，成为当时的"七雄"之一。

第二十八章 知雄守雌

〔题解〕

本章主要阐述了老子"知雄守雌"的思想。所谓"知雄守雌",就是让人在了解自己雄强的基础上,主动处于雌柔不争的地位。老子认为,圣人做到"知雄守雌",就能够治理好天下。

原文

知其雄①,守其雌②,为天下谿。为天下谿,常德③不离,复归于婴儿。

知其白,守其黑,为天下式④。为天下式,常德不忒⑤,复归于无极⑥。知其荣,守其辱,为天下谷。为天下谷,常德乃足,复归于朴。

朴散则为器,圣人用之则为官长⑦,故大制不割⑧。

【字词注解】

①雄:雄性,喻强壮。

②雌:雌性,喻柔弱。

③常德:恒德,符合"道"的恒久之德。

④天下式:天下的范式,即天下的楷模。

⑤忒:偏差;错误。

⑥无极:最高的精神境界。无,精神。极,顶点。

⑦官长：百官之首。此指统领天下。
⑧大制不割：以大道制天下，要浑然一心，不能割裂区分。

【白话解说】

知道何为雄强刚劲，仍安守雌柔宁静，像山间低凹的溪水水道一样。像溪水水道一样，常德就不会离你而去，从而回到婴儿般的纯净自然状态，达到德行的至高境界。

知道何为清白高明，仍安守昏暗蒙昧，成为天下的楷模。成为天下的楷模，就不会背离常德，从而回到无为的顶峰——极致。

知道何为尊荣，仍敞开胸怀安守轻辱，像幽深的山谷一样。像幽深的山谷一样，常德就充盈完整，从而回到未经雕琢的质朴自然之境。

自然无为的大道，以朴为体（形而上的内在），以器为用，朴散为器（器，即上文所说"知雄守雌""知白守黑""知荣守辱"等行事作风，亦即形而下的外在——术），得道者用之各尽所能，以善为师，以不善为资，便可统领天下。所以，以大道制天下，是以天下之心为心，浑然一心，不做割裂区分。（即雄雌、白黑、荣辱是相辅相成、自成一体的，不以好坏、善恶来区别对待，亦即朴和器本质都是道，是浑然一体不可分割的。）

【智慧剖析】

老子在上一章阐述了如何在行事时顺应自然。在这一章中，他提出以退为进，得到自身的安稳，并要求"圣人"也以此作为治国安民的原则。守雌守辱、为谷为溪的思想，自然不能理解为退缩或者逃避，而是有其主宰性在里面的，不仅守雌，而且知雄，这是在告诫人们要居于最恰当、最妥当的地位面对社会纷乱争斗的场面。

老子告诉我们："知雄守雌"便可"复归于婴儿"，"知白守黑"便可"复归于无极"，"知荣守辱"便可"复归于朴"——前者（"知……守……"）是守"道"的行为，后者（"复归……"）是得"道"的表现。

"守雌""守黑""守辱"，有助于消除对手的戒备心，避免可能产生的麻烦，有效地保存实力。

刚出生的婴儿非常柔顺，这种柔顺没有经过任何雕饰，是自然天成的最佳状态。在婴儿的意识里，对善恶没有任何分别，不存在任何等级观念，所以人之初本无性，婴儿那种至柔至顺的样子，是最符合大道的，是大道在人身上淋漓尽致的体现。也正是因此，没有人想刻意去伤害一个婴儿。我们如果从思想上就告诫自己不去强调我们的刚健，在行动上始终保持着平静和柔顺，我们就会给人以婴儿一般的感觉，结果却是柔弱胜刚强、心静止浮躁。

在这一章，可以充分领悟以退为进之道。

在商谈中，卖方很想出售自己的商品，而买方则会提出种种借口，以争取最大利益，此时，以退为进的战略便会大奏奇效。

在与人交往的时候，把自己的姿态放低些，放柔些，常常会取得出人意料的效果。

凡事有进就有退，有成功就有失败，所以做人除了要懂得未雨绸缪，还须随机应变。悬崖勒马、江心补漏固然是对危局的补救措施，但毕竟已处于进退两难的尴尬境地；骑虎之势已成，世事不由自己，悔之晚矣。

人们在事情进展顺利的时候，往往最容易忘记"物极必反"的道理，不是观察不清就贸然投入，就是不懂得适时抽身，非把自己逼到进退两难、骑虎难下的地步才懊悔不已。做事要心中有数，不要贪恋功名利禄，不要做无准备之事；做事要随机应变，随势之迁而调整。做事是为了成事，一股劲儿猛进不可取，犹犹豫豫也不可取；知进知退，有张有弛，居安思危，处进思退才是行事之道。

小故事·大道理

建安三年（公元198年），刘备被吕布打败，不得已率众投靠了曹操。曹操表奏汉献帝，封刘备为左将军，让他留在许都。刘备表面上得了官职,实际上无权无势,时时处处受制于曹操。

刘备为自己壮志难酬而苦恼,恨不能生出双翅飞出许都。为了迷惑曹操,刘备故意学着种菜。曹操觉得刘备胸无大志,渐渐对他放下戒心。

一天,刘备与曹操闲坐,军兵报告说袁术欲弃淮南而投河北。刘备听罢暗想:曹操欲灭袁术久矣,我何不借此逃离许都呢?于是,刘备对曹操说:"袁术北上必然经过徐州,我率一路兵马在半路截击,必置袁术于死地。"曹操犹豫了一下,然后说:"明日奏请天子后再起兵吧。"

次日,刘备奏请献帝,自请率兵讨伐袁术。献帝应允后,曹操令刘备领五万兵马出征。

刘备回府后连夜收拾鞍马,挂上将军印,催促关羽、张飞立即启程。关、张二人问其故,刘备答道:"吾在许都乃笼中之鸟、网中之鱼。这次出征,乃鱼入大海、鸟上青霄,再也不受笼网的羁绊了。"关、张听罢,如梦初醒,随刘备率兵马疾行而去。

刘备刚出许都,谋士郭嘉就得到了消息,他向曹操进言:"丞相为何遣刘备去讨袁术?刘备一去可就不复返了,此乃放龙入海、纵虎归山啊!"曹操顿生悔意,急令许褚率五百精兵截回刘备。刘备这次带兵出征,不仅得了曹操的将令,还有献帝的圣旨;被许褚拦住时,刘备三言两语便说得许褚无言以对。许褚无法阻拦,只得率众回许都向曹操复命。

刘备这一走,如同笼中之鸟重返山林。此后,他招兵买马,礼贤下士,请诸葛亮出山,联合东吴,在赤壁之战中大胜曹操。后来,曹操每每想起刘备的顺利出走,便嗟然长叹,追悔不已。

二

在比利时的一家画廊里发生过这样一件事。

画商看中了巴登带来的三幅画,标价为二百五十美元,画商想压价。于是,双方唇枪舌剑,谁也不肯退让,谈判进入了僵局。巴登恼火了,怒气冲冲地当着画商的面把其中一幅画烧了。画商看到这么好的画烧了,感到十分可惜。他问巴登剩下的两幅画多少钱出售,巴登说还是二百五十美元。画商拒绝了这个价格,巴登把心一横,又烧掉了其中一幅画。画商只好放低身段,请他千万别烧这最后一幅,并询问巴登这幅画的售价;巴登说道:"唯一一幅画的价值是三幅画能比的吗?"最终,这幅画以六百美元的价格成交。

当时,这家画廊里在售的其他画的价格,都在五十到一百美元之间,而巴登的这幅画却能卖出如此高价,原因何在?

首先,巴登烧掉两幅画,便是一种"以退为进",因为他"有恃无恐",知道自己手中的这三幅画都出自名家。烧掉了两幅,剩下了最后一幅画,正是"物以稀为贵"。巴登事先已了解到,这个画商喜欢收藏古董名画,对于他看上的东西,一贯势在必得。聪明的巴登以退为进,做成了这笔大生意。

当然,要想成功地"以退为进",必须有足够的胜算,把握好分寸,以免弄巧成拙。如果没有事先了解画商的喜好和收藏热情,没有判定画商对这三幅名家画作有必得之心,贸然烧掉两幅,而画商最终放弃了剩下的那幅,那巴登可就损失惨重了。

第二十九章　去奢去泰

〔题解〕

本章反映了老子的治国论。老子认为治理天下不能强行作为，因为万事万物都有其发展规律，强制和苛求只能让事情走向反面，所以老子主张因势利导、遵循客观规律、实行"无为而治"。

【原文】

将欲取天下而为之，吾见其不得已。夫天下，神器也，非可为者也①。为者败之，执者失之。

故物或行或随，或歔②或吹③，或强或羸④，或培⑤或隳⑥。

是以圣人去甚⑦，去奢，去泰⑨。

【字词注解】

① "夫天下"三句：那个天下，是神圣的器物啊，不是可以随便摆弄的东西。

② 歔：轻缓地吹气。

③ 吹：用力吹气。

④ 羸（léi）：柔弱。

⑤ 培：增益，使安稳。

⑥ 隳（huī）：毁坏。

⑦甚：极端，过分，严重。
⑧奢：奢侈。
⑨泰：过甚，过分。

——•【白话解说】

想要采取暴力的方式夺取天下，自己治理，我看是不会有什么好结果的。天下（人类社会）是大自然神圣的产物，是不能强行夺取的。强行作为的人必败，强行把持的人必失。

万物都有自己发展的规律，有前行必有后随，有缓有急，有强盛必有衰弱，有增益必有损毁。

所以，圣人总是避免使自己有极端、奢侈、过分的欲望，而使自己始终保持中和无欲。

——•【智慧剖析】

本章为老子对"有为"之政提出的警告：治理国家，若以强力作为或暴力把持，都将自取败亡。世间的物性不同，人性各别，为政者要能允许差异性与特殊性的发展，不可强行，否则就变成削足适履了。所以理想的政治应顺应自然，因势利导，要舍弃一切过度的措施，去除一切酷烈的政举；凡是奢侈的行径，都不宜施张。

从本章思想中体会，老子是在指导我们立身处世该如何面对选择，这就需要我们"去甚""去奢""去泰"，顺从自然的规律就不会产生坏的结果。

远离浮躁，从容选择，是一个现代人适应社会环境的基本要求。某公司总裁的用人之道别具一格，他往往在公司职员没有任何思想准备时，对他们降职处理。怨天尤人、灰心丧气者终被淘汰，而处变不惊、从容应对者最后都备受青睐。

诗人泰戈尔说过，当鸟翼系上了黄金时，就飞不远了。

智者曰："两弊相衡取其轻，两利相权取其重。"

放弃是一种选择。学会放弃，才能卸下人生的种种包袱，轻装上阵，安然等待生活的转机，度过风风雨雨；懂得放弃，才拥有一份成熟，才会活得更加充实，坦然，轻松。

学会选择就是审时度势、扬长避短，明智的选择胜于盲目的执着。

学会放弃，是一种理性调整，是人生目标的再次确立。

小故事·大道理

一

有一名男子，他很小的时候，父母就去世了，他成了孤儿。他流浪街头，受尽磨难，最后竟然创下一份不菲的家业，而他自己也到了垂暮之年，该考虑辞世后的安排了。

他膝下有二子，风华正茂，一样的聪明，一样的踏实能干。几乎所有的人，包括他自己，都认为应该把财产一分为二，平分给两个儿子。但是，在最后一刻，他改变了主意。

他把两个儿子叫到床前，从枕头底下拿出一把钥匙，缓慢而清楚地说道，"我一生所赚得的财富，都锁在这把钥匙能打开的箱子里。可是现在，我只能把这钥匙给你们兄弟二人中的一人。"

兄弟俩惊讶地看着父亲，几乎异口同声地问道："这是为什么？这太残忍了！"

"是，是有些残忍，但这也是一种善良。"父亲停了一下，又继续说道，"现在，我让你们自己选择。选择这把钥匙的人，必须承担起家庭的责任，按照我的意愿和方式，去经营和管理这些财富。拒绝这把钥匙的人，不必承担任何责任，生命完全属于你自己，你可以按照自己的意愿和方式，去赚取箱子以外的财富。"

兄弟俩听完，各自思忖：接过这把钥匙，可以保证一生没有苦难，没有风险，但也因此被束缚，失去自由；拒绝它？毕竟箱子里的财富是有限的，外面的世界更精彩，但是那样的人生充满未知，前途未卜，万一……

父亲早已料到兄弟俩的心思，他微微一笑："不错，每一种选择都不是最好的，有快乐，也有痛苦，这就是人生——不可能把快乐集中，把痛苦消散。最重要的是知道自己想要什么。要过程，还是要结果？"兄弟俩豁然开朗。哥哥说："弟弟，我要这把钥匙，如果你同意。"弟弟微笑着对哥哥说："当然可以，但是你必须答应我，好好管理父亲的产业。如果你答应我，我就可以放心去闯荡了。"二人权衡利弊，最终各取所需。这样的结局，与父亲先前的设想不谋而合，因为最了解儿子的莫过于看着他们长大的父亲。

二十多年过去了，兄弟俩的经历、境遇迥然不同。

哥哥虽然生活舒适安逸，但他没有沉溺其中，而是把家业管理得井井有条，性格也越来越温和儒雅，到了人生暮年，与已故的父亲越来越像，只是少了些锐利和坚韧。

弟弟生活艰辛动荡，几起几伏，历经磨难，性格变得刚毅果断，与他二十年前相比，相差很大。最苦最难的时候，他也后悔过，怨恨过，但已经选择了，只能坚定不移地往前走。经历了人生的起伏跌宕，他最终创下一份自己的事业。这个时候，他才真正理解父亲，并深深地感谢父亲。

二

一个孩子伸手到一个装满榛果的瓶里去，尽其所能地抓了一把榛果。当他想把手收回来时，手却被瓶口卡住了。他想把手弄出来，但不愿放弃榛果，他不知该怎么办，不禁伤心地哭了起来。有人对他说："如果你只拿一半，让你的拳头小些，那你的手就可以很容易地拿出来了。"

我们时常站在人生的岔路口上，面临诸多选择。有选择就有放弃，趋利避害是人的本能；而生活中，有许多事情要我们迎难而上、努力拼搏才能取得最后的胜利，但如果目标不对，盲目坚持就成了偏执，是一种无谓的牺牲。有人说："我以一生的精力去做一件事，十年，二十年……再笨也会成为某一方面的专家。"但如果这条路不适合你，自信和执着只能使你身陷泥潭。

莎士比亚说："倘若没有理智，感情就会把我们弄得精疲力竭，为了制止感情的荒唐，才有的智慧。"用老百姓的话说则是"别在一棵树上吊死""别钻牛角尖"。

第三十章　不以兵强天下

〔题解〕

本章反映了老子对战争的基本态度。老子认为战争是残酷的，会给交战双方带来惨重的损失，告诫统治者要"不以兵强天下"。老子还提出事物发展到盛壮之后就会衰老的"物壮则老"的观点，警示统治者遵从"道"的法则。

【原文】

以道佐人主者，不以兵强天下，其事好还①。师之所处，荆棘生焉。大军之后，必有凶年②。

善有果而已，不敢以取强③。果而勿矜，果而勿伐，果而勿骄，果而不得已，果而勿强。

物壮则老④，是谓不道⑤。不道早已⑥。

【字词注解】

①其事好还：（用兵）这件事一定会遭到报应。

②凶年：灾荒之年。

③取强：显示强大。

④老：衰老。

⑤不道：不符合道。

⑥早已：很快就结束。

【白话解说】

用"道"辅佐君主的人,不以兵力称强于天下,用兵这件事一定会遭到报应。军队所到之处,会长满荆棘野草;大战之后,必是民不聊生的灾荒之年。

善于用兵的人只要达到战略目的就会罢手,绝不敢长久地霸道逞强。战胜而不自满,战胜而不自骄,战胜而不自豪,动用武力来达到目的是不得已而为之,胜了要懂得适可而止,切忌继续逞强。

事物达到了强盛的极点,就会走向衰亡;寻求满、盈、极点,是与"道"不合的。不合于"道",就会很快灭亡。

【智慧剖析】

在《道德经》的这一章和下一章里,老子都讲到用兵的问题。他论兵是站在哲学角度,而非军事角度。他着重讲战乱给人们带来的严重后果,这是从反对战争这一角度出发的。因为战争是人类最残酷、最愚昧的行为。"师之所处,荆棘生焉""大军之后,必有凶年",就是讲战争给人们带来的灾难。

老子反对战争,描述了战争的种种危害;但事实是,一个国家不可能没有军队,有军队就有发生战争的可能。因此,老子又说,军队和战争只是为了保证国家、人民的安全和政治的运行,是不得已而为之,如果必须作战,就应不自满,不自大。

在这一章,老子告诫我们:得意之时莫忘了回头,因为事物强盛到了极点,就会迅速衰亡了。

人生得意的时候也应把功劳让与别人一些,不要居功自傲,不能得意忘形。何况人类的感情复杂无比,人心的变化也层出不穷。今天认为美的东西,明天就有可能认为丑;今天认为可爱的东西,明天就有可能认为是可恨的,所以要懂得容忍退让。

宋朝有位叫郭进的人,任山西巡检,有一名军校到朝廷告他。宋太祖召见了那军校,查问一番后,发现是他诬告郭进,便命人把他押送回山西,任由郭进处置。许多人劝郭进杀了他,但郭进没有这样做。当时,正值敌国入侵,郭进对这军校说:"你敢到皇帝面前诬告我,说明你确实有胆量。现在我赦免你的罪过，如果你能打败敌人，我就向朝廷推举你；如果你打败了，便自行了断吧。"那人听后非常感动，在战场上奋不顾身，打了胜仗。郭进果然向朝廷举荐了他。

人生之路有高有低，有曲折有平坦，遇到挫折时必须鼓足勇气继续奋斗，飞黄腾达时，不要忘记扶危助困。知退一步之法，明让三分之功，不仅是一种修养一种美德，也是一种安身立命之法。

在得意之时，口无遮拦，财大气粗，摆不正自己的位置，忘记应尊重理解别人，忘记应收敛自己，这实际上是做人不成熟的表现。

世事变幻难测，一个人不论出身多么高贵，地位多么荣耀，都要多行善事，为今后着想。这就像人的体格，青壮时不注意保养锻炼，老来多病又能怪谁呢？一个有修养、有道德的人，在顺境、得势时，应懂得居安思危，自省自律。

淡泊处世，超然做人，才不至于被人生的起伏悲喜所困，唯宁静方以致远。

小故事·大道理

古时候，永州有一个人十分迷信，不管做什么事都要先看看吉不吉利。

这个人生在子年，属相是鼠，于是他就把老鼠当成自己的保护神，对其万分敬重。他自己敬重老鼠，还定下了家规，不但不准家人消灭老鼠，还要将老鼠好好保护起来。所以，他家里见不到一只猫，仆人都小心翼翼，生怕不经意间伤到了老鼠。

这样一来，老鼠在他家有恃无恐，极其猖狂。粮仓里、库房里，到处可见成群结队的老鼠大吃大嚼，想怎么破坏就怎么破坏，根本没人敢管。不只如此，老鼠们还奔走相告，说他家简直是个天堂，每天吃得饱饱的，什么都不用害怕；于是越来越多的老鼠搬到这个人家里来。

有了这样严重的鼠害，这一家子可遭殃了。家里的桌子、凳子、柜子全被老鼠咬得残缺不全。柜子里的衣服，老鼠也不放过，东一个窟窿、西一个洞，没有一件是完整的。食物就只有老鼠吃剩下的那一点儿。到了夜里，老鼠在屋里东奔西跑，上蹿下跳，"咯吱咯吱"地啃东西，还叽叽乱叫，弄得全家乱七八糟，更吵得人睡不着觉。白天老鼠也不歇着，跟人一块儿出出进进，来来往往，俨然是这家的主人。

过了几年，这家人因为主人职位调动搬到另一个郡去住了，这屋子换了主人。老鼠们丝毫不懂得收敛，还是闹得特别厉害。

新主人又生气又奇怪，跟家人说："可恨这帮老鼠，本来只应在黑暗中偷偷摸摸地过活，现在竟然如此嚣张，实在可恶，我们应该想办法把它们全都消灭掉！"于是，他们找四邻借了好几只厉害的大花猫，将大门紧闭，把出路都用砖瓦堵死，还用水浇灌老鼠洞，又雇了些人来帮助捕杀老鼠。

老鼠顿遭灭顶之灾，尸体堆得像座小山。人们把鼠尸扔到偏僻的地方去，臭味过了好几个月才消失。

这些老鼠太不识时务，以为所有的主人都会对它们殷勤备至，实在是大错特错，以致招来了大祸。

二

汉朝时，有一段时间汉文帝染上了脓疱疮，全身多处流着脓血，周围的人多感到难以服侍。唯有善于溜须拍马的邓通最为乖巧，每天都用嘴在汉文帝的身上吸吮脓血，而且为了不污汉文帝的鼻目，邓通总是把脓血直接吸入肚中，使汉文帝感到十分的舒畅。

有一天，汉文帝问邓通："天下谁最爱我？"

邓通答："太子。"

因此，当太子入宫给汉文帝侍疾时，汉文帝就叫太子学邓通的样子吸吮自己身上的脓血。

太子感到十分恶心，却不得不硬着头皮去做。后来，太子知道这是因邓通的言行所致，就觉得邓通十分可恨可憎。

后来，太子即位，为汉景帝。汉景帝很快找了个理由免去邓通的官职，接着，又搜罗罪名抄了邓通的家，连一根别头发的簪子也没有给他留下。

第三十一章　不得已而用兵，铦袭为上

〔题解〕

本章的主旨与上一章一致，也是表达反战思想。老子认为君子迫不得已进行自卫战时，也要以宁静安适为度，不要因战争获胜而大肆庆贺，而应当"以悲哀泣之""以丧礼处之"。这反映了老子的人道主义精神。

夫兵者，不祥之器①也，物或恶②之，故有道者弗居。

君子居则贵左③，用兵则贵右④，故兵者非君子之器也。兵者不祥之器也，不得已而用之，铦袭⑤为上，勿美也。若美之，是乐杀人也。夫乐杀人，不可以得志于天下矣。

是以吉事上左，丧事⑥上右。是以偏将军居左，上将军居右，言以丧礼⑦居之也。杀人众，以悲哀莅之；战胜，以丧礼处⑧之。

【字词注解】

①不祥之器：不吉祥的器具。

②恶：憎恶，厌恶。

③左：古代礼制以左为上。

④右：古时行军打仗以右为上。

⑤铦袭（xiān xí）：通行本作"恬淡"，喻指安静无为。帛书甲本

作"铦袭",喻指不露锋芒。铦,锋利,袭,古有死者衣、重叠、遮掩之意。

⑥丧事:凶丧事。

⑦丧礼:丧葬之礼。

⑧处:处理。

——•【白话解说】

兵器,是不祥的东西,大家都厌恶它,所以有道的人不使用它。

君子处世以左方(左为阳,主生)为贵,兴兵出战时以右方(右为阴,主杀)为贵。所以,有道主君不以兴兵治天下。用兵不祥,万不得已用兵,不露锋芒为上。胜利了也不要大张旗鼓地庆祝,如果大张旗鼓地庆祝,就是将杀人看作快乐的事。这样的人不可能拥有天下。

办喜庆的事以左方为上,办凶丧的事以右方为上;故而,偏将军在左边,上将军在右边,意为兴兵不吉,要以右为上的凶丧之礼列位。杀人众多,要带着哀痛的心情去对待;打了胜仗,要用丧礼的仪式去处理。

——•【智慧剖析】

战争会给人类带来巨大的灾祸,这是人所共知的。君子迫不得已而使用战争的手段,这是为了除暴救民,舍此别无其他目的。即使如此,用兵者也应"铦袭为上",战胜了不能得意扬扬、自以为是,否则就是以杀人为乐,世所不容。这句话是对那些喜欢穷兵黩武的人的警告。

老子在上一章通过对战争性质、战争结果及对待战争的态度,表达了自己的反战思想。老子屡次谈论战争问题,目的在于反对战争。本章则延续上一章的余意对战斗武器展开批判,从而把反战思想上升到了一个前所未有的高度。

兵器是战争的祸端,无论是正义之战,还是非正义之战,都是凶事,故老子认为兵器是不祥之物。老子并不赞成用武力来解决问题,武力只会带来不好的结果——国与国之间动用武力,就会死人无数,血流成河;个人与个人之间动用武力,就会激化矛盾,伤身害命。

老子认为，若迫不得已而战，应以一种不露锋芒的淡然心境来参与，即使胜利了也不值得赞美，对此赞美者，便是乐于杀人的人，所有乐于杀人者，他们或者能得逞于一时一地，但不能得志于天下。老子的反战思想为后来的军事家们揭示了战争之道。

日常生活中，在我们身边发生的一些矛盾，绝大部分是可以避免的。所以说，人与人之间的交往，最好以圆融淡然的方式进行，做到与人无争、与物无争、与名无争、与利无争。

小故事·大道理

美国佩吉市有一位大名鼎鼎的律师马塞，他是一个善于用幽默化解问题的人。有一次，他正在演说，听众中不时有人大声喊着："讲大声一点儿！再大声一点儿！"

起初马塞还置之不理，但后来，他实在忍无可忍，用很严肃的态度对主席说："主席，你想将来如果有一天，一个天使跑来宣布上帝的命令，说世界已经到了末日时，那些呆子会不会也挤在老远的听众后面，大声地叫'说大声一点儿'呢？"他这样一说，那些一味喊叫的人立刻安静下来，他得以完成他的演说。

还有一次，马塞在一个大会中发言，台下有个人对他破口大骂，可他却若无其事地说："你尽管骂个痛快吧！因为我正是那个最不懂会场规矩的人。"听众们立刻哄然大笑，那个真正不懂会场规矩的人只能灰溜溜地走了。

第三十二章　知止不殆

〔题解〕

本章论述了"道"的本性，表达了老子"自然无为"的政治思想。老子认为"道"是无名而质朴的，侯、王如果能以"道"治天下，就能够使百姓自动归服。随后，老子指出"道"生万物，而"名"产生于万物生成之后，名分已定，就要严格界限，适可而止。

道常无名，朴①。虽小②，天下莫能臣③。

侯王若能守之，万物将自宾④。

天地相合，以降甘露⑤，民莫之令而自均。

始制有名⑥，名亦既有，夫亦将知止，知止可以不殆⑦。

譬道之在天下，犹川谷之于江海。

【字词注解】

①朴：质朴，素朴。

②小：渺小而不彰显。

③臣：臣服，屈服。

④自宾：自动服从。

⑤甘露：雨水。

⑥始制有名：万物兴作，于是产生了各种名称。
⑦殆：穷竭，危险。

【白话解说】

道是淳朴而无状可名的。虽然幽微不可见，天下却没有人能使它臣服。

侯、王如果能守住它，万物将会自然地归从。

天地间（阴阳之气）相合，就降下甘露，无须人们指使它就会自然润泽均匀。

万物兴作就产生了各种名称。各种名称已经制定了，就知道有个限度。知道限度，就能避免危险。

道对于天下，有如江海对于河川。

【智慧剖析】

老子在这一章阐述的是"道"的巨大作用。

老子开篇就提出了"道"的存在特征，他说："道常无名，朴。虽小，天下莫能臣。"道永远没有属于自己的名字，处于质朴的状态；它虽然并不显赫，但天下万物却不能使它臣服。

老子认为大道的确是存在的。但是大道到底以哪种形态存在？大道到底有没有大小？

老子认为大道是无处不在的，它没有固定的形态，万事万物都是它的载体。

大道无从说其大小，因为万事万物都是由它衍生的，这其中既包括天地，也包括微生物，所以它的大小是无法形容的。道不能以大小论之，宇宙间一切的事物，都存在于道中；并且，大小是相比较而存在的。大道是宇宙的本源，它大可无极限，小可如原子，甚至更微小。

鉴于道的这种无形态可言、无大小可分的性质，也就没有办法给道起一个名字，而且永远不可能有名字能指定给它。所以道处于一种极为质朴的状态，就像刚刚在母体内落户的胎儿，无形无状，无名无姓，它对外面的世界一无所知，虽然它不强大也不显赫，但是还没有人能令一个胎儿感到恐惧，那也就无法令它服从。

君王在治理国家时，只要能够守住"道"，就会国泰民安；对于普通人，要守住道，就一定要注意一个"名"。

名是万物之初始，这就是"始制有名"。万物有了名字便有了一种比较确切的标志，为万物命名，代表了人类认识万物的开端。但为万物命名并不是没有止境的活动，对于那些还不能加以辨识的事物，就不应该胡乱命名，而对于已经命名的事物也不应迭生歧义，所以，老子警告："名亦既有，夫亦将知止，知止可以不殆。"意思是说，既然有了概念和名称，那就不要太分别、太执着于我们的认识。要知道，我们的认识是有局限性的，所以要适可而止。

在这一章里，老子告诫我们，在生活中，我们太执着于自我和固定的认识，毕竟这种认识有局限性，所以我们不应该用自己的标准衡量事物，因为这种认识是不可取的，是错误的。

小故事·大道理

庄子带着学生到山中，看见伐木者正在砍伐树木，却有一棵枝叶繁茂的大树没有受到青睐。庄子问他何以没有伐这棵大树，伐木者回答："这棵树根本没有用处。"

下山之后，庄子到一位老朋友家休息，老友相见，分外高兴，主人连忙命儿子去杀一只鹅款待。儿子问："一只会叫，一只不会，杀哪一只？"

父亲说："杀那只不会叫的。"

第二天，学生们问庄子："昨天山中那棵大树因为没有用处，所以没有被砍伐，而主人家的鹅却又由于没有用处被宰杀。请问老师，您是以什么样的态度作为处世之道的呢？"

庄子笑着说："我将自己处于有用和无用之间，看似有用，又似无用；看似无用，又似有用。不过，这仍难免有害。如果能心怀道德待人处世，就定然无害了。"

第三十三章　自知者明

〔题解〕

这一章主要讲品格修养问题。老子主张修身养性要做到"自知""自胜""知足""强行",即有自知之明、能克制自我、懂得满足、勤勉不懈,这样才能够使精神和思想长久存在。

知人者智,自知者明。

胜人者有力,自胜者强。

知足者富。强行①者有志。

不失其所者久。死而不亡②者寿。

【字词注解】

①强行：勤勉力行。

②死而不亡：身没而道犹存。

【白话解说】

善于了解别人的人是明智,善于了解自己的人才最聪明;

能够克制别人的人是有力量,能够克制自己的人才最强大;

知道满足的人才能富有,努力不懈的人才是有志向;

不丧失根基的人才能长久，身死而精神不朽的人才最长寿。

【智慧剖析】

本章中，老子延续上章的内容继续阐述自己的理念，看起来平淡无奇，但其中蕴含着深刻的人生道理。老子在此以四组排列句来说明自己的观点，以启发人们郑重地对待自己并注意自己的言行。

"知人者智，自知者明。"老子首先强调能够了解别人是智慧。人类的通病是喜欢自以为是，都认为自己具有了解他人的能力。一个人善于了解别人，就是知彼，那就是明智。老子说"知人者智"，即把知人作为极大的智慧。

光了解别人还是不够的，还得了解自己，有一句话叫"人贵有自知之明"。"自知者明"，就是能清醒地认识自己、对待自己，这才是最聪明、最难能可贵的。也许你会说，不能了解别人，总能够认识自己吧。其实不然。有些人只知道了解别人、把持别人、管理和领导别人，却不能更好地了解自己、把持自己、管理自己；只有了解自己，才能控制和管理自己的行为，从而获得一种能让自己认可的成功。只有知道自己的优缺点，才能发挥优点，改正缺点。

中国有句成语是"知己知彼，百战不殆"，就是说，一个成功者不光要善于了解别人，更要善于了解自己，这样才会百战不殆。

"胜人者有力，自胜者强。"能够战胜别人是有力量的，这一点为世人所公认。但是，真正强大的是那些能够战胜自己的人。战胜别人有时候轻而易举，但战胜自己却很难做到，私心和欲望是人类的两大弱点，虽然每个人都知道这个道理，但并不意味着每个人都能抵挡住物欲的诱惑。想要降服这两个魔鬼，不仅需要超凡的智慧，看清私心与欲望的危害，还要有坚强的意志和顽强的毅力，才能够抵挡强大的诱惑，坚定自己的意志。

"知足者富。强行者有志。"人的欲望是无法获得满足的，而能否获得富足的生活并不完全在于努力与否，大量未知的、外在的、不可捉摸的因素决定着努力的成败。知足是一种境界，它不在于身外获得多少，而在于内心的感受如何，不知足的人即使拥有金山银海，亦不会感到生活富有；知足的人即便只有粗衣素食，也能感到满足。因为人的生命必然走向死亡，所以，以一种平和的心态、知足的态度对待个人的一切，就会使我们的人生变得更加富有。

所谓"强行者有志"，一方面是指强势行事的人最有志向。何谓强势行事，就是在自己私心和欲望很强盛的时候，能战胜自己，使自己不为之所动，在自己生气的时候，能够退一步海阔天空，在得意的时候，能够不忘形。有谁能够做到这些呢？就是那些"强行者"。另一方面，是指与知足者持相反态度而能顽强行动的人，强行者们不但拥有坚强的、不懈的、持之以恒的奋斗志向，而且能切实地付诸行动。

保持知足常乐又积极进取的生活态度，不但有助于自身素质的提高，亦有助于促进社会进步，人类历史的所有进步都是在强行者们的不懈努力之中完成的。

"不失其所者久"，不丧失自己的根基才能长久。这个根基可以指心灵、精神的寄托之处，亦可以泛指房屋、家庭等身体的寄居处，当然，也可以指所有可以安身立命之处——包括深山、荒野、丛林，甚至都市之中。如果从人的身体来说，人需要一个房屋，需要一个家，但老子生活的年代战争连连，所以老子主张人们找到一个安定栖身的场所。如果从人的精神和心灵来说，则人们需要找到一个可安顿心灵之处，无论什么地方、什么处所，只要符合了自己的本性追求，就可以使生命获得相对长久的存在。

世界上的各种生物都有自己的根基，鱼儿在水中欢快地游，离开了水很快就会丧命；树木在沃土里茁壮地成长，离开了土壤就要干枯。人的根基是什么呢？人既是自然动物，像鱼和树一样，离不开空气、阳光、土壤，又是社会动物，离不开精神的支柱和根基，这个支柱或根基就是老子所说的"道"。

"死而不亡者寿"，死是消失，所以亦可说逝世。逝世的意思是这个死者只是消逝在人世，却有可能转移到了其他去处。亡是灭亡，是彻底消失。人们追求的所谓立德、立言和立功，都是为了追求一种身死而声名不灭的理想，这种理想已在很多人身上得以体现。老子说，身死而能够长久地被怀念，才是真正的长寿。

人的生死与万物的枯荣轮回是一样的，都是自然而然的事情，宇宙万物都有其规律，当然人也不能例外，因此，要在有限的生命中最大限度地实现自己的价值，而不仅仅是为生而喜悦，为死而伤悲。

在本章，老子提出精神修养的问题。老子极力宣传的"死而不亡"，是他一贯的思想主张，体现"无为"的思想主旨。"死而不亡"不是在宣传"有鬼论"，也不是在宣扬"灵魂不灭"，而是说，人的身体虽然消失了，但人的精神是可以不朽的，是可以永垂千古的。

小故事·大道理

一

一天，约翰和一位爱开玩笑的长者聊天，这位长者是大学教授，很爱讲道理。约翰跟他谈到人的寿命时说："很多人都说我的生命线长，说我会长寿，能活一百岁！你给看看，会吗？"

长者看了看约翰的手掌，没有说是，也没有说不是，而是反问约翰："你知道构成我们人体组织的最小单位是什么吗？""细胞。"约翰说。他看了约翰一眼说："不对，细胞还可以再分，构成人体组织的最小单位是DNA，其组合数可达两亿，你知道按此计算，人的寿命应该是多少吗？告诉你，一千两百岁！"

约翰不禁大吃一惊，不解地问："那么，为什么我们大部分人连一百岁都活不到？"

"因为有折损。我们每天说话，工作，思维，每时每刻都在消耗着生命中的DNA，从而使我们达不到生命应有的长度，也就是说，如果我们每天什么也不做，一点儿也不消耗DNA，就可以活到一千两百岁了！理论上是这样的，但现实中做不到。因为活着就要消耗，即使不工作，吃饭、睡觉也要消耗。这是维持生命最基本的成本。"

约翰听了，不由得沉默了，以前只想到维持生命需要好的衣食住行、新鲜空气、纯净的水和更多的钱，却从未想过生命中最基本的成本，就是消耗生命自身的DNA，也就是说维持现有的生命，是以牺牲未来生命为代价的！如果按活到一百岁计算，那么，被牺牲掉的生命，就是一千一百岁，一比十一，这成本也太昂贵了！

"所以，按照被消耗掉的DNA计算，像那些伟大的科学家，他们所取得的成就，应该是很正常的。这就是说，并不是他们有多么伟大，而是我们自己太无能了。对于他们所取得的成就，其实我们这些常人也是能做到的，但事实是，我们没有做到。按常理，我们应该比他们少消耗许多DNA，应该比他们长寿，按此推算，我们普通人，每个都应该活到两百岁以上。"长者侃侃而谈，声音低沉而有力。

"可是，我们并没有活那么长，甚至，我们比他们活得更短，这是为什么？"约翰更加迷惑不解。

"答案只有一个，这就是我们和他们消耗了同样多的DNA，甚至更多，只不过我们没有将它们投放到有意义的事中去，而是放到了其他方面，比如闲聊、争吵、猜疑、生气、愤怒、哭泣……这些事没有丝毫意义，却消耗了我们同样多的，甚至是好几倍的DNA！所以，我们的生命线，就这样被缩短了！"

二

有位信徒向默仙禅师说道："我的妻子贪婪吝啬，您能点化她，让她从此改正吗？"

默仙应允。当默仙到达信徒家时，信徒的妻子出来迎接，但一杯茶水也舍不得请默仙喝。于是，禅师握着一个拳头说道："夫人，你看我的手，如果我天天这样，你觉得怎么样？"

"如果手天天握着，那就是有毛病，畸形呀！"信徒的妻子答道。

默仙禅师听后，微微一笑，接着，他把手摊开，问道："那么，假如天天这样呢？"

"天天摊开，也是畸形呀！"信徒的妻子答道。

"不错，这些都是畸形！"默仙禅师说道，"如果对钱只知贪取，不知施舍，是畸形；反之，只知花钱，不知节约，也是畸形。钱要能进能出，量入而出。"

第三十四章　不自为大，故能成大

〔题解〕

本章主要阐述了"道"的地位和功能。老子用辩证的观点来解释"道"的"渺小"和"伟大"，认为"道"生养万物，而不主宰万物，因其不自以为大才成就了它的大，由此赞颂了"道"无私的品格。

大道泛兮，其可左右①。

万物恃②之以生而不辞③，功成而不居④。衣养⑤万物而不为主⑥，常无欲，可名于"小⑦"；万物归焉而不为主，可名于"大"。

以其终不自为大，故能成其大。

【字词注解】

①左右：无所不在。

②恃（shì）：依赖。

③辞：推辞。

④功成而不居：一作"功成不名有"。获得成功而不占有名声。

⑤衣养：覆盖，遮挡。

⑥不为主：不做主宰者。

⑦小：渺小，道因无欲故声名不显著，亦可以说是渺小。

──●【白话解说】

大道像江河一样，无所不到。

万物依赖它生长，它不推辞；万物生，它不居功。覆盖万物、养育万物而不自以为主，可以说是渺小得很，所以可称它为"小"；万物归附于它而它不自以为主宰，可以说极其伟大，所以可称它为"大"。

正是由于道不自以为大，才能成就它的无限（亦大、亦小，无大、无小）。

──●【智慧剖析】

本章说明道的大小辩证。道生长万物，养育万物，使万物各得所需、各适其性，而丝毫不加以主宰。这就道出了"以其终不自为大也，故能成其大"的结论。

老子在这一章是要告诫我们："小"能成就"大"，平凡成就伟大。

伟大寓于平凡，在平凡中见伟大的人才是真伟人。自命清高、孤芳自赏、标新立异的人，属于"高绝之行，褊急之哀"之辈。有德且能建功立业的伟人是不怕孤独的，因为真理往往掌握在少数人的手里；但这不是说人要把自己放到空中楼阁去，让思绪永远停留在理想世界，因为人不可能离开现实世界而存在。

年轻人当有远大志向，才能成为杰出人物；但要成为杰出人物，还必须从最基础、细微的事情做起。在默默无闻的时候，不妨试着暂时降低自己的物质目标或事业志向，做好一个普通人的普通事，这样，视野将更宽阔，或许会发现许多意想不到的机会。

那种"大事干不了，小事不愿干"的心理是要不得的。小至个人，大到一个组织、企业，其成功发展，无不得益于平凡工作的积累。所以，认真对待每一件事，把平凡工作做好，才能够发挥实力。不要看轻任何一项工作，没有人可以一步登天，只要认真对待每一件事，就会发现自己的人生之路越来越广。

世界上许多富翁都是从"小商小贩"做起的。扎扎实实地从小事情做起，才会打下坚实的基础。凭投机而暴富，那么来得快，去得也快；钱赚得容易，失去得也容易。

虽然我们有"从今天起开始做"的想法，但如果制订的计划过大，实际难以执行，是不会有什么结果的。因此，在开始时，不要把目标定得太远，应从小处着眼。

一位成功的人寿保险业务员认为，若要增加别人对自己的好感，应该先把自己的形象管理好。因此，他每天早上在镜子前仔细研究，想办法使别人对自己产生好感。他的成功，便是他平常累积小事的功劳。

比尔·盖茨说："你不要认为为了一分钱与别人讨价还价是一件丑事，也不要认为小商小贩没什么出息。金钱需要一分一厘地积攒，而人生经验也需要一点一滴地积累。"

很多大企业家是从小伙计当起的，很多政治家是从小职员当起的，很多将军是从小兵当起的，人们很少见到一走上社会就"做大事，赚大钱"的。所以，"先做小事，赚小钱"肯定没错。我们不能指望靠机遇一步登天，因为"机遇"是难以预测的。

小故事·大道理

多年前，一个年轻姑娘来到东京帝国酒店当服务员。这是她涉世之初的第一份工作，因此她很激动，暗下决心：一定要好好干！但她想不到的是，上司竟安排她洗厕所！

没人愿意干洗厕所的工作，何况她从未干过粗重的活计，她喜爱洁净，双手细嫩。洗厕所，在视觉上、嗅觉上以及体力上都使她难以承受，心理暗示的作用更使她忍受不了。当她用自己白皙、细嫩的手拿着刷子伸向马桶时，胃里立刻翻江倒海，恶心得想要呕吐却又吐不出来，太难受了！而且，上司对她工作质量的要求非常高，高得骇人：必须把马桶洗得光洁如新！

她知道自己不适应洗厕所这份工作，很难实现"光洁如新"这一高标准的质量要求。因此，她陷入困惑、苦恼之中，也哭过鼻子。这时，她面临着"人生第一步怎样走下去"的抉择：是继续干下去，还是另谋职业？继续干下去——太难了！那就另谋职业——知难而退？人生之路岂有退堂鼓可打。想起了自己初来时的决心：人生第一步一定要走好，马虎不得！

正在这关键时刻，同单位一位前辈出现在她身边，帮她摆脱了困惑、苦恼，帮她迈好了这人生的第一步，更重要的是——帮她认清了人生路应该如何走。前辈并没有说教，只是亲自做给她看。

首先，他一遍遍地抹洗着马桶，直到抹洗得光洁如新；然后，他从马桶里盛了一杯水，一饮而尽！实际行动胜过千言万语，他用结果告诉女孩一个极为朴素的道理：光洁如新，要点在于"新"，不会有人认为新马桶脏，因此马桶中的水是不脏的，是可以喝的；反过来讲，只有马桶中的水达到可以喝的洁净程度，才算是把马桶抹洗得"光洁如新"了，而这是可以办到的。

同时，他送给她一个含蓄而富有深意的微笑，送给她一束关注和鼓励的目光。这已经够用了，因为她早已激动得几乎不能自持，从身体到灵魂都在震颤。她恍然大悟，如梦初醒。她痛下决心："就算一生洗厕所，也要做一名洗厕所最出色的人！"

从此，她成为一个全新的、振奋的人，她的工作质量也达到了那位前辈的高水平，当然她喝过"光洁如新"的马桶中的水，为了检验自己的自信心，证实自己的工作质量，也为了强化自己的敬业精神。她很漂亮地迈好了人生的第一步，从此，她踏上了成功之路，开始了她不断走向成功的人生。

几十年后的她，已是日本政府的要员——邮政大臣，她的名字叫野田圣子。

野田圣子坚定不移的人生信念，表现为她强烈的敬业心："就算一生洗厕所，也要做一名洗厕所最出色的人。"这一点使她几十年来一直奋进在成功的路上，使她拥有了成功的人生。

二

在爱丽丝的记忆中，父亲一直就是瘸着一条腿走路的，他的一切都是那么平淡无奇。所以，她总是不解：母亲怎么会和这样的一个人结婚呢？

一次，在市里举行的网球大赛中，她不负众望打进了决赛。她找到母亲，说出了自己的心愿：她希望母亲能够陪她同去。

母亲笑着说："那当然，你就是不说我和你父亲也会去的。"

她却出人意料地摇了摇头："我不是说让你们一起去，我只要你一个人陪我去。"

母亲惊讶地问："这是为什么？"

她只能满脸苦笑："我总觉得，一个残疾人出现在网球场旁，让人看着不舒服。"

母亲叹了口气说："你这是在嫌弃你的父亲？"

父亲这时候正好走过来说："这些天我要出差，如果家里有什么事，你们母女俩商量就可以了。"

比赛很快就结束了，爱丽丝以优异的表现赢得了冠军。在回家的路上，母亲高兴地说："要是你父亲知道你取得冠军，他一定会特别兴奋。"

爱丽丝说："妈妈，这个时候不要提他好吗？"

母亲生气了："你必须告诉我，为什么要这样对待你的父亲。"

爱丽丝脸上没有一丝歉疚，反而说："不为什么，我就是不想在这个时候提到他。"

此时，母亲的脸色更加凝重："孩子，这话我本来不想说，可是，我再隐瞒下去，对你父亲很不公平。你知道你父亲的腿是怎么瘸的吗？"

爱丽丝摇了摇头说："我不知道，我也不想知道！"

母亲发怒了："混账！那年你才两岁，你父亲带你去花园里玩，在回家的路上，你左奔右跑。一辆汽车急驰而来，你父亲为了救你，左腿被碾在了车轮下。"

爱丽丝顿时惊呆了："这怎么可能！"

母亲说："这怎么不可能！你要知道，你是他的女儿，试问天底下有父母不爱自己孩子的吗？这些年来，你父亲就是怕你会自责，所以一直不让我告诉你。"

母女二人的脚步慢了下来。母亲说："有件事可能你还不知道，你父亲就是贝蒂斯，你最喜欢的作家。"

爱丽丝惊讶地跳了起来："你说什么？我不相信！为什么从来没人提起过？"

母亲忙解释："你父亲不让我告诉你，不过有个人你可以去问问。"

爱丽丝问："谁？"

母亲的脸上终于露出了一丝微笑："你的老师。"

母亲的话刚说完，爱丽丝就迫不及待地向学校跑去。老师对她说："爱丽丝，这一切都是真的。你父亲当初不让我们透露这些是怕影响你的成长，但是现在你既然已经知道了，那我不妨告诉你，你父亲的确是个伟大的人。"

两天之后，父亲回来了，爱丽丝问父亲："你就是大名鼎鼎的贝蒂斯吗？"

父亲愣了一下，然后笑笑说："我就是那个写小说的贝蒂斯。"

爱丽丝立即拿出一本书说："那你先给我签名吧！"

父亲看了她片刻，然后拿起笔来，在扉页上写道：赠可爱的爱丽丝，平凡的生活其实比什么都重要，但平凡的人都有伟大的一生！

第三十五章　往而不害

〔题解〕

本章主要阐述了"道"的功能和影响。老子认为，"道"虽然无味、无形、无声，但它的作用却是无穷无尽的。掌握了大道，并遵守大道，就能够使百姓归顺，过上安泰平和的生活。

执大象①，天下往②。往而不害，安平泰③。

乐与饵④，过客⑤止。道之出口⑥，淡乎其无味⑦，视之不足见，听之不足闻，用之不足既⑧。

【字词注解】

①大象：大道。象，道。

②往：去也。

③泰：安泰。

④饵：食物。

⑤过客：行路的旅客。

⑥出口：说出来。

⑦无味：没有趣味或滋味。

⑧不足既：没有穷尽。既，尽也。

【白话解说】

掌握大道并执守大道,天下人都会倾心归往。归往而不互相侵害,天下就会和平安泰。

音乐和美食,会使路人止住脚步。而"道"之言出于口,却淡而无味,看它却看不见它,听它却听不到它,但它的作用无穷无尽。

【智慧剖析】

老子在本章里警诫那些执政的官员,不要整天沉迷于声色、美食之中,应该归附于自然质朴的大道,才能保持社会的安定与发展。老子生活的那个年代,统治阶级纵情声色,不理政事,且战争连连,百姓苦不堪言。老子在这章里,表明他为老百姓安危生存的忧虑,从而引申到"道"。老子在此章中谈到的"道",主要是行动的道理,他告诫人们:大道,虽然一经说出口来,就淡得没有什么滋味,也不能用眼睛来仔细观察,听起来也没有动听之处,但用起来却无穷无尽。

我们知道大道是无言的、无形的、无声的,它无处不在,这就是大道的伟大之处。大道之所以伟大,是因为它的平凡,而这才是老子所说的大道的根本、无为而无所不为的真谛。如果领导者们能够掌握大道的这种根本,能够效法大道那无为而无所不为的做法,那就无须费尽心机地笼络人心了。人们会自然而然地归属到身旁,享受没有任何伤害的安宁、平等和祥和!

愚公移山是一个蕴含深意的古代传说。传说,有一位很有智慧的老人,他居住的村子被一座大山阻隔,老人把村民招来,询问他们可否愿意把山移开,他说:"移山不是一代两代能够完成的,很清楚,我们此生看不到自己劳动的成果,而且也得不到任何报酬。不论我们花费多少精力,结果看来和搬走一小块石头也许没多大区别。"

然而村民毅然承担起这项艰巨的工程,不分昼夜、全力以赴地搬运石头。这些人并不去考虑成果,而是微笑着工作,因为他们的生活在于现在,生活的中心就是搬走一筐一筐的土石。在从事这项工作的时候,时间变得毫无意义,甚至完成移山的愿望也已经失去了意义,生活就是专注于工作本身，这是最重要的。

埋头耕耘而不计收获，你能以这样的方式开始自己的生活吗？你能只为一件事有趣而去做，从而忘记现在、过去、未来吗？如果能，那你一定会感到人生有无穷的乐趣。

小故事·大道理

一

从前有一个人，他准备不久后在家中举办宴会，宴请自己的亲戚朋友。

宴会上自然要用很多牛奶，因此，他暗自思忖：如果我从今天便开始挤牛奶，日日积攒，多日之后就会攒得很多。但那样不仅多占器具，还可能腐败变质。看来，最好的办法就是让牛奶继续留在牛肚子里，等到宴会开始时一并挤出。此计甚妙，甚妙！

这个人为想出这么一个好办法而得意。为了让牛奶在牛肚子攒多一些，他把小牛犊牵到别处喂养，以免牛犊吸吮牛奶。

过了一个多月，宴会正式开始。亲戚和朋友都纷纷前来，一时间热闹非凡，笑语盈门。

这个人此刻便将蓄奶已久的母牛牵出，要挤出那些存在牛腹中的牛奶招待宾客。可是任凭他怎样挤，也没挤出一滴牛奶。

原来，因为牛犊很久没吃奶，也没人每天挤取牛奶，母牛的奶就自然而然地干涸了！

这个愚人自以为想出了妙方，本想在众人面前炫耀自己的聪明，结果反而遭到了众人的嘲笑。

二

庖丁为梁惠王宰牛。手到的时候，肩倚的时候，脚踩的时候，膝顶的时候，那声音十分和谐，就跟美妙的音乐一样，合于尧时的《经首》旋律；那动作也很有节奏，就像优美的《桑林》之舞。

梁惠王看得出了神，称赞说：“哈，好啊！你的技术是怎么达到这样高超的地步的呢？”

庖丁放下刀对梁惠王说：“我喜欢探求的是道，比一般的技术又进了一步。我刚开始解剖牛的时候，看到的无非是一头整牛，不知道牛身体的内部结构，不知道从什么地方下手。三年以后，我眼前出现的是牛的骨缝空隙，就不再是一整头牛了。到了今天，我宰牛就全凭感觉了，不需要再用眼睛看来看去就能知道刀应该怎么运作。牛的肌体组织结构都是有一定规律的，我进刀的地方都是肌肉和筋骨间的缝隙，从不碰牛的骨头，更不用说碰大骨头了。技术高明的厨师，一年换一把刀，因为他是用刀割。技术一般的厨师，一个月就更换一把刀，因为他是用刀砍。而我宰牛的这把刀，已经用了十九年，所宰的牛已经有几千头，然而刀口仍然锋利得像刚在磨石上磨过的一样。这是为什么呢？就因为牛的肌体组织结构之间有空隙，而刀口与这些空隙比起来，薄得好像一点儿厚度也没有。用没有厚度的刀在有空隙的肌体组织间运行，当然绰绰有余了！所以十九年过去，我的刀还跟新的一样。虽然我的技术已达到了这种程度，但我在解剖牛的时候，还是丝毫不敢马虎，总是小心翼翼、心神专注，进刀时不匆忙，用力时不过猛，牛体迎刃而解，牛肉就像一摊泥土一样从骨架上滑落到地上。这时，我才松下一口气来，提刀站立，环顾了四周才心满意足地把刀揩拭干净，收藏起来。”

梁惠王听了，高兴地说：“好极了，听了你的这席话，我从中悟到了修身养性的道理。”

第三十六章 将欲取之，必固与之

〔题解〕

本章反映了老子的朴素辩证法思想。老子首先列举了歙与张、弱与强、废与举、取与予四对矛盾，揭示"物极必反"的规律，随后引出"柔弱胜强"的道理，告诫统治者不要显示强权。

将欲歙①之，必固张之；将欲弱之，必固强之；将欲废之，必固举之；将欲取之，必固与之②。是谓"微明"。

柔弱胜刚强。鱼不可脱于渊，国之利器不可以示人③。

【字词注解】

①歙（xī）：关闭，收敛。

②将欲取之，必固与之：要想拿取某物，必先设法给予。与之，可以给予别人的身外物。

③国之利器不可以示人：国家政权不是用来威慑人的锐利武器。器，一字双意，既指政权又指武器。

【白话解说】

要想关闭或收敛它，必先使它张开；要想削弱它，必先使它强大；要想废弃它，必先使它兴举；要想夺取它，必先给予它。这都是从细微中发现的规律。

柔弱能战胜刚强。鱼儿不能离开水，国家政权不能用来向人炫耀。

【智慧剖析】

本章主要讲了事物的两重性和矛盾转化辩证关系，同时以自然界的辩证法比喻社会现象，以引起某些人的警觉。事物在发展过程中，都会走到某一个极限，此时，它必然会向相反的方向变化。

在"物壮则老"理念的指引下，老子进一步提出了促使一种强大事物加快走向反面（即衰落）的高明策略，这种策略鼓励弱者采取一种反其道而行之的手段来获得最后胜利，即"将欲歙之，必固张之；将欲弱之，必固强之；将欲废之，必固举之；将欲取之，必固与之"。用现代语言翻译这段话，大意是：对待任何事物，想要收缩它，必先使其扩张；想要削弱它的力量，必先使其坚强；想要废弃它，必先使它兴举；想要夺取它，必先施与它。这种做法，表面看并不合算，实际上却是一种高明的策略。如果我们先给予对方恩惠，之后必会从对方身上收回几倍的回报。这看似糊涂，实则精明。

老子把认识这套策略的方法称为"微明"，即根据细微的征兆而发现事物的循环规律。柔弱胜刚强，这是老子深信不疑的事物规律。其实，在当日列国之间的钩心斗角之中，这套策略早已被各国君主、将相们运用得得心应手，而手段之高超有过之而无不及。

简而言之，老子在这一章奉行的是欲取先予的理念，这无论是在日常生活中，还是在职场中，都是大有裨益的。

小故事·大道理

一

《韩非子》教给人们许多有益的处世经验，比如下面这个故事中的道理。

郑武公想攻打胡国。他先把自己的女儿送去胡国和亲，在讨得胡王欢心之后，他召集部下说："我想要扩张领土，应该先进攻哪个国家呢？"这时，有一个叫关其思的大臣建议："胡国是最佳目标。"郑武公闻言大怒："胡国是兄弟之邦，怎么能够去攻打呢？"于是下令把关其思斩首。胡国国王听到这个消息后，对郑国放松了警惕，最终被郑军乘虚而入，轻易地占领了。

进攻得了郑王之女而大意松懈的胡国，无疑是最佳选择。关其思的想法十分正确，但是，他轻率地发言，以至于引火烧身。所以，一个人光有正确的思考还不够，还要根据实际情况去运用它，使之发挥正确有效的作用。

二

一个商人遇到了难处，他的生意越做越小，于是他请教智尚禅师。禅师说："后面的禅院有一架压水机，你去给我打一桶水来！"

半响，商人汗流浃背地跑来，说："禅师，压水机下面是枯井。"禅师说："那你就去给我到山下买一桶水来吧。"

商人去了，但只拎了半桶水回来。禅师说："我不是让你买一桶水吗，怎么才半桶呢？"

商人听后红了脸，连忙解释说："不是我怕花钱，是山高路远，提上来实在不容易啊！"

"可是我需要的是一桶水，你再跑一趟吧！"禅师坚持说。

商人又到山下买了一桶水提回来。禅师说，现在可以告诉他解决的办法了。于是带他来到压水机旁，说："将那半桶水统统倒进去。"商人非常疑惑，犹豫着。

"倒进去！"禅师命令。

于是，商人将那半桶水倒进压水机里。禅师让他压水。商人压水，可只听那喷口呼呼作响，没有一滴水出来，那半桶水全部让压水机吞进去了。商人恍然大悟，他又拎起那整桶的水全部倒进去，再压，果然清澈的井水喷涌而出。

三

从前，有三个商人在一个地方拣了许多价值连城的宝石。高兴之余，他们担忧起来。因为在他们回家的路上到处是强盗，怎么才能把宝石藏好，做到万无一失呢？于是，他们把宝石全都吞进了肚子里。

真是无巧不成书。有一个强盗正躲在一棵大树后面，把三个商人的所作所为看得一清二楚。强盗决定尾随商人，伺机下手。于是，强盗出来对商人们说："喂，先生们，咱们搭个伴赶路，好吗？"商人们认为多一个旅伴没什么不妥，便同意了。

他们来到一个村庄，当地的酋长接见了他们。在他们要离开的时候，酋长身边的鹦鹉发现他们身上有宝石，叫了起来："逮住他们，逮住他们。"酋长命令搜查他们，但一无所获，只好让他们离开。但是，鹦鹉还是在一旁大叫："逮住他们，逮住他们。"酋长说道："我的鹦鹉有发现宝石的异能，从来没出过错。看来宝石一定在你们的肚子里。"他命令把四人关入监牢，准备第二天破腹检查。第二天拂晓，酋长带人来到牢房，只见那强盗双手合十，虔诚地说："我实在不忍心看自己兄弟的肚子被人剖开。请你加恩于我，先把我的肚子剖开吧！"强盗果然被首先破腹，结果没发现宝石。酋长追悔莫及，动了怜悯之心，说道："我贪心不足，犯下大罪。看来他们的肚子里确实没有宝石。"说完，便把他们都放了。

三个商人对那个强盗感激涕零，替他治好了伤口，一路上对他百般照料，对他毫无戒备之心。终于有一天夜里，强盗趁他们熟睡杀了他们，取走他们肚子里的宝石后逃之夭夭。

第三十七章　道常无为

〔题解〕

本章阐述了"无为"的好处。老子认为，"道常无为而无不为"，主张统治者顺应自然，无为而治，对百姓不骚扰，不干预，用道的质朴来震慑私欲，以达到"天下将自正"的结果。

【原文】

道常无为而无不为。侯王若能守之，万物将自化①。化而欲作，吾将镇之以无名之朴②。镇之以无名之朴，夫将不欲③。不欲以静，天下将自正④。

【字词注解】

①自化：自己运行，自生自灭。
②无名之朴：如道一般的素朴。无名，没有名字。朴，素朴。
③不欲：没有欲望。
④自正：自然会归于正道。

【白话解说】

道为一种永恒不变的规律、法则。它顺应自然，不多为，不妄为，有所不为，如此，"无为"反而能得到比"有为"更美好的结果。侯王如果能持守它，万物就会自生自长。自生自长而至贪欲萌发时，得道之人就用道的真朴来安定它。用道的真朴来安定它，就会不起贪欲。不起贪欲而趋于宁静，天下自然会归于正道。

【智慧剖析】

这是《道经》的最后一章。《道经》即哲学。老子把第一章提出的"道"的概念，落实于他理想的社会和政治——自然无为。在老子看来，统治者能依照"道"的法则来为政，顺应自然，不妄加干涉，百姓们将会自由自在，自我发展。

老子在这一哲学篇的最后一章画龙点睛地抹上了重要的一笔作为结束语，但愿那些身系江山社稷、黎民百姓的君主王侯能够带头恪守天下准则——自然规律。

自然有其自身的规律，人为地去改变它只能带来坏的结果，笼中的小鸟不再有灵性，关起来的老虎也会失去往日的威风。所以我们必须尊重自然，按照客观规律去做事，只有这样，我们的一切活动和行为才不会有偏差，才不会无价值，才不会违背大道的宗旨而受到惩罚。大道看似无为而有为，看似无形而有形，看似无眼而有眼，实则时刻关注着世间万物的一举一动。不管我们的行事是正确的还是错误的，大道都看得一清二楚，它都会有所反映和评判，而且它的反映是自然而然的，它的评判是公正不偏的。

老子在这一章的中心思想，简而言之，就是要人类向自然学习，臣服于自然的治理，效法大道的无为和无言，才能顺应天道而昌盛，而这也是做事成功的关键。只有臣服于自然，才能感受到自然宽广的胸襟，才能领略到自然兼容万物的宽宏，才能受到自然的启迪，拥有博爱的精神和平常心，才能在为人处世的时候与自然规律相融，万事自然就顺利了。

小故事·大道理

一

庄子带着他的几个学生到山中游览。只见瀑布飞流而下，冲成一条水流湍急的河，在这里，就连鼋鱼、鼍这一类水族动物都不敢出没。然而，庄子却看见一个男子跳入水中畅游。庄子大吃一惊，以为这个男子有什么伤心事欲寻短见，于是，他立即叫自己的学生顺着水流去救人。

不料，那男子在游了几百步远后露出了水面，他上岸披着头发唱着歌，在堤岸边悠然地走着。

庄子赶上前去，诚恳地问他说："请问，游水有什么秘诀吗？"

那男子爽快地一笑说："没有，我没有什么游水的秘诀，我只不过是开始时出于本性，成长过程中又按照天生的习性，最终能达到这种境地。这是因为一切都顺应自然。我能顺着漩涡一直潜到水底，又能随着漩涡的翻流而露出水面，完全顺着水流的规律而不以自己的生死得失来左右自己的行为，这就是我游水游得好的原因。"

庄子又问道："什么叫作开始时出于本性，成长中按照天生的习性而有所成就是顺应自然呢？"

那汉子回答说："如果我生在丘陵，我就去适应山地的生活环境，这叫作按照天生的天性；如果生长在水边，我就去适应水边的生活环境，这就是成长顺着生来的习性；不是有意这样做却自然而然地这样做了，这就叫顺应自然。"

庄子听了男子的一番话，若有所悟。

二

如果你的鸡被偷了，如何证明哪一只鸡是你的呢？

丁宝桢任山东巡抚时，在济南府（今山东济南）处理过一桩案子，使远近之人心服口服。

清同治末年，济南近郊的一个农夫进城卖鸡，前后担了两个鸡笼，走到张记老字号烧鸡店时，被一个伙计叫住，说要买他的鸡。农夫担着鸡笼，走到烧鸡店的储鸡处停了下来。

那伙计边摸鸡的肥瘦，边讲价钱。他欺负农夫是一位乡下人，故意把价钱压得很低。农夫一听，便不想做这笔生意，担起鸡笼就走。

走了没多远，又快步担着鸡回来，喊伙计出来，说他的鸡少了一只。伙计讪笑着踱出来，说："您老也不睁开眼看看，这是济南府百年老字号了，会要您一只鸡？"众人见有热闹看，都围了过来，听伙计说完，七嘴八舌地说："就是嘛！老字号哪会干这事儿。准是这乡下人穷急了，陷害起人来了。"

农夫一听，急忙说："鸡如果是我家的，多一只少一只没什么。可我是替别人来卖的，若少了一只，回去如何交代呀？"

伙计双手抱在胸前一脸戏谑，农夫急得面红耳赤，围观者越来越多，乱哄哄围成一片。正在这时，有喊声响起："丁巡抚来了！"

原来是丁宝桢路过此地，见有一大群人围着吵嚷，便令停轿。丁宝桢先让人问清事由，便命人把争吵的两人叫到跟前。农夫和伙计分别讲述了事情的原委。

丁宝桢问农夫："你的鸡有数吗？"

农夫说："有数，装笼时是三十六只，现在只有三十五只，我进城后这是第一桩买卖。"

丁宝桢又问伙计："你店中养的鸡有数吗？"

伙计说："有数。前天进了一百二十只，昨天杀了四十只，今天杀了四十九只，还剩三十一只。"

丁宝桢让手下分别去数，数目都能对上。丁宝桢笑了一笑，说："看来这案子得问鸡自己了。"于是传令带上农夫、伙计和两方的鸡，到衙门去。众人听说巡抚大人要审鸡，都觉得十分新奇，纷纷前往观看。

丁宝桢升堂坐下，问伙计："你们店里的鸡喂什么？"

伙计说："喂高粱。"

丁宝桢又问农夫："你的鸡喂什么？"

农夫说："我们庄户人家的鸡从来不喂，只让它们自己去山坡上找吃的。"

问毕，丁宝桢让人当堂把双方的鸡全杀了，扒开肠胃查看里面残留的食物。

只见农夫的鸡，肠中都是草籽和菜，而店中的鸡，肠中大都是高粱，只有一只是草籽和菜。丁宝桢一看，一拍惊堂木，喝问店伙计还有什么话说。那伙计只好供认偷了农夫一只鸡，原想浑水摸鱼不会有事，哪知农夫颇精明，出店不远便停下数鸡，立时发现少了一只。丁宝桢命令手下打伙计三十大板，罚他赔农夫和店家全部鸡钱，并逐出济南府。

三

禅院的草地上一片枯黄，小和尚看在眼里，对师父说："师父，快撒点儿草籽儿吧！这草地太难看了。"

师父说："不着急，什么时候有空了，我去买一些草籽儿。何时都能撒，急什么呢？随时。"

中秋的时候，师父把草籽儿买回来，交给小和尚，对他说："去吧，把草籽儿撒在地上。"

小和尚高兴地说："草籽儿撒上了，地上就能长出绿油油的青草！"

起风了，小和尚一边撒，草籽儿一边飘。

"不好，许多草籽儿都被吹走了！"小和尚喊道。

师父说："没关系，吹走的多半是空的，撒下去也发不了芽。担心什么呢？随性。"

草籽儿撒上了，许多麻雀飞来，专挑饱满的草籽吃。小和尚看见了，惊慌地说："不好，草籽都被小鸟吃了！这下完了，明年这片地就没有小草了！"

师父说："没关系！草籽儿多，小鸟是吃不完的！你就放心吧！明年这里一定会有小草的。随意。"

夜里下了大雨，小和尚一直不能入睡，担心草籽儿被冲走。第二天一早，他跑出了禅房查看，果然，地上的草籽儿都不见了。于是他马上跑进师父的禅房说:"师父,昨夜一场大雨把地上的草籽儿都冲走了,怎么办呀?"

师父不慌不忙地说:"不用着急,草籽儿被冲到哪里,它就会在哪里发芽。随缘。"

不久,许多青翠的草苗破土而出,原本没被撒到的一些角落里居然也长出了青翠的小苗。

小和尚高兴地对师父说:"师父,太好了,我种的草长出来了!"

师父点点头说:"随喜。"

下篇 德经

第三十八章　上德不德

〔题解〕

本章是《德经》的首篇，文中辩证地分析了"道"与"德""仁""义""礼"之间的关系。老子认为，"德"是"道"的体现，"德"有"上德"和"下德"之分，"上德"是真正的"德"，具备"上德"的人顺应自然，没有私欲；"下德"是世俗崇尚的"德"，表现为"仁""义""礼"，具备"下德"的人不能遵从"道"。所以，老子对"下德"持批判态度。

上德①不德②，是以有德；下德③不失德④，是以无德。

上德无为而无以为⑤；下德无为而有以为。上仁为之而无以为；上义⑥为之而有以为。上礼为之而莫之应，则攘臂⑦而扔⑧之。

故失道⑨而后德，失德而后仁，失仁而后义，失义而后礼。

夫礼者，忠信之薄⑩，而乱之首⑪。

前识者⑫，道之华⑬，而愚之始⑭。

是以大丈夫处其厚⑮，不居其薄⑯；处其实⑰，不居其华。故去彼取此。

——【字词注解】

①上德：上等的品德。

②不德：不以德为德，不自居有德。

③下德：下等的品德。

④不失德：不失去德，即自居有德。

⑤无以为：无所作为。

⑥上义：上等的义气。

⑦攘臂：振臂，挥臂。

⑧扔：牵引。

⑨失道：失去了正确道路。

⑩薄：轻薄，衰薄。

⑪首：开端。

⑫前识者：先知，有先见之明的人。

⑬道之华：在大道上哗众取宠。华，虚华。

⑭愚之始：愚昧的开始。

⑮处其厚：立身于基础厚重处。

⑯不居其薄：不立身于轻薄的危险之处。

⑰处其实：立身于朴实处。

⑱不居其华：不立身于虚华处。

【白话解说】

上德之人，不追求形式上的"德"，这才是真正具备了"德"；下德之人，不缺失形式上的"德"，实际上并没有真正具备"德"。

上德者，顺其自然无所作为，是无心之为；下德者，顺其自然无所作为，是有心之为。尚仁者有作为，是无所为而为，没有私心意图；尚义者有作为，是有所为而为，有私心意图。尚礼者有作为，但没有人响应，就捋袖伸臂，拉扯着让人服从。

所以，失去了"道"后才去讲"德"，失去了"德"后才去讲"仁"，失去了"仁"后才去讲"义"，失去了"义"后才去讲"礼"。

而所谓的礼仪啊，是人心失去诚信淳厚的结果，是社会动乱的祸首。

自以为有先见之明，那不过是道的虚华，是愚昧的开始。

因此，大丈夫立身淳厚而不居于浅薄，立于朴实而不居于浮华。所以要舍弃浅薄浮华的仁、义、礼之行，坚守淳厚朴实的道与德。

【智慧剖析】

这一章是《德经》的开头。有人认为，上篇以"道"开始，所以叫作《道经》；下篇以"德"开始，所以叫《德经》。本章在《道德经》里比较难理解。老子认为，"道"的属性表现为"德"，凡是符合"道"的行为就是"有德"，反之，则是"失德"。"道"与"德"不可分离，但又有所区别。因为"德"有上下之分，"上德"完全合乎"道"的精神。"德"是"道"在人世间的体现，是客观规律，而"德"是人类认识客观规律，并按客观规律办事。人们把"道"运用于人类社会所产生的功能，就是"德"。

本章作为《德经》的开端，揭示了"有德"与"无德"的概念，指出：有德者从来不追求形式上的"德"，一切顺其自然；反之，无德者，从来都不放弃追求形式上的"德"，喜欢人为地加以施为。

老子认为：具有高尚德行的人，根本就没有"有德"与"无德"的概念，也从来不会去追求表面上的"德"。因为大道是无声无名的，而与大道相辅相成的大德同样是无声无名的，一切都自然而为，没有丝毫的做作。

简而言之，老子要表明的意思就是："有心为善，虽善而不赏；无心为恶，虽恶而不罚。"

小故事·大道理

魏晋有许多喜欢清淡玄理、崇尚豪爽不羁的士人，他们厌恶那些虚有其表的正人君子，倡导抛弃一切压抑人性的礼节，让每一个人能真实地表现自我，高兴时就放声大笑，痛苦时就号啕大哭，为了讥讽礼法、嘲弄传统，他们的行为堪称惊世骇俗。

经常与阮籍一块儿饮酒的刘伶，每每喝得酩酊大醉。有一天，家中的酒喝光了,他馋酒馋得几乎要疯了,缠着妻子去酒店为他沽酒。妻子把酒瓶摔在地下说:"你喝得太多了,这不是自己糟蹋自己吗?从今天起非戒酒不可。"刘伶说:"太好了,我没有毅力禁酒,只能求神保佑我戒掉。现在快去买酒肉来。"妻子听了非常高兴,连忙去买酒买肉供在神前让刘伶发誓,刘伶跪下发誓说:"天生刘伶,以酒为命,一饮一斗,五斗清醒,妇人之言,千万别听!"说完把供在神前的酒肉喝光吃尽。他饮酒时还脱光自己的衣服,赤条条地在厅堂里自酌自饮。人们见后就讥笑他,他说:"我以天地为房屋,以房屋为衣裤,你们干吗跑到我裤子中来呢?"

第三十九章　贵以贱为本

〔题解〕

本章前半部分论述"道"的重要性，说明"道"是天地万物赖以存在的根本。后半部分推及治国，告诫统治者要遵从"道"的法则，像"道"一样谦虚朴实、甘处卑下。

【原文】

昔之得一①者——天得一以清，地得一以宁②，神得一以灵，谷得一以盈③，万物得一以生，侯王得一以为天下贞④。

其至之也，天无以清，将恐裂⑤；地无以宁，将恐废；神无以灵⑥，将恐歇⑦；谷无以盈，将恐竭⑧；万物无以生，将恐灭；侯王无以正，将恐蹶⑨。

故贵以贱为本，高以下为基⑩。是以侯王自称孤、寡、不穀⑪。此非以贱为本邪？非乎？故至誉无誉。是故不欲琭琭⑫如玉，珞珞⑬如石。

【字词注解】

①得一：获得了正确道路或途径。一，数字，引申为统一、同一，泛指事物的同一属性，此处指道。

②宁：安宁。

③盈：丰盈。

④贞:正。引申为当,正当。此指国家准则。

⑤裂:破裂。

⑥灵:灵验。

⑦歇:歇息,停止。

⑧竭:枯竭。

⑨蹶:倒蹶,翻倒。

⑩基:基础。

⑪不榖:不善。

⑫琭琭:形容玉的精美。

⑬珞珞:形容石块坚硬。

【白话解说】

自古以来,保持了自身与"道"相统一的情形有以下几种:天得道则清静明朗,地得道则宁静安详;神得道则灵验时显,山谷得道则盈满,万物得道就有了自身的存在与形成,生生不息,侯王得道则成为可以规范天下的标杆。

反之,如果没有得到阴阳统一的道,天不清静明朗,恐怕就要崩裂;地不宁静安详,恐怕就要毁坏;神不灵验,恐怕就要消失;山谷不盈满,恐怕就要枯败;万物不能生生不息,恐怕就会灭绝;侯王没成为天下标杆,恐将覆灭。

所以,贵者要以贱者为根本,高者要以下者为基石。因此,君王自称孤、寡人、不榖,这不正是以贱者为根本吗,不是吗?所以,最高的荣誉不必赞誉。因此,不要追求像美玉那样的尊贵华丽,而要像石头那样朴实无光,不在人前张扬。

【智慧剖析】

这一章老子讲事物的同一性。事物得到同一,便能顺利发展、一派祥和;事物不能同一,就无法获得和平与安宁。

"德"乃"道"的化身，"道"乃"德"的根本。由此可知"德"是不可改变的，是由大道决定了的。合乎了"德"，则一切顺利；违背了"德"，就会导致灭亡。

什么是真正的"德"呢？

真正的"德"就是厚道而真实，实事求是。在这一章，老子是要告诉我们做人要厚道而真实，不可弄虚作假。

那么什么是厚道？不负于人，不欺于人，就是厚道。

深刻的道理往往掩藏在最朴实的语言中。"做人要厚道"，无论讲给谁听都像一句略显多余却又无可厚非、充满乡土气息的俗话。认同归认同，然而在现实生活中，又有多少人能担起"厚道"与生俱来的良知和沉甸甸的社会责任呢？其实，厚道不外乎"忠厚之道"，它包含了诚实、善良、豁达、感恩、直率、助人为乐、爱憎分明等品质，浓缩了几千年来人类的精神美；天性追求真善美的人，没有谁会拒绝厚道。

"做人要厚道"，其外延可无限延伸，其语境放之四海而皆准。从老子时代起，提倡"做人要厚道"就是中华民族公认的美德。这个传统美德，在大力推动物质文明、政治文明和精神文明协调发展的今天，更需要发扬光大。

厚道之于人，可以说是立身之本。《庄子·天下》中云："君子不为苛察。"波斯诗人萨迪在《蔷薇园》中说："无论你是一个男子，还是一个女子，待人温和宽大，才配得上人的名称。"可见，在为人要厚道这一点上，古今中外所见略同。

人和动物的根本区别，在于人的社会性。不论何时何地，人要在社会上立足、生存、发展，就要结成群体同舟共济。从这个意义上广而言之，厚道，既厚于人，也厚于己。厚道意味着谅解、体贴、信任、爱护。"人察无徒"，厚道待人，往往能赢得更多友情和尊重。

厚道得人心，人们常常称许那些善于从大处着眼、不计前嫌的人"有政治家的风度"，这种风度不应当仅属于政治家，我们都应该这样为人处世。

小故事·大道理

一

唐代李肇所撰《唐国史补》中记载了一个"呷醋保军吏"的故事。

任迪简在天德军节度使李景略手下任判官时，参加一次军中宴会，他去迟了，按规矩要罚一大杯酒，倒酒的侍卫一时马虎，错把醋壶当酒壶，给他倒了满满一大杯醋。任判官一喝，酸不可忍。怎么办？他知道军使李景略治军极严，如果讲出来，这侍卫及相关人等恐怕都有杀身之祸；于是他强忍不适，一饮而尽，结果"吐血而归"。事情传出，"军中闻者皆感泣"，无不赞扬任判官的厚道，从此他更加受众人拥戴。若想处理好人际关系，不妨学学这个任判官。

二

从前，有一位贤明而受人爱戴的国王，他把国家治理得井井有条。国王年纪逐渐大了，但膝下并无子女；他决定，在全国范围内挑选一个孩子收为义子，培养成未来的国王。

国王选子的方式很独特，他让人给孩子们每人发一些花种并宣布：能用这些种子培育出最美丽花朵的孩子，就会成为国王的义子、未来的国王。

孩子们领回种子精心培育，从早到晚，浇水，施肥，松土，都希望自己能够成为幸运者。

有个叫雄日的男孩，整天精心培育花种；但是，十天过去了，半个月过去了，花盆里的种子连芽都没冒出来，更别说开花了。

国王定下的比花日到了。这些穿着讲究的孩子拥上街头，人手一盆鲜花。他们用期盼的目光看着缓缓而来的国王。国王逐一看着争奇斗艳的花朵与花主人的可爱面庞，并没有大家想象中的高兴。

忽然，国王看见了端着空花盆的雄日。他无精打采地站在那里，国王把他叫到跟前，问他："你为什么端着空花盆呢？"

雄日抽噎着，他把自己如何精心侍弄，但花种怎么也不发芽的经过说了一遍。国王听完，脸上露出了笑容，把雄日抱了起来，高声说："孩子，我找的就是你！"

"为什么？"大家不解地问国王。

国王说："我发的花种全是煮过的，根本就不可能发芽开花。"

捧着鲜花的孩子们都低下了头，因为他们发觉花种一直不发芽后，都换了种子。

第四十章　有生于无

〔题解〕

本章阐述了"道"的运动变化法则及其产生天下万物的作用。老子认为事物的运动既有朝着相反方向发展的特点，又有回归本原的特征，这是"道"的循环运动方式。老子又指出，"道"的运作是自然柔和的，"道"是天下万物生成的根源。

反①者，道之动；弱②者，道之用。
天下万物生于"有"，"有"生于"无"。

【字词注解】

①反：同"返"，往返，反复。
②弱：柔弱，柔韧。

【白话解说】

循环往复，是道的运行方式；柔弱顺应，是道的作用的体现。
天下万物生于"有"，"有"生于"无"。

•【智慧剖析】

在这一章里，老子重申了大道与大德的关系。

"反者，道之动"。在这里，"反"字既可以作相反讲，又可以作返回讲（"反"与"返"通）。在老子的哲学中，这两种意义都被蕴含着，即相反对立与循环往复。这两个观念在老子的哲学中都很受重视。老子认为，自然界中事物的运动和变化莫不依循着某些规律，其中的一个总规律就是"反"：事物向相反的方向运动发展；任何事物都是在相反、对立的状态下形成；任何事物都有它的对立面，也因它的对立面而显现。他认为，"相反相成"的作用是推动事物变化发展的力量。老子还认为，道体是恒动的，事物总是运动着、发展着。

"弱者，道之用"。道创生万物、辅助万物时，万物自身并没有外力降临的感觉，"柔弱"即形容道在运作时并不带有压力感的意思。

"天下万物生于'有'，'有'生于'无'"。这里的"有""无"即道，和第一章意思相同。"无""有"乃是道产生天地万物时由无形质向有形质变化的活动过程。这里是说明天下万物生成的根源。

"道"无形象、无言语、无作为，我们所能认识到的，只是它的一种德行而已，所以"德"就是"道"的属性。

由此可知，大道的德行就是循环往复、柔弱顺应，而人只有顺从自然之道，把握循环往复、柔弱顺应的德行，才能无灾无害、一切顺利。

故而，世上的一切事物，都是向着对立面转化的；就是说，从一开始，它就走向它的反面。有生就有死，有死就有生；生象征着"有"，死代表着"无"，而这个"有"是从"无"开始的。

前面已经说到大道是有自己的运动方式的，它体现在万物的生生死死之上，从无到有，从有到无。自然界的万物，包括一草一木，都是这样，人自然也是这样，都显现着道的循环。由此，我们看到：大道的德行，像一个没有开端也没有完结的圆环，转动不止，永不停息，无欲无求，柔软自然，不受任何事物的左右，也不左右任何事物。所以，我们在人生轨迹上，在延续生死循环的过程中，应效法大道的延续，顺应大道的柔弱，才能平安顺遂。

小故事·大道理

一

某国的一名建筑承包商，专门承揽大型建筑工程，揽下工程后，便把大工程分成若干小工程，转包给其他施工单位。他不仅能用较高成交价格揽下生意，而且能很快地以最低的成本把工程分包出去，这一进一出的差价让他赚了一大笔钱。同行们开始觉得很奇怪，后来才发现了他这个经营"秘诀"。

当他承揽项目时，总是派出自己的几个心腹，假扮成与自己竞争的承包商。这些假承包商分别喊出极高的报价之后，他就会站出来表示愿意以一个相对较低的价格投标。发包方经过比较，当然就选择了他这位出价最低的投标商。其实，他出的最低价都是此类工程的最高价。

当他向外发包时，总是迫使对方一再降价。待双方谈判陷入僵持时，他的秘书便会敲门进来，说有紧急电话需要他马上去接，这时他做出着急的样子，"不小心"将手中的"机密材料"落在谈判桌上。他的谈判对象当然对这些材料非常感兴趣，偷偷翻看就会知道这是所有的施工单位关于此项工程的"竞价单"；不看则已，一看顿时慌了手脚，暗自庆幸及时发现了这个"秘密"，不然到手的生意就会被别人抢走。等他重返谈判桌时，投标者便主动把投标价格压得很低，双方很快成交。其实，投标者偷看的这些"机密材料"是他精心伪造的。

这位承包商真是善于"无中生有"。

二

一个人去到庙里，他右肩背香袋，左肩背葫芦，看上去像一个虔诚的香客。

他一见智藏禅师便急切地问："有天堂和地狱吗？"

智藏回答："有。"

"有佛、法、僧三宝吗?"

"有。"

这人一连又问了好多问题,智藏都回答"有"。

这人不由得摸摸脑袋:"和尚,你说的恐怕是错的吧?"

智藏装作很认真的样子,把这个香客打量一番,然后说道:"你见过哪一位高僧了吧?"

"见过径山和尚。"俗士欠了欠身。

"那么,径山是怎么跟你说的?"

"径山和尚说一切都无。"

"你看看这些吧,"智藏指着满山景色,"世俗的人说有,谈佛的人说无,到底是有还是无呢?"

这人答不上话来。

智藏又问他:"你有妻子吗?"

"有。"俗士回应。

智藏再问:"径山和尚有妻子吗?"

"无。"

智藏道:"这样说来,径山和尚说无,自是不错的。"

立场不同,视角不同,说"有"对,说"无"也对,何必执着有无之对错。俗士顿悟,行礼谢过智藏后便走了。

天下万物生于"有","有"生于"无"。"有"与"无"是相对的。人生在世不可能样样都拥有,但可用"享有"之心顺其自然,关注当下。

第四十一章　明道若昧

〔题解〕

本章阐述了"道"隐微深奥的特征。老子首先写了上、中、下三种层次的人不同的"闻道"态度，说明"道"的现象和实质似乎是矛盾的，不易被一般人体察。随后老子指出，"道"的这种矛盾性与"大白""大方""大器""大音""大象"相同，所以"明道若昧""道隐无名"，正是这样的"道"养育成就了万物。

上士①闻道，勤而行之；中士闻道，若存若亡②；下士闻道，大笑③之。——不笑，不足以为道。

故建言④有之：明道⑤若昧，进道⑥若退，夷道⑦若纇⑧。上德若谷，广德⑨若不足，建德⑩若偷，质真若渝⑪。大白若辱⑫，大方无隅⑬，大器晚成。大音希声⑭，大象无形⑮，道隐无名⑯。夫唯道，善贷且成。

【字词注解】

①上士：西周的士大夫分为上士、中士和下士三个等级，上士指具有上乘的品格与智慧的人。

②若存若亡：将信将疑。

③大笑：此处指嘲笑。

④建言：立言。建，立。

⑤明道：光明的道路。

⑥进道：前进的道路。

⑦夷道：平坦的道路。

⑧纇（lèi）：丝线上的结，喻不平。

⑨广德：广大的德行。

⑩建德：刚健的德。建，通"健"。

⑪渝：改变。

⑫辱：古文作"黷"（rǔ），黑垢。

⑬隅：棱角。

⑭希声：稀少的音响。

⑮大象：巨大的图像、景象或物象。

⑯无名：默默无闻。名，名声。

【白话解说】

上士听别人讲"道"之后，便能心领神会，努力践行；中士听别人讲"道"之后，便会半信半疑，犹豫不定；下士听别人讲"道"之后，只会大声嘲笑——不被下士所嘲笑，那这"道"就不是真正意义上的"道"了。

所以古人说：光明之道好似暗昧，进取之道好似落后，平坦之道好似崎岖，大德崇高好似低谷，质朴纯真好似混浊，大德广大好似不足，大德刚健好似怠惰，最白的东西好似污垢，最方正的东西好似无角，最大的器物最晚成形，最大的声音无声却胜有声，最大的形象无形却无处不在。"道"盛大而无名。只有道，能够养育成就万物。

【智慧剖析】

老子说："上士闻道，勤而行之；中士闻道，若存若亡；下士闻道，大笑之。"在这里，老子根据对道认识和行为的不同，把人分成三个等级，即上士、中士、下士。

老子又说："不笑，不足以为道。"不被不明之人怀疑，不被愚笨之人嘲笑，那就不是真正的大道了。

接下来所引的十二个四字格言中，前六个是就"道""德"而言的，后六个的"建德""质真""大方""大器""大音""大象"指道的形象或道的性质。这十二句格言用一句话加以归纳："道"是幽隐无名的，在前面的四字格言中，"道"的本质是前二字，而表象是后二字。

而对于明道之人，古人说：明白大道的人好像什么都是糊涂的，进入大道的人却好似在退步，走在平坦大道上却好像走在那崎岖小路上。如此不被人理解，可明道之人明白什么才是"道"之德行，不会因别人的误解而改变什么。

明白了这一点，为人处世之时自会明白：真理始终是真理，不会因别人错误的认识而改变。因此，对于别人犯的那些认识上的小错误，也不必追究。

孤芳自赏、自命清高的人，往往不能容忍别人的缺点和错误，久而久之，他无法与别人相容，就容易陷入孤立无援的境地。其实，金无足赤，人无完人，每个人都有犯错误的可能。世间并无绝对的真理，而且正邪善恶交错，没有什么东西是绝对的、不相联系的。

对于别人的一些小过错，应该怀着宽厚的胸怀去包容，严于律己，宽以待人，在人生的旅途上，抛开精神累赘而专于人生的追求才是大智慧。

无论是谁都会犯错，当别人犯下一些小过失时，不要妄加批评，要善于沟通，否则，不仅伤了别人的面子，还会给自己惹来麻烦。

能开创大事业的人一定有容人的度量，有"厚德载物，雅量容人"的胸襟。

不揭人隐私，这是做人的基本德行。至于不念人旧恶，是要有些胸襟的。其实人际交往间的矛盾往往因时因事而转移，总把心思放到过去的恩怨上，实属不智之举。

小故事·大道理

一

一个人因为一件小事和邻居吵得面红耳赤，两人谁也不肯让步。最后，这个人气呼呼地跑去找牧师。牧师是当地最有智慧、最公道的人。

"牧师，您来帮我们评评理吧！我那邻居简直是一堆狗屎！他竟然……"这个人一见到牧师就开始了他的抱怨和指责，但牧师打断了他。

牧师说："对不起，我现在有事，请你先回去，明天再说吧。"

第二天一大早，这人又愤愤不平地来找牧师，不过，他显然没有昨天那么生气了。

"今天您一定要帮我评出个是非对错，那个人简直是……"他又开始数落起别人。

牧师不紧不慢地说："你的怒气还是没有消除，等你心平气和后再说吧！正好我的事情还没有办好。"

一连好几天，这个人没有再来找牧师。牧师在前往布道的路上遇到了这个人，他正在农田里忙碌着，显然平静了许多。

牧师问道："现在，你还需要我来评理吗？"说完，他微笑地看着对方。

这个人羞愧地笑了笑，说："我已经心平气和了。现在想来也不是什么大事，不值得生气的。"

牧师仍然不紧不慢地说："这就对了，我不急于和你说这件事情，就是想给你时间消消气。记住：不要在气头上说话或行动。"

怒气有时候会自己溜走，耐心地等一下，不必急着发作，否则会惹出更多的怒气，付出更大的代价。

二

东汉光武帝刘秀打败了自立为帝的王朗，官员们在清点缴获来的文件时，发现了一大堆信件，都是朝中官员私通王朗的信件。信件内容大都是吹捧王朗、攻击刘秀的，有好几千封。有的人很气愤，建议把这些人通通抓起来处死。那些给王朗写过信的人听到这个消息，都提心吊胆，十分害怕。

刘秀知道这件事后，立即召集百官，当众把那些信件扔到火盆中烧掉了。刘秀对群臣说："过去有人写信私通王朗，做了错事，但事情已过，朕既往不咎。希望过去做错事的人安下心来，尽职尽责做事。"

刘秀的这种处理方法，使那些曾私通王朗的人都松了一口气，从心里感激刘秀，心甘情愿地为他效劳。

第四十二章　损之而益

〔题解〕

本章重在论述万物的生成。老子首先用"一""二""三"表述"道"创生万物的过程，指出万物都包含阴阳，阴、阳二气相互交冲而达到和谐平衡。随后老子阐述柔弱、退守的处世法则，告诫人们要谦虚自守，不可逞强自满。

道生一，一生二，二生三，三生万物。万物负阴而抱阳，冲气以为和。

人之所恶，唯孤、寡、不穀，而王公以为称。故物或损①之而益②，或益之而损。人之所教③，我亦教之。强梁者④不得其死，吾将以为教父。

【字词注解】

①损：减损。

②益：增添。

③教：教育，教导。

④强梁者：强暴者，横行霸道之人。

【白话解说】

"道"是阴与阳的统一,"一"中包含阴阳两个方面,阴与阳融合到一起相互作用形成万事万物。万物背阴而向阳,阴阳两气互相激荡而形成新的和谐体。

人所厌恶的就是"孤""寡""不穀",但是王公却用来称呼自己。所以一切事物,减损它有时反而得到增益,增益它有时反而受到减损。别人教导我的,我也用它教导别人;横行霸道之人不得善终,我把它当作施教的根本。

【智慧剖析】

本章开头说,"道生一,一生二,二生三,三生万物"。说到一、二、三这几个数字,这并不是把一、二、三看作具体的事物或数量。它们只是表示"道"生万物从少到多、从简单到复杂的一个过程,这就是"冲气以为和"。在本章的后半部分,老子讲了柔弱退守是处事的最高原则,满招损,谦受益,这也合乎辩证之道。

老子在本章所提到的"道"并不是具体的物。老子认为,"道"产生出事物的对立关系,如雌雄、阴阳、强弱、高低、大小等,它们都不是具体的物,而是对物的表述,或是对物的特征的表述。

而我们人也是由阴阳而生的,和气也是阴阳相会,所以和气才是合乎大道规律的。我们都知道,和气是我们得以平安相处的根本,而这种根本和基础,是建立在阴阳相融上的。但是,阴阳除了相融还有对立,还会产生矛盾,我们应该如何对待这种矛盾呢?

为人处世要以"和"为贵。在生活中,我们不要与人起正面冲突,那些甘愿吃亏的人,不会贪图便宜,也就不会给自己招灾惹祸。我们也不可因一时的荣耀和成绩骄傲自满,不可一世。因为我们自己都是由大道所供养,从阴阳中诞生的,有什么不可一世的道理呢?当我们看不起别人的时候,同样会被别人看不起,这时,阴阳就只有分割而没有交融,就会产生矛盾,就会使我们本来的顺利和福气变成不顺利和灾祸的缘由。但我们也不要因一时的运气不济或是艰难痛苦而垂头丧气,丧失斗志,更不要因此而断绝希望，因为事物的发展变化都是相对的。

从做人、做事业的角度来看，"满招损，谦受益""天道忌盈，卦终未济"，不论何事都不应求全求美，因为有上坡必然有下坡，有上台必然有下台，事情到了一定的限度必然发生质的变化。一件事成功了，如果不及时总结、不保持清醒头脑，反而骄傲自满，沉溺在过去的成功之中，就可能使事情走向反面。

从另一个意义来讲，功业不求满盈，留有余地，也是一种符合"道"的处世方法。那些对置办钱财家业求多求尽、对功名地位求高求上的人，那些不知急流勇退、不懂留出余地的人，那些不肯和气待人、与人为善的人，全都违背了"道"的规律，与真正的德相违，就叫作"强梁者"。老子说，强梁者不得善终，是和气的反面，是我们立身处世的反面教材，是不可取的。

小故事·大道理

一

一名保险公司的推销员，多次向一位客户推销保险，但他磨破了嘴皮，跑烂了皮鞋，客户就是不买他的账。最近，他听说那位客户在另一家保险公司买了保险，而且数额不小。这是为什么呢？原来在他第一次向客户推销不成时，临离开时说了一句表示决心的话："我一定会说服你的。"而那位客户也回敬了一句："不，你做不到——毫无希望！"就是这样一句话，让推销员失去了一笔大生意。

明代的陆绍珩说："人心都是好胜的，我以好胜之心应对对方，事情非失败不可。人都是喜欢对方谦和的，我以谦和的态度对待别人，就能把事情处理好。"如果这名推销员懂得这个道理，就不会犯这种错误了。

二

所得税顾问巴森士与一名政府稽查员为一张九千元的账单争辩了一

个小时之久。巴森士声称这笔九千元的款项确实是一笔死账,永远收不回来,当然不应该纳税。"死账?胡说!"稽查员反对说,"那也必须纳税。"巴森士在讲述他的故事时,说这位稽查员给他的印象是冷淡、傲慢,而且固执——理由是什么,对他来说是毫无用处的;事实是什么,他也毫不在乎。巴森士考虑良久之后认为,长时间的激烈辩论会让这位稽查员更加顽固,他决定避免争论,改变态度,给他赞赏。

于是,他对这位稽查员说:"我想这件事情与你必须做出的决定相比,应该算是一件很小的事情。我研究过税收的问题,但我只是从书本中得到知识,而你是从你的工作经验中得到的,我有时愿意从事你这样的工作,这种工作可以教会我很多书本上学不到的东西。"在讲这些话的时候,巴森士显得真心诚意。听完巴森士的话,那位稽查员从椅子上挺起身来,向后一倚,讲了很多关于他的工作的话,以及他所发现的合理避税的方法。他的声调渐渐地变得友善,之后他又讲起他的孩子来。最后,他告诉巴森士,他要再考虑那个问题,在几天之内会给他答复。三天之后,他来到巴森士的办公室,他已经决定按照所填报的税目办理。

是得到暂时的口头上的表演式的胜利,还是赢得别人长久的好感?这两者无法兼得。终止恨意的不是恨,而是爱。争强好胜不能停止无谓的争论,也不能真正地解决问题。一个问题如果被逞强的欲望之火包围,辩论的结果不论输赢,都只能是一个让人头疼的问题。

第四十三章　无为之益

〔题解〕

本章再次强调了"柔能胜刚"的道理,并肯定了"无为"的作用和效果。老子认为柔弱属于"无为",刚强属于"有为",最柔弱的东西能够穿透最刚强的东西,所以柔弱胜于刚强,"无为"胜于"有为"。

【原文】

天下之至柔①,驰骋天下之至坚②。无有③入无间④。吾是以知无为之有益。

不言之教,无为之益,天下希及之。

【字词注解】

① 至柔:最为柔软。
② 至坚:最为坚硬。
③ 无有:无形的东西。
④ 无间:没有空隙(的东西)。

【白话解说】

天下最柔的东西,能够穿透天下最坚硬的东西;空虚无形之物,能进入没有间隙的东西之中,我因此而知道了无为的益处。

不用言语而能达到教导的目的，实施无为而能有所获益，普天之下很少有人能做到。

【智慧剖析】

老子接续上章的论述而继续阐明强弱的道理，继续阐述柔弱、无为的益处。不过老子在前面始终以途径和道路作为叙述的重点，在本章则以水的存在形态为准则，提出了天下最柔弱的东西，却经常能够在最坚硬的物体中驰骋纵横，它们能如同什么都不存在一样进出于没有任何空隙的物体之中。

"贵柔"是《道德经》的基本观念之一，"柔弱"是"道"的基本表现和作用，老子认为，"柔弱"是万物具有生命力的表现，也是真正有力量的象征。如果我们深入一个层次去考虑问题，就会发现老子要突出的是事物转化的必然性。他并非一味要人"守柔""不争"，而是认为"天下之至柔，驰骋天下之至坚"，即柔弱可以战胜刚强。

"水滴石穿"这个成语虽然表明了水的刚健，但那只是一小部分，水还有更大的刚健，比如洪水可以使房倒屋塌。但是我们所说的水是那种看似柔和无为，却能无孔不入、无处不在又无所不能的水，是有质却无形的水，是无须借形式，只需借时间来证明存在的水。

水是最柔不过的东西，却能穿山透地。老子以水来比喻柔能胜刚的道理。"有为"的措施乃是刚强的表现，是为政者所应戒惕的。本章强调"柔弱"的作用与"无为"的效果。它的无为，表现在能穿山透地，有力地将坚硬的岗岩石壁变得一触就碎，无形胜有形，柔弱胜刚强。

柔弱能够战胜刚强，如水击石穿，如齿亡舌存，都表明柔弱处上，而刚强处下。这个道理我们大都知道，但是很少有人能够以此为准则，去把控自己的性格和行为。"以柔克刚"是制服一个大发脾气的人最好的办法。对方愈是发怒，你越发镇定温和；在愈是紧张的场合，你愈应保持头脑冷静。这样，你才能发觉对方因兴奋过度而显露的种种弱点，而一一加以击破。

这就好比瓦沟里淌下的流水，一点一滴地落在坚硬的巨石上，最初还未见得有什么不同，久而久之，巨石就会出现坑洞，甚而断裂。这就是滴水的威力，是不可阻挡的啊！

小故事·大道理

一

从前，有父子二人，性格都非常刚直，生活中从来不对人低头，也不会让人，不会后退半步。一日，家中来了客人，父亲命儿子去集市买肉。儿子拿着钱在屠夫处买了几斤上好的肉，用绳子系好转身回家。来到城门口时，他迎面碰上一个人，双方都寸步不退，也坚决不避开，于是，这两个人面对面地挺立在那儿，相持了很久。

日已正中，家中还在等肉下锅待客饮酒，父亲等得十分焦急，便出门去找买肉未归的儿子。刚到城门处，看见儿子僵立在那儿，半点儿没有让人的意思。父亲心下大喜，这真是我的好儿子，性格刚直如此；又大怒，彼何人也，竟敢如此放肆。他快步上前，大声说道："好儿子，你先将肉送回去，陪客人吃饭，为父在这儿对付他！"

于是，父亲与儿子交换了一个位置，儿子回家去烹肉煮酒待客，父亲则站在那个人的对面，如怒目金刚般挺立不动，惹得众多围观者大笑不止。

二

在美国经济大萧条时期，一个十七岁的姑娘好不容易找到一份在高级珠宝店当售货员的工作。

圣诞节的前一天，店里来了一名三十岁左右的贫民顾客。

他衣衫褴褛，一脸的悲伤、愤怒，他走到柜台前，用冷漠的目光，盯着柜台里贵重的首饰。

这时，姑娘要去接电话，一不小心，把一个碟子碰翻，六枚精美绝伦的金戒指落到地上。

她急忙捡起其中的五枚，但第六枚怎么也找不着了。

这时，她看到那男子正向门口走去，顿时意识到戒指在哪儿了。

当男子的手将要触及门柄时，姑娘柔声地唤道：

"对不起，先生！"

那男子转过身来，两人相视无言，足足有一分钟。

"什么事？"他问，脸上的肌肉在微微抽搐。

"什么事？"他再次问道。

"先生，这是我第一份工作，现在找工作很难，是不是？"

姑娘神色黯然地说，眼眶中噙着哀伤的泪水。

男子长久地审视着她，终于，一丝柔和的微笑浮现在他脸上。

"是的，的确如此。"他回答，"但是我想，您在这里会干得不错。"

停了一下，他向前一步，伸手与她相握。

"祝您顺利。"他说完转过身，慢慢向门口走去。姑娘目送他的身影消失在门外，转身走向柜台，把手中握着的一枚金戒指放回了原处。

第四十四章　知足不辱，知止不殆

〔题解〕

本章阐述了老子贵身重己的思想。老子将名利财货与人的自身价值相比较，认为过于看重名利将给人身带来危害，告诫人们要尊重生命，爱护自我，知足知乐，顺其自然。

名与身孰亲？身与货①孰多②？得与亡③孰病？

甚爱必大费④，多藏必厚亡⑤。

故知足不辱，知止不殆，可以长久。

——【字词注解】

①货：财货。

②多：贵重。

③亡：丧失。

④甚爱必大费：过于爱名必定付出很大的耗费。

⑤多藏必厚亡：丰厚的藏货必定招致惨重的损失。

——【白话解说】

声名和生命比，哪一样更亲近？生命和财货比，哪一样更贵重？得到和丧失比，哪一样更有害？

过分爱名就必定付出庞大的耗费，过多藏货就必定招致惨重的损失。

所以，知道满足就不会受到屈辱，知道适可而止就不会带来危险，这样才可以保持长久。

【智慧剖析】

老子在本章提出了几个尖锐的问题，这几个问题每个人都会遇到。虚名和人的生命、财货与人的价值哪一个更可贵？争夺财货还是重视人的价值，这二者的得与失，哪一个弊病多呢？老子讲的是宠辱荣患和虚名财货，不要贪图虚荣与名利，要珍惜自身的价值与尊严，不可自贱其身。

"知足不辱，知止不殆"，这是老子对为人处世之道的精辟见解和高度概括。"知足"是说，任何事物都有自己的发展极限，超出此限度，则事物必然向它的反面发展。因而，每个人都应该对自己的言行举止有清醒、准确的认识，凡事不可求全。贪求的名利越多，付出的代价也就越大；积敛的财富越多，失去的也就越多。他希望世人，尤其是手中握有权力之人，对财富的占有要适可而止，要知足，才可以做到"不辱"。"多藏"，就是指对物质生活的过度追求，一个沉迷于追求物质利益的人，必定会采取各种手段来满足自己的欲望，有人甚至会以身试法。"多藏必厚亡"，意思是说，丰厚的储藏必有严重的损失。这个损失并不仅仅指物质方面的损失，还指精神、人格、品质方面的损失。

人人都有七情六欲，但每个人对欲望的态度各有不同。

知足使人平静、安详、达观、超脱；不知足使人骚动、搏击、进取、奋斗。知足之智，在知不可行而不行；不知足之慧，在可行而必行之。若知不行而勉为其难，势必劳而无功；若知可行而不行，就是堕落和懈怠。这两者之间实际上是一个"度"的问题。度就是分寸，是智慧，更是水平。《渔夫和金鱼》中的那个老太婆是不懂得知足的失败者，她就是没有把握好知足这个"度"。在知足与不知足之间应更多地倾向于知足，因为它会让我们心地坦然。无所取，无所需，就不会有太多的思想负荷，不会有不切合实际的欲望和要求。

知足是一种境界。知足的人总是微笑着面对生活。在知足的人眼里，世界上没有解决不了的问题，他们会为自己寻找合适的台阶，不会庸人自扰。

老子说"祸莫大于不知足，咎莫大于欲得。故知足之足，常足矣"，意思是最大的过失是贪得的欲望，最大的祸害是不知足。知道到什么地步就该满足的人，永远是满足的。

小故事·大道理

一

春秋战国时期的宓子贱，是孔子的弟子，鲁国人。有一次，齐国进攻鲁国，战火迅速向鲁国单父地区推进，而此时宓子贱正在做单父宰。当时正值麦收季节，大片的麦子就要成熟了，不久就能收割入库，可是战争一来，这眼看到手的粮食就会让齐国抢走。当地一些父老向宓子贱提出建议，一个说："麦子马上就熟了，应该赶在齐国军队到来之前，让这里的老百姓去抢收，不管是谁种的，谁抢收了就归谁所有，肥水不流外人田。"另一个也说："是啊，这样的话，把麦子打下来能增加我们鲁国的粮食，而齐国的军队也抢不走麦子做军粮，他们没有粮食，自然也坚持不了多久。"尽管乡中父老再三请求，但宓子贱却不同意这种做法，过了一些日子，齐军一来，把单父地区的小麦一抢而空。

为了这件事，许多父老埋怨宓子贱，鲁国的大贵族季孙氏也非常愤怒，派使臣向宓子贱兴师问罪。宓子贱说："今天没了麦子，明年我们可以再种。如果官府这次发布告令，让人们去抢收麦子，那些不种麦子的人会因此不劳而获，单父的百姓也许能抢回来一些麦子，但是那些趁火打劫的人以后便会年年期盼敌国入侵，民风也会变得越来越坏。其实单父一年的小麦产量，对鲁国国力的影响微乎其微，鲁国不会因为得到单父的麦子变得强大，也不会因为失去单父这一年的小麦变得弱小。而若让单父的老百姓，乃至鲁国的老百姓都生出借敌国入侵能获取意外之财的心理，才是危害鲁国的大患。这种侥幸获利的心理一旦形成就很难根除，于国力的减损恐怕要祸及几代人。"

宓子贱自有他的得失观，之所以拒绝父老的劝谏，让入侵鲁国的齐军抢走了麦子，是认为失掉的是有形的那一点点粮食，而让民众存有侥幸得财得利的心理才是无形、无限、长久的损失。

二

一个人在路旁摆了个盛满甜酒的酒樽，并放了些酒杯。一群猩猩见了便明白了人类的用意。

可是忍了不一会儿，一只猩猩说："这么香甜的酒，何不少尝一点儿！"于是这些猩猩都战战兢兢地喝了一小杯。它们喝罢，还互相叮嘱说："可千万不要再喝了！"谁知，一阵酒香随风飘来，它们个个垂涎三尺，又都喝了一杯。最后"不胜其唇吻之甜"，忘乎所以，竟端起大酒樽狂饮起来，结果一个个酩酊大醉，一并为人所擒。

猩猩之所以醉酒被擒，就在于它们的智慧还没有达到能够战胜自己欲望的程度。

第四十五章　大巧若拙

〔题解〕

　　本章反映了老子的朴素辩证法观点。老子认为，有些事物表面上看是一种情况，其实是另一种情况，就像"大成""大盈"等品格，往往表现为"若缺""若冲"。所以，老子告诫人们要去伪存真，要由表及里地判断与评估事物的本质。

【原文】

　　大成①若缺，其用不弊②。
　　大盈若冲，其用不穷。
　　大直若屈，大巧若拙，大辩若讷③，大赢若绌。
　　静胜躁，寒胜热。清静，为天下正④。

【字词注解】

①大成：最完满的东西。成，完满，完备。

②弊（bì）：停止，衰竭。

③讷：说话迟钝。

④正：君长。

【白话解说】

最完满的东西好像有缺损,但是它的作用不会衰竭。

最充实的东西好像空虚,但是它的作用不会穷尽。

最笔直的东西好像弯曲,最灵巧的东西好像笨拙,最善辩的人好像木讷,最大的获利好像亏本。

清静可以战胜躁动,寒冷可以战胜炎热。清静无为可以成为君长,带领国家走入正途。

【智慧剖析】

老子运用辩证法认识人和事物,那些国富兵强、拓地千里、并国数十、成其大功的王侯将相,如果因此而昏昏然,看到自己的缺陷和不足——丰满充盈的如果能以细小视之,富裕却以不足居之,再加上"若屈""若拙"——当然能够其用无穷。

在现实生活中,我们人类只知道去追求外在的好的、美的,来满足我们追求美好的愿望。这可以用人类的感官形象地说明,比如,鼻子的功能主要是用来分辨气味的,任何一个人的鼻子都只愿意闻香的,不愿意闻臭的,闻到香气就非常满足,非常舒服;闻到臭气就异常厌恶,非常烦躁。追求美好、崇尚高贵是好的,但是,这种追求和崇尚若变成无限的欲望,就成了贪念,也就让我们无法正确地面对现实,更无法正确地面对自己。

每个人都知道名利和财富是好东西,也知道名利和财富是得之不易的,在努力追求的过程中,以及拥有的时候,都伴随着烦恼和痛苦。有的人幸运地得到了,有的人却没有得到,甚至有的人悲哀地死掉了。所以老子告诫我们,只有戒除贪欲,才能获得幸福,否则就会害了自己。不管你是得到了,还是没得到,都是一样。但是有多少人能理解,又有多少人能够做到呢?

《大学》中所说的"定而后能静,静而后能安,安而后能虑,虑而后能得",其中的定、静、安、虑、得,就是训练和要求一个人遇事宜心平,做事宜气和。一个心平气和的人可以思虑周详,做事当然不会盲目乱撞,不知所做何为;一个心浮气躁的人无法深思熟虑,往往会使所进行的事功败垂成。所以，必须磨炼"智欲圆而行欲方，胆欲大而心欲细"的修养功夫。

在战争中，镇定沉静的一方能战胜轻浮狂躁的一方；在气候中，寒凉清冷能够战胜闷热火燥。在为人处世中，也应保持清静无为的德行，做到"大直若屈，大巧若拙"或是我们常说的"大勇若怯，大智若愚"，即你本来很勇敢，却保持怯懦的感觉；本来足智多谋，却保持愚笨的样子。

智而示以愚，能而示之不能，用而示之不用，以此在"迟钝"中掌握主动，这在外交、谈判、经济等领域广泛应用。

小故事·大道理

一

北宋名将曹玮有一次率军与吐蕃军队作战，初战告捷，敌军溃逃。曹玮故意命令士兵驱赶着缴获的一大群牛羊往回走。牛羊走得很慢，落在了大部队后面。有人向曹玮建议："牛羊用处不大，又会影响行军速度，不如将它们扔下，我们能安全迅速地赶回营地。"曹玮不接受这一建议，也不做任何解释，只是不断派人去侦察吐蕃军队的动静。吐蕃军队狼狈逃窜了几十里，当吐蕃统帅听探子报告说曹玮舍不得扔下牛羊，部队已乱哄哄地不成队形时，便掉头赶回来，准备袭击曹玮的部队。

曹玮得到这一情报，便让队伍走得更慢，到达一个有利地形时，便整顿人马，列阵迎敌。当吐蕃军队赶到时，曹玮派人传话给对方统帅："你们远道赶来，一定很累吧。我们不想趁别人劳累时占便宜，请你让兵马好好休息，过一会儿再决战。"吐蕃将士确实跑得很累，便接受了曹玮的建议。等吐蕃军队歇了一会儿，曹玮派人对其统帅说："现在你们休息得差不多了吧？可以上阵打一仗啦！"于是，双方列队开战，只一个回合，宋军就把吐蕃军队打得大败。

这时曹玮才告诉部下："我扔下牛羊，吐蕃军队就不会杀回马枪而消耗体力，这一去一来毕竟有百里之遥啊！我如下令与远道杀来的吐蕃军队立刻交战，他们会凭着一股锐气拼死一战，双方胜负难定；只有让他们在长途行军极度疲劳后稍事休息，腿脚麻痹、锐气尽失时再开战，才能一举将其消灭。"

二

古时，浙江省某知县同本省巡抚有师生之谊，关系密切，但与驻防将军不和。将军见小小的知县竟敢不买自己的账，心中恼恨异常，总想找机会教训知县。

这年元旦，浙江省文武官员集中在省城，遥对京城皇阙行朝贺礼后，将军便秘密地向皇帝上奏折，弹劾知县在元旦行朝贺礼时行止随意，态度不端。

不久，皇帝下旨，谕令巡抚查办知县朝贺失仪的大不敬之罪，并斥责巡抚对属员错误不闻不问，犯有失职之罪。巡抚心知这是将军有意诬陷，但面对皇帝谕旨也无可奈何。

一位经常帮助别人打官司的讼师托人告诉巡抚，说他有一计，不仅可以保全巡抚与知县，而且可以摘掉将军的乌纱帽，条件是巡抚要出三千两白银。巡抚听后将信将疑，为出胸中的恶气，遂答应事成之后给讼师三千两白银酬谢。讼师见巡抚同意，轻声说道："巡抚大人，您只要在向皇上报告行朝贺礼情况的奏折中写上'参列前班，不遑后顾'八个字，不但可使大人无失察之过，还能使将军转得失仪之咎。"

巡抚听后恍然大悟，连连称妙，按讼师的说法给皇帝上了奏折。原来，各省元旦行朝贺礼之时，巡抚与将军品级最高，班列最前，而知县品级低微，班列在后。各级官员不许左顾右盼，更不许向后观望。如果知县有失仪之处，巡抚与将军都不应看到，巡抚未见知县失仪，非但无失察之过，反而说明巡抚专注行礼，严肃庄重。而将军亲见位于后列的知县有失仪之处，那么将军必犯有后顾失仪之罪。事情的发展果然如讼师所言，不久圣旨又下，严厉申斥将军身为一品大员朝贺失仪，并将其免职，而巡抚与知县反而平安无事。

三

美国MD公司的经理汤姆跟德国的一家公司谈一笔买卖。德国公司从其他渠道知道MD公司正处在即将倒闭的困境中，就想用最低的价格买下MD公司的全部库存产品。当时，MD公司进退两难：如果以最低价格把产品卖给德国公司，MD公司势必大伤元气，从此一蹶不振；如果不卖给对方，MD公司的资金就无法正常运转。

汤姆内心矛盾重重，但他很沉得住气，从来不在别人面前袒露自己的想法。当德方提出降价要求时，汤姆却问身边的人飞往日本的机票是否已经订好，如果准备好了，届时将飞赴日本与另一家公司谈一桩更大的生意。他看起来似乎对德国公司这笔生意没有多大兴趣，表现出一种成不成无所谓的态度。

德国公司的谈判代表对汤姆的冷漠感到莫名其妙，匆匆打电话给本部请示公司总裁。这时候，德国方面正急需这些产品，其总裁最后痛下决心以原价买下了全部产品。

第四十六章　知足常足

〔题解〕

　　这一章阐述了贪婪的危害。老子认为，统治者如果贪婪，就会发动战争，使百姓处于危险的境地，使国家政权不稳定。知足，才会天下太平无事、百姓安居乐业。

　　天下有道，却走马以粪①；天下无道，戎马生②于郊。
　　祸莫大于不知足，咎莫大于欲得。
　　故知足之足，常足矣。

【字词注解】

①却走马以粪：退回战马去耕田。却，退回。走马，指战马。粪，耕田。
②生：生育。

【白话解说】

　　天下有道，退回战马去耕田；天下无道，战马只能在疆场生育小马。祸患没有比不知足更大的了，罪恶没有比多欲更大的了。

所以知道满足的这种满足，才是永远的满足。

【智慧剖析】

这一章的中心词是"知足之足，常足矣"，意思就是知道满足而满足，才会永远富足，通俗地说，懂得满足的人，才会永远富有，也就是知足者常乐的意思。

欲望和需求都是人的本能，一方面要保护，天赋人权神圣不可侵犯；另一方面要限制，以不侵犯他人的权益为尺度。希望和欲望则有着不同的意义。生活不能没有希望，有希望的生活有喜悦，有梦想，有希望的生活有趣味，有健康，但不能把它变成欲望，并将这种欲望化作实际的奋斗目标，否则会把过程看轻甚至权且当作手段，那么生活将因此失去它的本来面目。生活不能穷奢极欲，满足欲望、满足需求可使生活不悲凉、不窘迫，但不能把奢望当欲望、把奢求当需求，不然就会招来灾祸。因此，为了人类的未来，也为了自己有一个轻松愉快的今天，保留一点儿希望，节制需求。

战争的起因，大半由于侵略者的野心勃勃、贪得无厌，他们侵人国土，伤人性命，带来无穷的灾难。老子指出统治者多欲生事的危害，提醒为政者当清静无为，收敛侵占的贪念。

"天下无道，戎马生于郊"也反映出当时兵马倥偬、互相杀伐的惨烈情况。

不知足就不合乎大道的德行，因为大道的德行就是知足而无争无求。

心里不知足，就想去占有，一山望着一山高，这样的人对什么都不会感到满足，所以整天只能生活在对各种事的不满之中。

一个年轻人走在街上，遇到一个乞丐。乞丐哀求："能不能给我一百块钱？"年轻人一听有点儿吃惊，但仍然说："我只有八十块钱。"不想这乞丐的回答竟是："那好，你就欠我二十块钱吧！"

俗话说"人心不足蛇吞象"，人若被欲望所控制，就会像那个想不劳而获又贪婪成性的乞丐，老觉得别人给他的不够多，不够好，只知索取不知感恩。

小故事·大道理

一

在一个村庄里，住着一个独眼的瞎爷。

瞎爷的左眼是他九岁那年瞎的。一场高烧之后，他忽然对他的爹娘说："我的左眼看不见东西了！"爹娘一惊，忙过来用手在他左眼前晃，这只眼果然像坏了的钟摆一样一动不动。爹娘顿时泪流满面，一个独生的儿子瞎了一只眼睛可怎么办呀！没料到爹娘哭得伤心的时候，他却慢腾腾地说："爹娘，你们哭啥，应该笑才对！这场病不是只弄坏了我的一只眼吗？左眼瞎了，右眼还看得见呢！总比两只眼都弄坏了要好嘛！你们想一想，我比起那些双目失明的人，不是要强多了吗？"儿子的一番话把夫妻俩惊住了，想想也有理，便止了泪。

他的家境不好，爹娘无力供他读书，只好让他去私塾旁听。他的爹娘为此十分伤心，瞎爷劝道："我如今也已识了些字，虽然不多，但总比那些一天书没念、一个字不识的孩子强多了吧！"爹娘一听也觉得安然了许多。

瞎爷娶了个嘴巴很大的媳妇。爹娘又觉得对不住儿子，瞎爷劝他们说："能娶到这样的一个媳妇已经很不错了，和那些光棍汉比起来，简直是好到天上去了！"这个媳妇勤快，能干，可脾气不好，时常把婆婆气得心口疼。儿子劝道："娘，这个媳妇是有些不大称您的心意，可是您想想，天底下比她差得多的媳妇还有不少。您的儿媳妇虽然脾气急躁了些，不过还是很勤快的，又不骂人。"爹娘一听真有些道理，怄气的情况也少了。

瞎爷的孩子都是闺女，于是媳妇总觉得对不起他们家，瞎爷又劝媳妇道："这有什么值得愧疚的呢？我认为你还是个很有能耐的女人哩！咱们这五个女儿，等到长大之后就会有五个女婿。日后咱们老了，逢年过节，五个女儿、五个女婿一起提了酒、拎了肉回来孝敬咱们，那该多热闹。有些人虽有几个儿子，却妯娌不和，婆媳之间争得不得安宁，我们与他们家相比，不知要强多少倍。"

可是，瞎爷家确实贫寒得很，妻子熬得辛苦时，便不断抱怨。瞎爷说："你只跟那些住进深宅大院、家有万贯资财、顿顿吃肉喝酒的人家相比，自然是越比越觉得咱家这日子是没法过了。但是你只要瞧瞧那些拖儿带女四处讨饭的人家，白天饱一顿饥一顿，晚上睡在别人家的屋檐下，弄不好还会被狗咬一口，你就会觉得咱家这日子还真是不赖。咱们家虽然没有馍吃，但还有粥喝；虽然买不起新衣服，但有旧的衣裳穿；房子虽然有些漏雨的地方，可总还是住在屋子里边。和那些以讨饭维生的人相比，咱们家的日子可以算是天堂了……"

瞎爷老了，想在合眼前把棺材做好，然后安安心心地走。可做的棺材属于非常寒酸的那种，妻子愧疚不已，瞎爷劝她说："这棺材比起有钱人家的上等柏木是差远了，可是比起那些穷得连棺材都买不起的，不是要强得多了吗？"

瞎爷活到七十二岁，寿终正寝。临终时，他对哭泣的老伴说："有啥好哭的，我已经活到七十二岁，比起那些活到八九十岁的人不算高寿，可是比起那些四五十岁就走了的人，我不是好多了吗？"

瞎爷死的时候，面容安详，嘴角还有一丝笑……

二

古时候，有一个国王拥有无数的土地，还有满屋子的金银财宝，可是他仍然觉得不够，不满足，所以闷闷不乐。

一天，有个金仙子出现在国王面前，问他说："国王陛下，您觉得到底要怎么样您才会快乐呢？"

国王想了想说："我要有一根金手指，只要我的金手指随便一碰触，不论什么东西都可以变成金子，那我就会很快乐。"

"真的吗？您真的想要一根金手指吗？您要不要再考虑一下？"金仙子问道。

"不用考虑了，这是我最大的梦想，只要有金手指，我的梦想就能实现，我就会很快乐！"国王说。

于是，金仙子实现了国王的愿望，桌子、椅子、盘子、墙壁……凡是他碰触过的东西都会变成金的。

哇！国王觉得这真是太棒了！他高兴极了。

于是，心情大好的国王到花园赏景，闻到阵阵花香，就摘下一朵来想细细欣赏。可是，他的手一碰，花朵立刻变成了金花，不再有香味了。

国王走到餐厅，想饱餐一顿。可是当他拿起盘中的鸡腿时，鸡腿瞬间变成金的。正当国王垂头丧气时，他最疼爱的小女儿跑了进来，国王很高兴地抱起小女儿，于是，这可爱的小女孩儿也变成了金的。

"混账，这是什么金手指，居然把我的女儿变成了金人！"国王大声怒吼，"来人，去把金仙子给我抓回来！"

国王又饥，又渴，还失去了心爱的小女儿，他想马上摆脱这"金手指""点金术"。可是，金仙子已经无影无踪，国王悔恨不已。

三

从前，有一位菩萨住在罗陀国。该国的商人每次出海采宝时，都把这位菩萨请到船上，希望借助他的力量，化险为夷，平安抵达目的地。后来，菩萨逐渐年老力衰，不想再出海了，可禁不住商人苦苦恳求，还是同意了。

船只朝宝物的所在地前进，这时天空刮起北风，船只偏离了航向，一直向南方漂流。到了第七天，海水竟然变成金色，就像铺了一层黄金一样。

商人们问菩萨："海水怎么会变成金色呢？"

"我们进入了黄金之海，这里有无数的黄金，彼此照耀闪烁，才会呈现出这种情形。我们偏离了航向，非常危险，一定要不惜一切代价回到北方。"不料，船只顺风而行，继续漂向南方。几天后，海水又变成了白色，好像冰雪世界。

菩萨对商人们说："现在，我们到了珍珠之海。这里全是珍珠，由于珠色交相辉映，才呈现出这种光芒。但我们离目标越来越远，必须想尽一切办法回到北方。"然而，船只还是顺风而去，继续漂向南方。

几天后，海水再次变化，成了青色，像铺了一层青琉璃。菩萨对商人们说："现在我们来到青色的琉璃海。海里有无数的青色琉璃，琉璃的色彩相映，才呈现出这种光彩。"

几天后，海水第四次变化，变成红色，好像血海一般。菩萨对商人们说："现在，我们进入红色的琉璃海，海里充满无数的红色琉璃，由于琉璃颜色相映，才呈现这种光景。"

几天后，海水第五次变化，变成了黑色，好像一片墨汁，到处是漆黑的颜色。接着，远处传来巨大的爆炸声，好像猛火点燃了干燥的竹林。而且，当船向南方漂流时，有一根巨大的火柱，忽然从海底喷薄而出。商人们看到如此可怕的情形，觉得自己性命难保。

他们唉声叹气，不知所措，最后不得不向菩萨求援。这时，菩萨说道："悲伤绝望只会令人失去理智，大家还是想方设法运用逃离苦海的方便吧。只要得到了这个方便，就能安全到达彼岸。大家不要沮丧，因为这个方便我已经给你们了，请大家好好念佛吧。"

众人立刻焚香礼拜诸佛，祈求风平浪静。片刻之后，恶风终于停止，大家脱离危险，到达藏宝之地，如愿得到许多金银财宝。

这时，菩萨向商人们说："这些金银财宝世间难逢，因为诸位前世有过布施，今世才能得到这些财宝。但是，你们前世广行布施的时候，有过吝啬之心，以致遇到了恶风，身心受苦。诸位有了这批金银财宝，必须知足，如果贪得无厌，必然会再次遇到灾难。在诸位寻找财宝的过程中，价值最高的莫过于生命，这才是真正的无价之宝。"

第四十七章 不为而成

〔题解〕

这一章主要论述认知关系。老子认为道是万物的本源，掌握了道，即使不亲身去实践，也能洞悉一切。这种"不行而知，不见而明，不为而成"的思想，在认识论上是唯心的。

不出户①，知天下；不闚②牖③，见天道④。其出弥⑤远，其知弥少。是以圣人不行而知，不见而明，不为而成。

【字词注解】

①户：门。
②闚（kuī）："窥"的异体字，偷偷地看，察看。
③牖（yǒu）：窗户。
④天道：这里指自然规律。
⑤弥：越，更加。

【白话解说】

不用出门，就可以知道天下之事；不用看窗外，便可以知道自然规律。出门走得越远，知道的就越少。

所以，圣人不用出门就能知情，不用观看就能明白，无所作为就能成功。

【智慧剖析】

这一章老子不是在讲未卜先知或先知先觉的怪事，而是在讲哲学抽象思维的运用。人类运用哲学的抽象思维，可以抓住世界上许多规律性的东西；认识了事物的客观规律，也就把握了事物的发展进程，不但可知其现在，还能推算其过去，预测其未来。

事物有个性也有共性，共性的东西被称为"一般规律"。老子在第四十章谈到的"循环往复的运动"和"间接软化的影响"，便是我们这个世界的一般规律。一般规律适用于我们人类社会，于是本章有了圣人"不为而成"之说。身为人类的精神领袖，圣人懂得人类社会发展有着自己的运动轨迹，谁都无权操纵它，也操纵不了它，顺其自然，才能水到渠成。

宇宙中的星球，遵循自己的轨道运行，不论哪颗星球偏离轨道，都会给宇宙带来空前的大混乱。无生命的星球都懂得遵循轨道运行，有灵性的人类更应按照天道来实践人道，这就是儒家学说中"天人合一"思想的理论根据。现代人当然不信"天人合一"，但在无常的变化中人应持什么样的态度是和自己的修养有关的。一个修养深厚的人应时时保持一种超然的心态，处变不惊，理智处事。

那么，圣人都干些什么？他的伟大体现在何处呢？圣人要做的就是自觉地遵循自然规律，责无旁贷地传扬"无为"的思想，让越来越多的人认识到：只有跳出自己才能解放自己，只有跳出人类才能解放人类，从而使人们自觉地放弃地球主宰者的地位，彻底地回归淳朴率真的本色。这就是圣人肩负着的人类从原始淳朴到理想淳朴的历史使命。

当我们到达同于大道的状态以后，自然也会像大道一样与万物融为一体，那时我们即万物，万物即我们，我们还何愁不知与不能呢？但是，我们总认为自己是万物之灵，是自成一体的，是不同于其他事物、高于其他事物的，所以总想着战胜自然，摆脱自然对我们的束缚。其实我们人类也是自然的一员，自然规律根本就没想约束我们，它的一切都是自然而为的，就像我们长了眼睛是看东西的，长了耳朵是听声音的一样，都是自然而然的。只是我们自己有了分别心，认为自然规律在控制我们，拼命想甩掉这个包袱，但是又甩不掉。其实是我们在自寻烦恼，自找苦吃。

小故事·大道理

一

赵太后新执政，秦国便加紧进攻赵。赵向齐求援。齐王说："一定要以长安君做人质，才能派出军队。"太后不答应，大臣们极力劝谏。太后明确地对左右的人宣布："有再说让长安君做人质的，我这老婆子一定把唾沫啐在他脸上！"

左师公触龙拜见太后。左师公说："我那儿子舒祺，年纪最小，没什么出息。可我年老了，内心总疼爱他，希望您让他充当一名卫士，来保卫王宫。"太后说："好啊，他年纪多大啦？"左师公回答说："十五岁啦。虽说还小，我希望趁自己还没有死，便把他托付给您。"

太后说："男人也疼爱自己的儿子吗？"触龙回答说："比女人还疼爱。"太后说："女人疼爱得更厉害啊！"触龙回答说："我私下认为您爱燕后，超过了爱长安君。"

太后说："你错了！我爱燕后远远比不上爱长安君。"左师公说："父母爱子女，就要为他们做长远打算。您送燕后出嫁的时候，紧跟在她身后哭泣，想起她远嫁异国就伤心，也确实够伤感的了。她走了以后，您不是不想念她呀，祭祀时一定要为她祈祷，让她一定不要回来。这难道不是为她考虑，希望她的子孙相继当王吗？"太后说："是啊！"左师公问："从现在算起，三世以前一直上推到赵氏建立赵国的时候，赵王子孙封了侯的，还有继续存在的吗？"

太后说："没有。"触龙说："不单是赵国，各诸侯国内还有继续存在的吗？"太后说："我没有听说过。"触龙说："这就是说，他们之中近则自身遭了祸，远则祸患落到他们的子孙身上了。难道说君王的子孙就一定不得善终吗？不是这样的。只不过由于他们地位很高却没有什么功勋，俸禄很丰厚却没有什么功绩。如今您尊显长安君的地位，封给他富庶的土地，赐给他很多贵重的东西，却不趁着现在让他为国立功，那到太后您百年之后，长安君凭什么在赵国安身呢？老臣认为您替长安君打算得太浅了。所以说您对他的爱不如对燕后的爱。"

太后说："好吧，任凭你去调派他吧！"于是，赵国为长安君准备好百辆车子，送他去齐国做质子。齐国也如约派出了援兵。

二

有位老禅师身旁聚集了一群弟子。有一天，禅师嘱咐弟子每人去南山砍一担柴回来。

弟子们匆匆行至离山不远的河边，无不目瞪口呆。因为洪水从山上奔泻而下，无论如何也不能渡河打柴了。无功而返的弟子们都有些垂头丧气。可是，唯独一个小和尚与师父坦然相对。

师父问他："你为什么不感到遗憾呢？"

小和尚从怀中掏出一个苹果，递给师父说："过不了河，打不了柴，见河边有棵苹果树，我就顺手把树上唯一的苹果摘来了。"

老禅师责问他："出家之人怎么能乱摘无本之果呢。"

小和尚机智地回答："师命有所不从，都是因为尘缘不清、造化弄人，我获得无本之果，使之皈依禅门净地，不被俗世所玷污。虽然是无本之果，但这是得天意而顺其自然啊。"

老禅师听了之后，感到十分高兴。后来，这个摘苹果的小和尚成了老禅师的衣钵传人。

第四十八章　为学日益，为道日损

〔题解〕

本章主要讲"为学"和"为道"的问题。"为学"即研究学问，"为道"即俭约收敛、返璞归真。老子认为，学问属于智巧，尤其是政教礼义等世俗之学，"为学"越多，诈伪越多，而"为道"可以使人内心纯净，少私寡欲。所以，老子主张人们走"为道"的道路。

【原文】

为学①日益②，为道③日损。损④之又损，以至于无为。无为而无不为。

取天下常以无事，及其有事，不足以取天下。

【字词注解】

①为学：研究学问。

②益：增加。

③为道：修行自然天道。

④损：减少。

【白话解说】

研究学问，掌握知识和技能要逐日增加，修行自然天道，令内心纯净返璞归真，私欲私爱须逐日减少。让那些令内心迷乱困惑的东西不停地减少，最后达到无为的状态。能够做到无为，就会有所作为。

取得天下要顺应自然，清静无为，如果多事扰民，妄为滋扰，就不能取得天下。

●【智慧剖析】

在这一章中，老子继续深入阐述求知和行道的关系。

对知识的追求要不停地积累和发展，而对于"道"则恰恰相反，只有去除了杂念，也就是说，只有人们认识大道所建立的名相越来越少，才能离大道越来越近。

人往往就是那样，对功名、财富的追求永远也不会满足，欲望就像一条锁链，牵着一个永远也无法到达的终点。

何为"益"？我们每个人都生活在每一天里，但对每一天的意义并非都能通晓，平时忽视的往往是每一天。随着年龄的增长，我们的知识也越来越丰富，经验越来越多。所以，我们是在学习中去了解世界，去探索和追求客观事物的发展规律的，它对我们人类的生存和发展有着重要的意义。因此，要在不断增长中积累和巩固；因为学习知识是没有尽头的，是永远不可能完结的。所以，我们的学识只能在日益深入中不断累积，这就是"益"。

古人云："明日复明日，明日何其多。我生待明日，万事成蹉跎。"如果我们什么事都等到明天去做，那终将一事无成。所以，每一天对每一个人来说，都非常宝贵。

如果你想"益"，那么首先就要"损"，要会"损"，要持之以恒地"损"。这个"损"就是反省自己，改正自己的过错，检讨自己的缺点，涤除自己的私心杂念和贪欲，冲洗自己身上不良的习气。引用尼采的一句话："一个人智慧的增长以什么标准来衡量呢？就看他的不良品性减少了多少，他的智慧也就能增长多少。"这就是会"损"的意思。

因为只有在损的同时才能受益，如果一些旧东西和垃圾舍不得丢掉，那么就只能招来一些蛀虫。所以，有些东西当损则损，而且还要主动地去损，积极地去损，乐观地去损，而不是被动地损、消极地损、盲目地损。

"人心不足蛇吞象"，一个心有贪念的人，胃口只会愈来愈大，敛取手段也会愈加胆大妄为。贪欲足可以毁身，人若起了私心贪念，被贪婪控制了心灵，就会成为被物欲操纵的躯壳，变得不自知，奢望不属于自己的东西，久而久之，就会使自己的品格低下，而最终一无所获。

私心和欲望是人性的两大弱点，虽然每个人都知道这个道理，但并不是每个人都能抵挡物欲的诱惑。想要降伏这两个魔鬼，不仅需要超凡的智慧，看清私心与欲望的危害，还要有坚强的意志和顽强的毅力，从而抵挡诱惑，坚定意志。

人一旦被私欲蒙住了心灵，就容易沦为欲望的奴隶。这样的人并不明白自己真正想要追求的是什么，只是漫无目的地随波逐流，埋葬了自己真正的幸福。至于那些过于自私或物欲过强的人，多半会被人排斥，因自私自利而自毁前程。所以，要做金钱的主人，利用它来丰富我们的人生，而不要沦为金钱的奴隶，将灵魂签约给魔鬼。

所以说，老子在这一章是要告诉我们"为学日益，为道日损"。

小故事·大道理

在美国西北部蒙大拿州西部边境比特鲁特山旁的达比镇，人们这么多年都习惯于仰望那座晶山。之所以获得"晶山"这个名称，是因为它被侵蚀，已暴露出一条凸出的狭窄部分，这部分是微微发光的晶体，看上去有点儿像岩盐。早在1937年，这里就修建了一条直接越过这块露面岩层的小径。但是此后一直到1951年，没有一个人弯下身子去捡起一块发亮的矿物质，好好地观察它。

直到1951年，两个达比人——康赖先生和汤普生先生看见一种矿石的集合物陈列于这个小镇，感到十分激动。他们看到矿物展品中的绿玉标本上附有一张卡片，说明绿玉可用于原子能探索，便立刻到晶山上立柱，表示所有权。汤普生把矿石的样品送到斯波堪城的矿务局,并希望他们派一名检验员来察看一种"储量巨大"的矿物。1951年的下半年,该矿务局派了一部推土机上山采集矿石样品并分析成分,认定这里确实是极有价值的世界最大的铁矿储藏地之一。今天,沉重的运土卡车陆续奋力登山,又载着极为沉重的矿石慢慢地闯出一条下山的回路;而在山脚下等待他们的是手中拿着支票的美国钢铁公司和美国政府的代表——他们都急于购买这些矿石。

如同这座看似不起眼的矿山,你的身上也有一个钻石宝藏,那就是潜力和能力。你身上的这些钻石足以使你的理想变成现实。你必须做到的,只是更好地开发你的"钻石",为实现自己的理想付出辛劳。

二

一个乞丐在大街上垂头丧气地走着。他衣着褴褛,面黄肌瘦,看起来很久没有吃过一顿饱饭了。他不停地抱怨:为什么上帝就不照顾我呢?为什么唯独我这么穷呢?

上帝听到了他的抱怨,出现在了他的面前,怜惜地问乞丐:"那你告诉我吧,你最想得到什么?"乞丐看到上帝真的现身了,喜出望外,张口就说:"我要金子!"上帝说:"好吧,脱下你的外衣来接吧!不过要注意,只有被衣服包住的才是金子,如果掉在地上,就会变为垃圾,所以不能装太多。"乞丐听后连连点头,迫不及待地脱下了外衣。

上帝轻轻一挥手,金子从天而降。乞丐忙不迭地用他的破衣服去接金子。上帝告诫乞丐说:"金子太多会撑破你的衣服的。"乞丐不听劝告,仍兴奋地大喊:"没关系,再来点儿,再来点儿!"正喊着,只听"哗啦"一声,他那破旧的衣服裂开了一条大口子,金子滚落在地,瞬间变成了破砖头、碎瓦片和小石块。

上帝叹了口气消失了。乞丐又变得一无所有,只好披上那件比先前更破、更烂的衣服,继续乞讨。

第四十九章　圣人常无心

〔题解〕

本章是老子对理想统治者的描绘。老子认为，理想的统治者没有私心，能够用善心和诚心对待所有人，使百姓浑朴其心，返璞归真，这样就会天下和谐。

原文

圣人常无心①，以百姓心为心。

善者，吾善之；不善者，吾亦善之，德善②。

信者，吾信之；不信者，吾亦信之，德信③。

圣人在天下，歙歙④焉，为天下浑⑤其心。

百姓皆注⑥其耳目，圣人皆孩之。

【字词注解】

①无心：没有私心。

②德善：得到善。德，通"得"。

③德信：得到诚信。

④歙歙：收敛。

⑤浑：浑朴。

⑥注：专注，用心。

──●【白话解说】

圣人总是没有私心，把人民的心作为自己的心。

善良的人我要善待他，不善良的人我也要善待他，这样就能够使人向善了。

诚信的人我以诚信对待他，不诚信的人我也以诚信对待他，这样就能够得到信了。

圣人处于世上，总是收敛自己的意志，使人民之心归于浑朴。

人民都用聪明才智，注目而视，倾耳而听，圣人要使他们恢复婴儿般纯真质朴的状态。

──●【智慧剖析】

这一章表达了老子的政治思想。文中所讲的"圣人"，是老子理想中的执政者。"圣人"生于天下，能恰当地收敛自己的妄念，不放纵自己，不与民争利，不以自己的主观意志妄为。老子认为，理想的执政者没有私心，以百姓之心为心，使人人守信、向善。老子把以"道"治天下的希望寄托给一个理想的"圣人"，他治理国家往往表现出浑噩质朴的特征。对于注目而视、倾耳而听，爱用聪明才智，甚至心计巧诈的老百姓，圣人要他们都回归婴儿般无知无欲的纯真状态，这种见解是有一定进步意义的。

因为圣人知足，无为，能体悟大道的德行，将天地万物视为一体，没有分别。所以圣人便没有私心，没有偏见，对一切善良与不善良的人、诚信与不诚信的人，都一样对待。他真诚地对待别人，别人感觉到了他的真诚，也就自然地从内心尊敬他，爱戴他，乐于倾听他的教诲，乐于模仿他的言行。

在这一章，老子讲的就是人与人之间的那种关怀和爱。

爱我们身边的每一个人，这就要你做到去容纳别人，像圣人一样没有私心、偏见，有的只是爱心。

小故事·大道理

一

西班牙内战时，罗克·菲格参加了国际纵队，来到西班牙参战。在一次激烈的战斗中，罗克·菲格不幸被俘，被关进了单人牢房。

透过牢房的铁窗，借着昏暗的光线，罗克·菲格看见一个士兵，一个像木偶一样一动不动的士兵。士兵没有看见他，罗克·菲格尽量用平静而沙哑的嗓音一字一顿地对他说："对不起，有火柴吗？"

士兵慢慢扭过头来，用他那冷冰冰的、不屑一顾的眼神扫了罗克·菲格一眼，接着又闭了一下眼，深吸了一口气，慢慢地踱了过来。士兵脸上毫无表情，但还是掏出火柴，划着了送到罗克·菲格嘴边。

在这一刻，在黑暗的牢房中，在那微小但又明亮的火柴光下，士兵的目光和罗克·菲格的目光撞到了一起，罗克·菲格不由自主地咧开嘴，对他送上了一个微笑。在愣了几秒钟后，士兵的嘴角也开始不大自然地往上翘。点着烟后，士兵并没有走开，他直直地看着罗克·菲格的眼睛，露出了微笑。

罗克·菲格一直保持着微笑的样子，这时士兵也好像完全变成了另一个人，他的眼中流露出人性的光彩，探过头来轻声问："你有孩子吗？"

"有，有，在这儿呢！"罗克·菲格用颤抖的双手从衣袋里掏出票夹，拿出他妻子和孩子的合影给士兵看，士兵也赶紧掏出他和家人的照片给罗克·菲格看，并告诉罗克·菲格："出来当兵一年多了，想孩子想得要命，再熬几个月才能回家一趟。"

罗克·菲格的眼泪止不住地往外涌，对士兵说："你的命可真好，愿上帝保佑你平安回家。可我再也不能见到我的家人了，再也不能亲吻我的孩子了……"罗克·菲格边说边用衣袖擦眼泪，擦鼻子。士兵的眼中也充满了同情的泪水。

突然，士兵的眼睛亮了起来，用食指贴在嘴唇上，示意罗克·菲格不要出声。他机警地、轻轻地在过道巡视了一圈，又踮着脚尖小跑过来，掏出钥匙打开罗克·菲格的牢门。罗克·菲格的心情万分紧张，紧紧地跟着士兵贴着墙走，士兵带罗克·菲格走出监狱的后门，一直走出了城。

二

多年前，在荷兰一个小渔村里，一个男孩教全世界懂得了无私奉献的报偿。由于全村都靠渔业为生，志愿紧急救援队就成为重要的设置。在一个月黑风高的夜晚，海上的暴风刮翻了一条渔船，落水的船员们发出了求救信号。救援队的船长听到了警讯，村民们也都聚集在小镇广场中望着海港。当救援的划艇与汹涌的海浪搏斗时，村民们也毫不懈怠地在海边举起灯，照亮他们回家的路。过了一个小时，救援船穿过波涛再次出现，欢欣鼓舞的村民们跑上前去迎接。当他们筋疲力尽地抵达沙滩后，志愿紧急救援队的队长宣布，救援船无法载走所有的人，只好留下其中一个。再多装一个乘客，救援船就会翻覆，所有的人都活不了。

在忙乱中，队长要另一队志愿救援者去搭救那个留下的人。十六岁的汉斯也应声而出。他的母亲抓着他的手臂说："求求你不要去，你的父亲十年前在船难中丧生，你的哥哥保罗三个礼拜前才出海，现在音信全无。汉斯，你是我唯一的依靠呀！"

汉斯回答："妈，我必须去。如果每个人都说'我不能去，总有别人去'那会怎么样？妈，这是我的责任。当有人要求救援，我们就得轮流扮演这个角色。"汉斯吻了吻他的母亲，加入队友消失在黑暗中。

又过了一个小时，对汉斯的母亲来说，这比永久还久。救援船驶过迷雾，汉斯正站在船头。船长把手围成筒状，向汉斯叫道："你找到留下来的那个人了吗？"汉斯高兴得大声回答："我们找到他了。告诉我妈妈，他是我哥哥保罗！"

第五十章　出生入死

〔题解〕

本章的主旨是论述养生之道。老子认为，人活于世，应当清静恬淡，少私寡欲，才能远离危险，延年益寿，过度求生，反而会自蹈死地。

原文

出生入死。生之徒①，十有三；死之徒②，十有三；人之生，动之于死地③，亦十有三。夫何故？以其生生④之厚。

盖闻善摄生⑤者，陆行不遇兕虎⑥，入军不被甲兵⑦；兕无所投其角，虎无所用其爪，兵无所容其刃。夫何故？以其无死地。

【字词注解】

①生之徒：趋向于生的人。

②死之徒：趋向于死的人。

③死地：死亡之地。

④生生：求生。

⑤摄生：养生。摄，养护。

⑥兕（sì）虎：犀牛和老虎。

⑦甲兵：盔甲和兵械，这里泛指兵器。

——•【白话解说】

人始于生而终于死。趋向于生的人，占十分之三；趋向于死的人，占十分之三；那些本可长生却走向死亡的人，也占十分之三。这是为什么呢？因为他们过度求生。

听说善于养生的人，在陆地上行走不会遇到犀牛和老虎，在战场上不会被兵器伤害。对于他们，犀牛没有地方去刺它的角，老虎没有地方去用它的爪，兵器没有地方容纳它的刃。这是为什么呢？因为他们没有能致死的地方。

——•【智慧剖析】

老子生逢乱世，他看到人生危机四伏，生命安全随时随地受到威胁。因此他主张不要靠战争、抢夺来保护自己，不要以奢侈的生活方法来保养自己，而应清静无为、恪守"道"的原则。他不妄为，不伤害别人，别人也找不到对他下手的机会，这就可以排除造成人们寿命短暂的人为因素。老子以本章文字劝世，希望世人能做到少私寡欲、清静质朴、纯任自然。

生老病死是生命进程中的必然规律，谁都无法抗拒。生命对任何一个人来讲都是宝贵的。通常人们一提到死，就会十分恐惧。害怕死亡是人之常情，一些人生了病首先想到的是"死亡"。对死亡的惧怕，会给人的心理乃至生理造成巨大的压力，于是情绪低落，郁闷，从而使病情不断加重。

我们人类来到这个世界上，是一件很不容易的事，或者说是很偶然的事。我们人的一生就几十年，与天地的永存以及人类文明相比，只不过是昙花一现，又如流星一闪，十分短暂。如此有限的时光又有谁不珍惜自己的生命呢？又有谁真的愿意去死呢？

对生死有了分别之心，就贪生而怕死，却早早地死去；对生死没有差别，就会在任何地方都不会害怕，面对任何事情都保持冷静，如此就会长寿。

走进人生，我们就是生，路的尽头就是死亡。但是，就看我们是不是懂得人生这座大阵的奥妙，能不能掌握破解这座大阵的方法了。

其实方法很简单，就是顺其自然。生的时候就痛痛快快地生，不要去自寻烦恼；死的时候就安安静静地死，没有留恋和惋惜。如果一味贪生怕死，反而会更快地死去。

当我们走入人生的这座大阵之后，就看我们所持有的是一种什么样的心态了。如果我们秉持一种平静的心态，笑看生死，把生死当作一件很正常的事，就能冷静地处身于阵中，懂得如何保全自己的生命，就会存活得长一些。如果我们怀着一种紧张的心态，一天到晚总担心自己死掉，不仅不知道阵法的奥妙，身处阵中还不能冷静度势，不马上死掉已经是不错的奖赏了，还谈什么活得长久？

一个刚生下一天的婴儿被医生宣判"这个孩子不能活了"。孩子的母亲痛不欲生。

"这个孩子会活下去！"孩子的父亲坚定地劝慰孩子的母亲。这位父亲具有积极的心态。

父亲相信医学，更相信行动。他马上行动起来，找到一位儿科专家治疗孩子。这位医生也有积极的心态，他想方设法救治这孩子，这孩子活了下来！

一天，一位五十岁的男子由于活动过量，感到胸痛且呼吸急促。他的妻子比他年轻十多岁，看到丈夫的模样大为惊慌，急忙为丈夫按摩，试图加快他的血液循环。但是，他死了。

"我再也活不下去了！"这妻子对她的母亲说。于是，这妻子经不住心理上的打击也死了。她和她的丈夫死亡时间仅相差两天！

积极心态和消极心态同样具有强大而不可抗拒的力量。

任何时候都要发展积极的心态，为可能发生的紧急情况做好准备。人要有一个人生的目标，当你有了人生目标的时候，你的心里就有了强大的激励因素，使你在紧急情况中顽强求生。

死亡是必然的，我们只有以积极的心态面对人生，才能懂得生命的可贵，从容面对死亡。这样的人生是没有遗憾的。

放下死亡的包袱，敞开自己的心扉，积极地对待生活中的每一天，你才能好好地活着。

不要去在意那些繁杂的纠葛，活着就是幸福，活着就是一切！

小故事·大道理

一

庄子是战国时期伟大的思想家，因为他对人生有着独特的体验和透彻的思考，所以，他的哲学可称为"生命的哲学"。

在生死问题上，下面这则故事很能说明"生命的哲学"的特点。

庄子的妻子死后，庄子的朋友惠子前往吊唁，却发现庄子没有号啕大哭，而是在敲打着盆子唱歌。

惠子十分诧异，并因庄子没有为妻子之死而悲伤痛哭而责怪他。

庄子闻言，就解释道：自己开始并不是没有悲伤，但后来想到，一个人的降生与死亡，就像自然界的春夏秋冬一样周而复始，人死了，那只是静静地安息在天地所构成的巨室广厦之中，而我却在号啕痛哭，难免属于不通达生命之理之人了，所以我才止住了痛哭。这就是庄子著名的"鼓盆而歌"的故事。

二

传说老子骑青牛过函谷关，在函谷府衙为府尹留下洋洋五千言《道德经》时，一位年逾百岁、鹤发童颜的老翁摇摇晃晃地到府衙找他。老子在府衙前遇见老翁。

老翁对老子施了个礼说："听说先生博学多才，老朽愿向您讨教。"

老翁得意地说："我今年已经一百零六岁了。说实在话，我从年少时直到现在，一直游手好闲地轻松度日。与我同龄的人都纷纷作古，他们开垦百亩沃田却没有一席之地，修了万里长城而未享辚辚华盖，建了房舍屋宇却落身于荒郊野外的孤坟。而我呢，虽一生不稼不穑，却还吃着五谷；虽未制过只砖片瓦，却仍然居住在挡风遮雨的房舍中。先生，是不是我现在可以嘲笑他们忙忙碌碌劳作一生，只是给自己换来一个早逝呢？"

老子听了，微微一笑，对府尹说道："请帮我找一块砖头和一块石头来。"

老子将府尹找来的砖头和石头放在老翁的面前，问道："如果只能择其一，仙翁您是要砖头还是要石头？"

老翁得意地将砖头取来放在自己的面前说："我当然选砖头。"

老子抚须笑着问老翁："为什么呢？"

老翁指着石头说："这石头没棱没角，要它能有何用？而砖头却用得着呢。"

老子又招呼围观的众人问："大家要石头还是要砖头？"众人都纷纷说要砖，不要石。

老子又回过头来问老翁："是石头寿命长呢，还是砖头寿命长？"老翁说："当然石头了。"

老子笑说："为何石头寿命长，人们却不选择它；砖头寿命短，人们却选择它？只因砖头有用，石头无用。天地万物莫不如此。寿虽短，于人于天有益，天人皆择之，皆念之，短亦不短；寿虽长，于人于天无用，天人皆摒弃，倏忽忘之，长亦是短啊。"

老翁顿感惭愧。

三

黄帝治理天下十九年，政通人和，百姓归心，但他却一心求仙学道。一天，黄帝听说崆峒山上有一位隐士，名叫广成子，精通养生之道，便亲自登门拜访，说："我听说先生的修行已经达到至道的境界，请问至道的精髓是什么？我想用其使天下五谷丰登，养育百姓；也想借其调和阴阳，顺应万物的性情。"

广成子说："你施行的政策摧残万物，让天下一片混乱，哪有资格来讨论至道的精髓呢？"

黄帝身为天子，被奚落了一顿却并没有生气，而是暂时抛开了政事，盖了一间清静的小屋，坐在洁白的茅草上潜心思考。过了三个月，他又去拜访广成子，恭恭敬敬地说："先生的修行已经达到至道的境界，我想请您告诉我如何修身养性、延年益寿。"

广成子说:"至道的精髓,深邃而无穷,微妙而难见,不要强行去求取,而是要清静无为,让自己的形体自然走向正道;要做到静寂、清心,眼睛不看,耳朵不听,心里不思虑,不要过度劳动身体和精神,自然可以延年益寿,因为多用心智乃是祸害的根源。你只要注意修身,万物自会茁壮,哪里需要为了它们殚精竭虑?我之所以长寿,就是因为始终处于恬淡的境地。"

黄帝感叹地说:"广成子真是与天同体啊。"

第五十一章 尊道贵德

〔题解〕

本章重申万物形成、发展的过程。老子认为，"道"创造万物，"德"养育万物，但二者并不干涉万物的生长繁衍，而是顺其自然。老子在这里赞颂了"道"和"德"无私的品格。

〔原文〕

道生之，德畜之，物形之，势成之。是以万物莫不尊道而贵德。道之尊，德之贵，夫莫之命而常自然。

故道生之，德畜之，长之育之，亭之毒之①，养之覆②之。生而不有，为而不恃，长而不宰，是谓"玄德"。

【字词注解】

①亭之毒之：使万物成熟。亭，成。毒，熟。
②覆：保护。

【白话解说】

"道"产生万物，"德"养育万物，万物有了形体，"势"使万物得到完善。所以万物无不崇尚"道"而重视"德"。

"道"受到崇尚，"德"受到重视，不在于有人干涉，而在于顺其自然。

"道"产生万物，"德"养育万物，让万物生长、发育，让万物成熟结籽，照顾万物，保护万物。生育万物而不占有，造就万物而不自恃有功，使万物成长而不加主宰，这就是"玄德"。

【智慧剖析】

这一章论述的是"道"以"无为"的方式生养了万物。万物是顺应客观存在的自然规律而生长的，也是适应着所处的具体环境而生长的，根本就不可能有所谓的主宰者加以安排。万物的生长需要依据客观自然界存在的规律，老子称之为"道生之"；客观自然界存在的规律具体运用于万物的生长，老子称之为"德畜之"。万物生长，必须依据自然界的规律，成为自然规律的具体运用，所以"万物莫不尊道而贵德"。但是，万物的尊道贵德，仅仅是对自然规律的依据与运用，而非另有什么主宰者加以命令与安排。这种现象，老子认为是无为自然的状态，所以说"夫莫之命而常自然"。道之创造万事万物，并不含有什么主观的意识，也不具有任何目的，而且不占据，不主宰，整个过程是自然而然的。万事万物的生长、发育、繁衍，是处在自然状态下的。这就是"道"在作用于人类社会时所体现的"德"特有的精神。

老子再次告诫我们凡事要遵循自然规律，付出而不奢求回报。

有良知的人，当他们意识到生活的赐予有多丰厚时，会真正地谦卑，感激别人对他们的生活所做的贡献。当你以自己的成功为荣时，应想起从别人那里获得的助益有多少。

孔子说："见义不为，无勇也。"所以，君子应当见义而为。孔子又说："仁者必有勇，勇者未必有仁。"具有仁义德行的人，必定有勇。勇于什么呢？勇于仁，勇于义。但有勇的人却不一定具有仁义的德行，因为有些所谓勇者，只是勇于做坏事，或者不问青红皂白地勇。所以孔子强调："君子以义为之，君子有勇而无义为乱，小人有勇而无义为盗。"君子应始终把义作为至高无上的准则。如果只是有勇而无义，就会犯上作乱。只有把义与勇相融相合，统为一体，才能真正做到见义而为。

"见义而为"，是中华民族千百年来崇尚的美德之一，人们对见义而为的行为总会给予应有的颂扬。

"见义而为"首先要求的不是他人，而是自身。它要求自己立身方正，守正不阿，"勿以恶小而为之，勿以善小而不为"，敢行直道，敢担道义，一方面要和自己的恶欲、贪念相抗争，另一方面对他人的不义行为不屈从，不苟且。"见义而为"的"为"是多方面的，不单单指"止戈为武"，以勇力相抗。即使在你无拳无勇、人微言轻、身单力薄的情况下，依然可用你可行的所有方式与恶相抗，独立横流，义不苟且。在"姑息必然养奸，除恶不容不尽"的情况下，挺身而出，奋不顾身。但在更多的情况下，我们首先要求的还是对合乎"义"的事肯为、乐为。"为"在关键时刻可能表现为不畏强暴、不避锋矢，但在更多的时候，可能即便要做一件很简单、毫无风险的事，也需要拿出极大的勇气。当你周围的人都翻越隔离栏杆横过马路时，你却要绕很远的路去走人行横道或过街天桥，周围的人会讥笑你胆小、迂拙，倘使你能不为所动，也算得上是见义而为之了。从某种意义上讲，"见义而为"是一种最大的施恩，是对国家、社会上的大多数人的施恩。施恩不图报，凡符合自己道德标准的事就乐于去做，不为回报，不求名利，不为青史留名，这些被所谓的"精明人"看作愚人行径的事，是"糊涂人"乐于去做的。所以，只要自己觉得这样做是快乐的，糊涂也无妨。

如果对人施恩总计算着回报，便失去了行善的意义。施恩而不图回报，是一种高尚的情操，对人的帮助要发自内心，急人所急，想人所想，不能存有希望对方回报的念头，应无私地奉献爱心。

小故事·大道理

墨子怀抱"救世"的情怀行义天下，认为只有义才能利民、利天下。所以，他以一个苦行僧的形象周游列国，不仅极力宣传他的学说和主张，而且尽力制止非正义的、给天下百姓带来无穷灾祸的战争，达到了见义勇为的至高境界。

天下有名的巧匠公输般，为楚国制造了一种叫作"云梯"的攻城器械，楚王要用这种器械攻打宋国。墨子当时正在鲁国，听到这个消息后，立即动身，走了十天十夜直奔楚国的都城郢，去见公输般。

公输般问墨子："夫子到这里来有何指教？"墨子说："北方有人侮辱我，我想借你之力杀掉他。"公输般很不高兴。墨子又说："请允许我送你十镒黄金作为报酬。"公输般说："我以义行事，决不随意杀人。"墨子立即起身，向公输般拜揖说："请听我说，我在北方听说你造了云梯，并要用云梯攻打宋国。宋国又有什么罪过呢？楚国的土地有余，不足的是人口。现在要为此牺牲本来就不足的人口，去争夺自己已经有余的土地，这不能算聪明。宋国没有罪过而去攻打它，这不能说仁。你明白这些道理却不去谏止，这不能算忠。如果你谏止楚王而楚王不从，就是你不强。你以不杀一人而准备杀宋国的众人，确实不是个明智的人。"公输般听了墨子的一席话后，深为折服。接着，墨子问道："既然我说的是对的，你又为什么不停止攻打宋国呢？"公输般回答说："不行啊，我已经答应楚国了。"墨子说："不如带我去拜见楚王。"公输般答应了。

于是，墨子随公输般拜见楚王，墨子说道："假定现在有一个人在此，舍弃自己华丽贵重的彩车，去偷窃邻舍的破车；舍弃自己锦绣华贵的衣服，去偷窃邻居的粗布短袄；舍弃自己的膏粱肉食，去偷窃邻居家里的糟糠之食。大王认为这是个什么样的人呢？"楚王说："一定是个有偷窃毛病的人。"墨子继续说道："楚国的国土，方圆五千里，宋国的国土，不过方圆五百里，两者相比较，就好比彩车与破车。楚国有云楚之泽，犀牛、麋鹿遍野，长江、汉水又盛产鱼鳖，是富甲天下的地方；宋国贫瘠，连所谓的野鸡、野兔和小鱼都没有，这就好比粱肉与糟糠。楚国有高大的松树，纹理细密的梓树，还有梗楠、樟木等；宋国却没有，这就好比锦绣衣裳与粗布短袄。由这三件事而言，大王攻打宋国，与那个有偷窃毛病的人并无不同，我看大王攻宋不仅不能有所得，反而有损大王的义。"楚王听后说："你说的有理。尽管这样，公输般为我制造了云梯，我一定要攻取宋国。"

鉴于楚王的固执，墨子转向公输般。墨子解下腰带围作城墙，用小木块作为守城的器械，要与公输般较量一番。公输般多次设置了攻城的巧妙方法，墨子都成功地抵御。公输般的攻城器械已用完，墨子守城的方法却还绰绰有余，公输般只好认输，但是却说："我已经知道该用什么方法对付你，不过我不想说出来。"墨子也说："我也知道你用来对付我的方法是什么，我也只是不想说出来罢了。"楚王在一旁不知道他们两个人到底在说什么，忙问其故。墨子说："公输般的意思不过是要杀死我，杀死了我，宋国就无人能守城，楚国就能放心地去攻打宋国了。可是，我已经安排我的学生禽滑厘等三百人，带着我设计的守城器械，在宋国的城墙上等着楚国的进攻呢！所以，即便杀了我，也不能杀绝懂防守之道的人，楚国还是无法攻破宋国。"楚王听后对墨子说："我不攻打宋国了。"

墨子成功地劝楚王放弃了攻宋的计划，启程回鲁国。途经宋国时，适逢天降大雨，于是想进一个闾门避避，但是看守闾门的人不让他进去。他全然不知，这个狼狈不堪的人刚刚挽救了宋国，是宋国的大恩人。

二

隋朝李士谦把几千石粮食借给了老家的乡亲。刚巧这年粮食歉收，借粮的人家无法偿还。李士谦把所有借粮的人请来，摆下酒食招待他们，并当着他们的面把债券都烧了，说："债务了结了。"

第二年粮食大丰收，借了粮食的人都争着还债，李士谦一概拒绝不受。有人对他说："你积了很多阴德。"李士谦说："做了人们不知道的好事才叫阴德，而我现在的行为，都是你们知道的，怎么算阴德呢？"

李士谦没有乘人之危逼债，而是焚尽债券，并且不居恩自擂，的确当得人们的爱戴。他死后百姓恸哭不已就是明证。

三

在一个暴风骤雨的夜晚，一对上了年纪的夫妇来到一家旅店，他们看起来很疲惫，急于找到一个落脚的地方。当得知这家旅店也客满后，夫妇俩的脸上露出了失望的表情。

年轻的伙计看着一脸倦容的夫妇，带他们到了一间房间门前："实在抱歉，今天房间全满了，要是你们不介意的话，就睡我的床吧。"

"那你怎么办呢？"那对夫妇异口同声地问。

"我可以睡地板。"年轻人无所谓地耸耸肩。

第二天早上，夫妇俩付房钱时，伙计坚持不收，说："我只是把自己的床借给了你们一晚，而我的床是不收费的，我不能收你们的钱。""年轻人，你很了不起。"两年过去了。一天，年轻人收到了一封信，信里附着一张到纽约的机票，邀请他回访两年前在那个雨夜借宿的客人。

年轻人到纽约见到了那对夫妇，他们把他带到一幢高楼前，对他说："年轻人，这是我们的旅馆，你愿意做这个旅馆的经理吗？"

第五十二章 天下有始

〔题解〕

本章前半部分强调"道"为天地万物的根本,提醒人们认识事物要把握根源。后半部分讲述清静无为的处世原则,认为只有闭目塞听,排除欲望的干扰,才能持守大道,不陷入困窘之中。

天下有始①,以为天下母②。既得其母,以知其子③;既知其子,复守其母。没身不殆。

塞其兑④,闭其门,终身不勤⑤;开其兑,济⑥其事,终身不救。

见小曰"明"⑦,守柔曰"强"。用其光,复归其明⑧,无遗身殃⑨。是为"袭常"⑩。

【字词注解】

①始:本始,指道。

②母:根源,指道。

③子:这里指万物。

④兑:这里指欲念的孔窍。

⑤勤:劳。

⑥济:成就。

⑦见小曰"明"：能察见细微叫作"明"。
⑧用其光，复归其明：用智慧之光探索规律，再回到光明的样子。
⑨无遗身殃：不给自己带来灾殃。
⑩袭常：因循常道。

●【白话解说】

天地万物都有初始，作为天地万物之母。知道了万物之母，就能了解万物；了解了万物，就要坚守万物之母，终身都不会有危险。

堵住欲念的孔窍，关闭欲念的门径，终身都不会劳苦。开启欲念的孔窍，增加众多事务，终身都不可救药。

能察见细微的叫作"明"，能坚守柔弱的叫作"强"。用智慧之光探索规律，再回到光明的样子，就不会给自己带来灾殃。这就是因循常道。

●【智慧剖析】

在本章中，老子又一次使用了"母""子"这对概念。"母"就是"道"，"子"就是天下万事万物，因而母和子的关系，就是道和万物、理论和实际、抽象思维和感性认识、本和末等关系的代名词。

这一章主要讲怎样去遵循自然的规律。要遵循大自然的规律，就应该认识大自然的德行，不仅要从个人角度认识大自然的德行，还要从自然的角度认识自己。因为，只有这样才能在生活中不断地规范自己的言行，使其一切顺其自然，而不妄加施为。

站在自然大道的立场上看自己，让自己保持与大道一样的德行，塞住贪婪的孔窍，闭住嗜欲的门径，坚守柔弱，这样就无灾无害了。

若是不能客观地观察世界的本质，总以自身的感受和观点来认识和判断世界，就会对事物产生片面的认识，进而盲目自负。这样会给自己招来灾祸。

俗话说"旁观者清，当局者迷"，就是要站在客观的立场上去分析和判断。做一个旁观者，站在事物的立场去看待事物，就像站在山顶看山谷。但是，又有多少人能做到呢？

若是心中有太多的欲望和杂念干扰，就无法回归清静自然的大道，就无法使心灵在清静无为的天空自由翱翔。心灵被关在一个非常狭窄的空间中，看到的也只是一小片天空而已，犹如井底之蛙。视线被束缚，怎能了解世界的全部，又怎能看清万物的起始呢？

小故事·大道理

在一座山上住着一户人家，夫妻二人平日辛勤地耕种，生活还算过得去，但如果有额外的开销，经济就会变得很困窘。

这一天，男主人很久以前认识的一位朋友千里迢迢地来访，这让他十分高兴。

"有朋自远方来，不亦乐乎"，所以男主人特别让妻子煮了些下酒好菜，两人高兴地谈论到天明。

谁知道，客人这一住，就是很长一段日子，而且似乎没有打道回府的意思。

此时，家里的菜快要吃光了，偏偏正逢梅雨季节，雨下个不停，山路泥泞难行，主人两口子无法下山买粮，真是糟糕。

妻子说："你快想想办法啊！"

丈夫说："他不走，我总不能请他自己离开吧！"

妻子说："不管你怎么做，反正没有米下锅了，也没有菜可吃了，你再不想办法，我们三个人一起饿死好了！"

妻子越说越气愤，拂袖而去，留下不知该如何是好的丈夫。

隔天，吃完饭后，男主人陪着客人，看看窗外的景致，谈谈过去的事情。

这时候，男主人忽然看到庭院的树上有一只鸟正在躲雨，那只鸟的体形非常大，是他从没有见过的品种。

于是，男主人灵机一动，对着客人说："你远道而来，这几天我都没有准备什么丰富的菜肴招待你，真是不好意思！"

客人说："别这么说，我觉得一切都很好，你和嫂子款待周到，我吃得好,睡得好,感激不尽呢!"

主人说:"你看到窗外树上的那只鸟了吗?"

客人说:"看到了,怎么啦?"

主人说:"我准备拿把斧头把树砍了,然后抓住那只鸟来煮,晚上我们喝酒时,才有下酒菜呀,你觉得如何?"

客人想了半天,十分疑惑地问:"当你砍树的时候,可能鸟儿早就飞走了,你怎么抓它呢?"

主人悻悻地看着完全不懂自己暗示的客人,无奈地回答:"不会的,在这个人世间,有很多不知人情世故的呆鸟,大树已经倒了,都还不知道要飞呢!"

第五十三章　行于大道

〔题解〕

本章揭露了统治者穷奢极欲的劣行。为政者肆意搜刮，穿锦衣，带利剑，食佳肴；普通百姓却田园荒芜，食不果腹，衣不保暖。老子用犀利的话语严厉地批判了当时黑暗的社会现实。

使我①介然有知②，行于大道，唯施③是畏。

大道甚夷④，而人好径⑤。朝甚除⑥，田甚芜，仓甚虚；服文彩，带利剑，厌⑦饮食，财货有余，是为盗夸⑧。非道也哉！

【字词注解】

①我：这里指有道的执政者。

②介然有知：稍有知识。

③施（yí）：古时为"逶迤"之意。此指邪路。

④夷：平坦。

⑤径：邪路。

⑥朝甚除：朝廷很腐败。

⑦厌：饱足。

⑧盗夸：大盗，强盗首领。

【白话解说】

如果我稍有知识，行走在大道上，就会害怕误入邪路。

大道很平坦，而人们却喜欢走邪路。朝廷腐败极了，弄得农田十分荒芜，仓库十分空虚，有人却穿着锦绣的衣服，带着锋利的宝剑，饱食美餐，财货有余，他们就是强盗头子。这是在违反大道啊！

【智慧剖析】

这一章尖锐地揭露了当时社会的一些矛盾现象，描述了社会的黑暗和统治者给人们带来的深重灾难；他们凭借权势和武力恣意横行，对百姓搜刮榨取，他们终日荒淫奢侈，过着腐朽糜烂的生活，而下层民众却陷于饥饿的境地，农田荒芜，仓储空虚。这种景况，无怪乎老子把统治者叫作"盗夸"。这一章的内容也可以说是给无道的执政者——暴君所画的像。

学坏容易学好难，走邪路容易走正道难，一个人如此，一个社会也是这样。当一个社会走向没落之时，一方面是民不聊生，另一方面是一小撮权贵变本加厉，穷奢极欲，耀武扬威，比强盗还像强盗。

老子说："大道甚夷，而人好径。"大道的路线虽然已经模糊，但大道本身仍然好端端地存在着，而人们熟视无睹。他们欲壑难平，为了满足一己私欲争先恐后地往充满危险的邪路前行。

我们知道，两点之间直线最近。但是，最近的路大多不是平坦的正途，而是崎岖不平的小路，别说车辆难行，就是牛马走着都很困难，但有的人为更快抵达目的地专挑小路走。现在让我们探讨一下：走大路可能会远个几十公里，走小路可能近个几十公里，难道走小路真的比走大路省油又省时吗？不一定；但走大路一定比走小路安全。

爱迪生说："天才是百分之九十九的汗水加百分之一的灵感。"可见天才出于勤奋。有人经过计算，发现爱迪生五十年中在他的实验室或工厂里工作的时间，相当于普通人一百二十五年的工作时间，这还不包括效率的比较。爱迪生之所以能够成为世界发明大王，最大的秘诀就是勤奋。爱因斯坦也说过："在天才和勤奋之间，我毫不迟疑地选择勤奋。"

日本顶级推销员原一平在六十九岁时的一次演讲会上，被人问他推销成功的秘诀，他当场脱掉鞋袜，将提问者请上台，说："请您摸摸我的脚板。"提问者摸了摸，十分惊讶地说："您的脚板好厚啊！"原一平接过话头说："因为我走的路比别人多，跑得比别人勤，所以老茧特别厚。"原一平每天访谈十五位客户，平均每月要用掉一千张名片，一生积累了两万八千个准客户。他创造的推销奇迹，靠的是腿勤、眼勤、手勤、脑勤。

我国著名的数学家华罗庚写过这样一首诗：樱桃好吃树难栽，不洒汗水花不开。勤能补拙是良训，一分辛苦一分才。古人说："人一能之，己百之；人十能之，己千之。果能此道也，虽愚必明，虽柔必强。"

被世人公认的天才音乐家莫扎特，即使在艰苦的旅行演出时，依然经常在琴凳上一坐就是十几个小时。他说："谁像我一样用功，谁就能像我一样成功。"那些在奥运赛场上获得奖牌的运动员，每个人都走过洒满汗水的路。当我们羡慕别人的成功时，不要忘了他们为此付出的努力。

无论是谁，也无论有什么样的条件，要想有所作为，勤奋是必不可少的。任何人，不管天资如何好，成绩多么大，只要停止努力就无法继续进步；今天不努力，明天就落伍；长期不努力，就要被时代抛弃。

天道酬勤，自助者天助。世界上没有一件有价值的东西是不通过辛勤劳动就能获得的。不吝惜自己汗水的人，必将有丰厚的收获。

请记住：在我们的人生中，通往幸福和成功的只有光明大道，并没有快捷的路径可走。

小故事·大道理

很久以前，有个叫奈哈松的人，一心想成为富翁。他觉得成为富翁的捷径是学会炼金之术。

此后，他把全部的时间、金钱和精力，都用在了炼金术的实验中。没多久，他便花光了自己的全部积蓄，一贫如洗，连饭都没得吃了。妻子无奈，跑到父亲那里诉苦。她父亲决定帮女婿改掉恶习。

他让奈哈松前来相见，并对他说："我已经掌握了炼金之术，只是现在还缺少一样炼金的东西……"

"快告诉我还缺少什么？"奈哈松急切地问道。

"我可以让你知道这个秘密。我需要三公斤香蕉叶下的白色茸毛，这些茸毛必须是你自己种的香蕉树上的。等到收齐茸毛后，我便告诉你炼金的方法。"

奈哈松回家后立刻打理好已荒废多年的田地，种上了香蕉。为了尽快凑齐茸毛，他除了种自家以前就有的田地，还开出了大量荒地种香蕉。当香蕉长熟后，他便小心地收集香蕉叶背面的白色茸毛。而他的妻子和儿女则抬着一串串香蕉到集市去卖。就这样，十年过去了，奈哈松终于集齐了三公斤茸毛。这天，他一脸兴奋地带着茸毛来到岳父家，向岳父讨要炼金之术。

岳父指着院中的一间屋子说："现在，你把那边的房门打开看看。"

奈哈松打开了那扇门，看到一室金光——这间屋里堆着小山般的黄金，他的妻子儿女都站在屋中。妻子告诉他，这些金子都是他这十年里所种的香蕉换来的。看着满屋实实在在的黄金，奈哈松恍然大悟。

二

从前有这样两户人家，一家是齐国人，姓国，十分富有；一家是宋国人，姓向，非常贫穷。姓向的听说姓国的很有钱，便专程从宋国跑到齐国，向姓国的请教致富的方法。

姓国的告诉他说："我之所以发家致富，是因为我很善于'偷'。我只用了一年的工夫就有了吃穿；两年下来就相当富足；三年过后，我家土地成片，粮食满仓，我成了方圆百里之内的大户。从那时起，我便向乡邻施舍财物，大家都得到了我的好处。"

姓向的人听了十分高兴。他以为姓国的所说的"偷"，就是翻越人家的院墙，凿开人家的房间，凡是眼睛能看到的、手能拿到的，就可以拿走归自己所有。于是，他回家后就到处偷窃。没过多久，他就被人查出了赃物而获罪。姓向的人不但清退了全部赃物，而且被判罚没收他以前积累的所有家产。

姓向的把自己的失败归咎于姓国的欺骗，就到齐国去找到姓国的，责备他说："你骗我，我去偷怎么就犯法了呢？"

姓国的听了说："你是怎么去偷的呀？"

姓向的把自己翻墙打洞偷盗人家财物的经过讲给姓国的听了，姓国的又好气又好笑地对他说："唉，你真是太糊涂了！你根本没弄懂我所说的'善于偷盗'是什么意思。现在我仔细告诉你吧。人都说天有四季变化，地有丰富的物产，我偷的就是这天时和地利呀。雨水雾露、山林特产和湖泽的养殖可以帮我把庄稼种得很好，把房舍建得很美。我在陆地上能'偷'到飞禽走兽，在有水的地方能'偷'到鱼虾龟鳖。无论是庄稼土木，还是禽兽和鱼虾龟鳖，都是大自然的产物，并不是我原本所有的。我依靠自己的辛勤劳动，向天地自然索取财富，当然不会有罪过，也不会有灾祸。可是，那些金银珠宝、粮食布匹，却是别人积累起来的财富，你用不劳而获的手段去占有别人的劳动成果就是犯罪。你因偷盗罪而受到了处罚，那又能怪谁呢？"

第五十四章　以身观身

〔题解〕

本章论述的要点是修德，反映了老子对人格修养的重视。老子主张用"德"来修身，治家，治乡，治国，治天下。这与儒家"修齐治平"的主张有相通之处。

善建者不拔①，善抱者不脱②，子孙以祭祀不辍③。

修之于身，其德乃真；修之于家，其德乃余；修之于乡，其德乃长；修之于邦，其德乃丰；修之于天下，其德乃普。

故以身观身，以家观家，以乡观乡，以邦观邦，以天下观天下。吾何以知天下之然哉？以此。

——【字词注解】

①拔：拔除。

②脱：脱落，脱离。

③子孙以祭祀不辍：子孙世代遵守"善建""善抱"的道理。

——【白话解说】

善于开展精神建设则不会被拔除，善于抱持道的人不会脱离道，子孙世代遵行这个道理。

将这个道理落实到个人，其德就真实；落实到家庭，其德就有余；落实到一乡，其德就长久；落实到一国，其德就丰满；落实到天下，其德就周全。

所以，要从自身的角度看自身，从全家的角度看家，从全乡的角度看乡，从全国的角度看国，从天下的角度看天下。我是如何知道天下的情况呢？就是用这种方法。

【智慧剖析】

老子在上一章严厉地谴责了当权者炫耀、夸饰的行为，认为这是无道之行。在本章，老子提出了善于立身处世的个人行为方式能达到的成就，即"善建者不拔，善抱者不脱，子孙以祭祀不辍"。老子再次大力提倡德的具体运用和落实，他说："修之于身，其德乃真；修之于家，其德乃余；修之于乡，其德乃长；修之于邦，其德乃丰。"

"善建者不拔"的真意就是说，善于树立信念的人，他的信念一旦建立起来，就不可能再更改，永远也不会动摇。

"善抱者不脱"的真意就是说，善于树立信念的人会把念头牢牢地抱在怀里，任谁也夺不走，骗不走，偷不走，永远不会丧失。

什么能永远传承，"子孙以祭祀不辍"？那就是德——人类最宝贵的精神财富。德的宝贵不仅在于它代表着人类崇高的思想品性和开阔的眼界情怀，更在于它造福着人类、造福着未来。只要崇尚精神修养，便大有希望形成一个普遍的道德世界。

在认识大自然的过程中，通过不断地提高自己的思想觉悟和精神境界，逐渐养成一种健康的思维方式和行为习惯，由此产生的德行是发自内心的、可持续的、自然流露的真实情感。此时，淳朴率真的人格品性成长为理智冷静的道德意识，从而完成了自然人到自觉人的转变。此为"修之于身，其德乃真"。

人生于大道之中，与万物相融，但又高于万物，其原因就在于我们人类是有意识的，正因有这种意识我们才会有"树立信念"的概念。然而，一旦有了这种"树立信念"的概念，就有毁掉信念的可能，如果没有这种概念，自然也就没有毁掉的概念。没有毁掉的概念就不可能毁掉，不可能毁掉的信念不就是永恒的信念吗？

只要能像老子说的那样，拥有一个善于树立信念的意识，拥有一颗坚定信念的心，就没有做不成的事。

只有将自己与别人比较，顺其自然，才能真正明白自己缺少什么，应该如何去做。

小故事·大道理

美国有位著名企业家叫查尔斯·施瓦布。他的众多企业中，有一家工厂总是完不成定额。施瓦布换了好几任厂长，都不奏效。后来，他任命了一位自己十分赏识的人当厂长，但是产量仍然没有起色。于是，施瓦布决定亲自上阵。

他来到工厂车间时，正赶上日班工人要下班，夜班工人要接班。来到车间的生产区后，施瓦布问一个日班工人："你们今天一共炼了几炉钢？"

"六炉。"这个工人答道。

施瓦布在一块小黑板上写了一个"六"字，又巡视了一番就离开了。

夜班工人上班了，看到黑板上出现一个"六"字，十分好奇，忙问门卫是什么意思。"施瓦布今天来过这里，"门卫说，"他问白班工人炼了多少炉钢，知道是六炉后，他就在黑板上写了这个数字。"

第二天早晨，施瓦布又来到工厂，特意看了看黑板，看到夜班工人把"六"换成了"七"，十分满意地离开了。

白班工人第二天早晨上班时都看到了"七"。一名工人情绪激动地大声叫道："这意思是说夜班工人比我们强，我们要让他们看看并不是那么回事！"当他们晚上交班时，黑板上出现了一个巨大的"十"字。

就这样，两班工人较起劲来，这家工厂的产量很快超额完成。

人是不容易服输的，必要时可以跟人比一比。竞争更易激发人的斗志，更易使人获得进步。

二

古时候有个叫乐羊子的人，他娶了一位知书达理、勤劳贤惠的好妻子，她总是鼓励丈夫力求上进，做个有抱负的人。

妻子常常跟乐羊子说："你是一个七尺男子汉，要多学些有用的知识，将来好做大事。天天待在家里或者只在乡里四处转悠，开阔不了眼界，长不了见识，不会有什么出息的。不如带些盘缠，到远方去找名师，学习本领充实自己，也不枉人活一世啊！"

日子一长，乐羊子被说动了，就按照妻子的话收拾好行李出远门去了。自从那天和乐羊子依依惜别后，妻子一天比一天思念丈夫，记挂他在异乡求学的情况，但她把惦念埋在心底，每天不停地织布干活儿，排遣这种心情，好让乐羊子安心学习，不牵挂自己和家里。

一天，妻子正织着布，忽然听见有人敲门。她过去开了门一看，简直不敢相信自己的眼睛，站在面前的竟然是自己日思夜想的丈夫。她高兴极了，忙将丈夫迎进屋坐下。可是，惊喜了没多久，妻子似乎想起了什么，疑惑地问："才过一年，你怎么就回来了，是出了什么事吗？"乐羊子望着妻子笑答："没什么事，只是离别的日子太久了，我对你朝思暮想，实在忍受不了，就回来了。"

妻子听了这话，半响无言，神情很是难过。她抓起剪刀，快步走到织布机前"咔嚓咔嚓"地把织了一大半的布都剪断了。

乐羊子吃了一惊，问道："你这是干什么？"

妻子回答说："这匹布我日夜不停地织呀织呀，它才一丝一缕地积累起来，一分一毫地变长，终于织成了一整匹布。现在我把它剪断了，白白浪费了宝贵的光阴，它永远也不能恢复为整匹布了。求学也是一样的道理，要一点点地积累知识才能有所成。你现在半途而废，不是和我剪断布一样可惜吗？"

乐羊子听了这话恍然大悟，意识到自己错了，羞愧不已。他再次离家求学，过了整整七年才学成而返。

乐羊子的妻子以她的远见和勇气帮助丈夫坚定了求学的意志，而乐羊子也以惊人的毅力克服了困难坚持学习。

第五十五章　物壮则老

〔题解〕

本章主要写厚德之人。老子用婴儿比喻含德深厚的人，认为婴儿天真无邪，精气充足，元气柔和，这正是行道者应有的德行和境界。老子指出，要像婴儿一样柔和无欲，如果纵欲、使强，就会违背大道，加速灭亡。

含德之厚，比于赤子①。毒虫不螫②，猛兽不据，攫鸟③不搏。骨弱筋柔而握固，未知牝牡之合而朘作④，精之至也。终日号而不嗄⑤，和之至也。

知和曰常，知常曰明。益生⑥曰祥⑦，心⑧使气曰强⑨。物壮则老，谓之不道。不道早已。

—•【字词注解】

①赤子：婴儿。

②螫（shì）：毒虫叮刺。

③攫（jué）鸟：用爪抓取猎物的猛禽。

④朘（zuì）作：婴孩生殖器举起。

⑤嗄（shà）：嘶哑。

⑥益生：使生命有益。
⑦祥：吉祥。
⑧心：欲望，指不符合自然法则的妄想、妄动。
⑨强：逞强，强暴。

【白话解说】

含德深厚的人，好比初生的婴儿。蜂蝎毒蛇不咬伤他，凶鸟猛兽不攻击他。他筋骨柔弱，拳头却握得很牢固，他还不知道男女交合但小生殖器却自动勃起，这是精气充足的缘故。他整天号哭，但是他的喉咙却不会沙哑，这是元气柔和的缘故。

知道了柔和便知道了"常"，知道了"常"便可称为"明"，使生命有益就叫作"祥"，心放任气的发泄就叫作"强"。过分强壮就趋于衰老，这叫作"不合于道"，不合于道就会很快灭亡。

【智慧剖析】

这一章，老子重在讲人的行为，好像是在讲道论德，其实是在讲做人做事的道理。

老子讲赤子的特点是柔弱不争和精力未散，其核心还是"和"。他以"和光""冲气"与"婴儿"来说明"和"，都是在谈"统一"，在谈"混成"的状态。"和光"就"复归其明"，意思是说，当光射到了物件的时候，有射到的一面与射不到的另一面，"和其光"是把两者统一起来，回归到"明"的"混成"状态。"冲气"是万物的开端，万物含有负阴、抱阳的两方面，两者经常是统一的，用之不盈，无所不入。

婴儿是人的开端，少年、壮年、老年都以之为起点，但婴儿混沌无知，与天地之和合而为一。"和"所表示的统一，包含着对立在内，是有永恒性的，所以说"和曰常"。老子承认"万物并作"的世界的多样性和普遍存在的矛盾，对社会上存在的占有、掠夺、欺诈、征战的状况深感悲愤，把统一看成他所要追求、所要恢复的事物的常态。老子用了一个形象的比喻，说明这一观点的深意。他说，你看刚出生不久的婴儿，非常柔弱,可是有父母的看护,任何毒虫猛兽都无法伤害他。他虽然没有力气,但小拳头握得挺紧。虽说他还没有明白男女之事,但小小的生殖器却撅得挺高。这是怎么回事?是元气充沛。有涵养、遵循大道的人就会像婴儿一样抱元守一,使自己的精力不外泄,这就是有道德修养。但是很多人却不这样,钱财多的人,内心深处却贫瘠荒芜,因为他们的物欲太旺盛,总是无法被满足;想活得长久的人,偏偏很快就死掉,是因为过分珍惜身体导致内心受到压迫。这就是"物壮则老""物极必反",一旦事物走到了尽头,超越了界限,就会向反面发展。

老子在这一章又一次告诫我们做人做事要有节制,要知道满足,万不可放纵自己的欲望,否则就会物极必反,给自身带来无法弥补的损失,就会背离大道的宗旨,最终走向灭亡。

人都有七情六欲。欲望本非坏事,欲望、欲求正是人生之本的内在原动力。正是因为人有了欲望、欲求,才会有人的理想、信念、追求,才会有科学的进步,有各种物质上、精神上的成就。但是欲求难在有度,失度就会贻害无穷。放纵情欲、物欲就会迷失本性,坠入欲望的深渊。

人们讨厌贪得无厌的人,一个对个人物欲、情欲无休止追求的人,谈不上有什么好品德,谈不上会对人们有什么贡献。不过,学业上就不能浅尝辄止,还真要有点儿贪图精神,要虚怀若谷,越是渴求越说明求知心切,和生活上的贪求正好相对。这样,才可能在事业上有所作为。

贪婪如同一个永远难以填满的沟壑,愈是贪婪的人,愈是觉得自己一无所有。"得寸进尺,得陇望蜀"是对贪得无厌之辈的形象比喻。有一定社会地位是现实生活迫使个人接受的一种要求,追求物质丰富是刺激市场繁荣的动力,对个人而言,不必因为安贫乐道就否定对物质的追求。但是,如果被铜臭气包围,把自己变成积累财富的奴隶,或为财富不择手段,为权势投机钻营,那么,就会"物壮则老""物极必反"。

小故事·大道理

一

从前有一个山民，以打柴为生，辛苦劳作了许多年，仍改变不了穷困的生活。他在佛前也不知烧了多少炷高香，祈求大运降临，帮他脱离苦海。

或许是他的求告被神佛回应，这天，他竟然在山坳里挖出了一个一百多斤的金罗汉！转眼间，他荣华富贵加身，又是买房又是置地。宾朋亲友一时竟多出好几倍，大家都向他祝贺，目光里满是羡慕。

可山民只高兴了一阵，就犯起愁来，食不知味，睡不安稳。"偌大的家产，就是贼偷，一时也无法偷光啊！你愁什么呀！"他老婆劝了几次没效果，不由得高声埋怨。"妇道人家哪里知道，怕人偷只是原因之一！"那山民叹了口气，说了半句便将脑袋埋在了臂弯里，又变成了一只闷葫芦。

"十八罗汉我只挖到一个，其他十七个不知在什么地方。要是那十七个罗汉一齐归我所有，那就满足了。"原来这才是他犯愁的原因。

二

贪婪与懒惰是一对孪生兄弟，它们看不起劳作，忘记了手的功能，于是在馅饼掉下之前便饿死在贪欲上。

一个神仙腰间挂着一只葫芦，来到了凡间，跟凡人结伴而行。凡人饥渴的时候，便问神仙："你葫芦里可装着水？"

神仙解下腰间的葫芦，递给凡人说："是，是水！满满的一葫芦水呢！你要喝就尽管喝吧！"

凡人喝了神仙的水，觉得满口生津、精神百倍，心里得到很大的满足。但凡人并不知道同行者是神仙。

后来，凡人干活儿累了，突然对着神仙的葫芦异想天开道："你葫芦里装的要不是清水，而是美酒，该多好啊！"

神仙嘻嘻一笑，又把葫芦捧到凡人眼前道："酒，是酒，满满一葫芦酒！你想喝就尽管喝吧。"

凡人喝着神仙的美酒，觉得香醇无比，堪称玉液琼浆。

凡人悟出了同行者乃是神仙。

于是，凡人接着对神仙说："你葫芦里要是装着仙丹该多好啊，那东西吃了可长生不老。"

神仙听后"扑哧"一笑，二话没说，拧开塞子。

凡人张开嘴巴，等待神仙将仙丹倒进口中。

可是把葫芦口朝下，底朝天，也没有倒出什么东西。神仙大笑，倏忽离开了人间。

人生忌贪，不要再贪吃"一小口"。葛拉西安的《智慧书》告诉我们："不要让自己落到落日残旭的地步。在什么时候收场，这是人生的大智慧。在好的时间点上比较容易收场，而且看着你的大都是满意的目光。在不好的时间点上很难收场，看着你的都是厌恶的目光。"

据说上帝在创造蜈蚣时，并没有为它造脚，但是它可以爬得和蛇一样快速。有一天，它看到羚羊、梅花鹿和其他有脚的动物都跑得比它还快，心里很不高兴，便忌妒地说："哼！脚多，当然跑得更快。"

于是，它向上帝祷告说："上帝啊！我希望能拥有比其他动物更多的脚。"

上帝答应了蜈蚣的请求，他把好多好多的脚放在蜈蚣面前，任它取用。

蜈蚣迫不及待地拿起这些脚，一只一只地往身体上贴，从头一直贴到尾，直到再也没有地方可贴了，它才不舍地停止。

它心满意足地看着满身是脚的自己，心中窃喜："现在我可以像箭一样飞出去了！"

但是，等它开始跑步时，才发觉自己很难管好这么多脚。它非得全神贯注，才能使这一大堆脚不致互相绊跌地往前走。

这样一来，它走得比以前慢多了。

三

有一对夫妇，他们家境贫寒，依靠自己家的一块田地维持生计，每年收割的庄稼只能让他们勉强过活。所幸的是，他们家还养着一只母鸡，每天能下一个鸡蛋。

有一天，这只鸡竟然生下了一枚金光闪闪的蛋。这从天而降的金蛋，让农夫高兴得合不拢嘴，赶快拿到市场上卖了一笔钱。农夫回到家里，看着那只宝贝母鸡，心想只要有了这只会下金蛋的母鸡，以后再也不用辛辛苦苦耕种，金钱也会源源不断。

母鸡一天下一个金蛋，夫妇俩发了大财，买下了肥沃的田地，又盖起了漂亮的大房子，请了许多仆人，日子过得舒服极了。但是他们非常贪心，对这一切并不满足。

有一天，农夫的妻子说："既然母鸡每天下一个金蛋，那它的肚子里一定有很多很多的金蛋，说不定就是一个金库。"农夫紧接着说："对，我们干脆把鸡杀了，从肚子里把所有的金蛋都拿出来！"于是，他迅速地爬起来，拿了一把刀把那只下金蛋的鸡杀了。但是剖开鸡腹之后，他们发现和普通的鸡并没有什么两样，根本没有什么金蛋，也不是什么金库！从此他们再也没有金蛋了。

第五十六章 知者不言

〔题解〕

本章阐述了老子心目中理想的人格形态。老子认为得道者不露锋芒，超脱纷争，混同尘世，不分亲疏、利害、贵贱，所以为天下人所敬重。

知者不言，言者不知①。

塞其兑，闭其门，挫其锐，解其纷，和其光，同其尘，是谓"玄同"②。

故不可得而亲，不可得而疏；不可得而利，不可得而害；不可得而贵，不可得而贱③。故为天下贵。

——【字词注解】

①知者不言，言者不知：知道的人不说话，说话的人不知道。

②玄同：玄妙齐同的境界，即道的境界。

③"故不可得而亲"六句："玄同"的境界超出了亲疏、利害、贵贱的区别。

——【白话解说】

知道的人是不多言说的，多话的就不是知道的人。

塞住嗜欲的孔窍，闭起嗜欲的门径，不露锋芒，消解纷扰，含敛光耀，混同尘世，这就是玄妙齐同的境界。

这样就不分亲，不分疏；不分利，不分害；不分贵，不分贱。所以，"玄同"为天下所珍视。

【智慧剖析】

在老子看来，得"道"的圣人，即修养成理想人格的人，能够"挫锐""解纷""和光""同尘"，这就达到了"玄同"这一最高境界。

认识事物的同一，自觉地保持一致，求得认识上的同一，因此理智地尊重一切。

理想的人格形态是"挫锐""解纷""和光""同尘"，从而达到"玄同"境界。消除自我的固弊，化除一切封闭隔阂，超越世俗褊狭的人伦关系局限，以开豁的心胸和无所偏的心境对待一切人和事——这就叫作"玄同"，也就是"塞兑闭门""挫锐解纷""和光同尘"的做法，这样就不会受到伤害了。

"和其光，同其尘"，个个深藏不露，好像他们是庸才，谁知他们的才能颇为出众；个个都很讷言，其实是颇有雄才大略，不愿久居人下的；但是他们不肯在言语上、行动上显露自己，这又是什么原因呢？

原因是：他们怕自己耀眼的光芒得罪了别人，让别人成了自己的阻力，成了自己的破坏者，如果四周都是阻力或破坏者，在这种形势之下，自己的立足点都会被推翻，哪里还能实现求知于人的目的呢？

老子和庄子最大的不同之处，便是老子的哲学几乎不谈境界，而庄子的哲学则着力于阐扬其独特的人生境界。如果老子的哲学有所谓"境界"的话，勉强可以说与"玄同"的观念近似。

光与尘都是看不见的，在真正的"和光同尘"中光与尘也会消失，这时的人将升华为精灵，感受灵魂与肉体的双重快感。

处世不要锋芒太露，并不是说要伪装自己，而是办事要分清主次，讲究方法。常言道"大智若愚"，是说一个人平时不咄咄逼人，到紧要关头却能力挽狂澜。这就是"中流失船，一壶千金"的含义吧。

一个人一生要做的事很多，只有碌碌无为的人才会整天为琐事缠身，在世俗面前夸耀自己的才华。一个人要想拥有足以藏身的三窟以求平安，先要藏巧于拙、锋芒不露；还要有韬光养晦，不让人知道自己才华的修养功夫；再有，办什么事都应当留有余地，最关键的是能在污浊的环境中保持自身的纯洁。

小故事·大道理

一

刘睦是东汉明帝的堂侄，自幼好学上进，喜好结交有学问、有道德的名儒，长大后被封为北海敬王，忠孝慈仁，礼贤下士，深受百姓的爱戴。

有一年的年底，他派一名官员去都城洛阳朝贺。临行前，他问这名官员："陛下如果问起我的情况，你怎样回答呢？"这官员说："您德高望重，忠心耿耿，是百姓的再生父母。下官不才，怎敢不如实禀告。"

刘睦听后，连连摇头说："你如果这样说，就把我给害了！"这官员不解。刘睦又对他说："你见到陛下后，就说我自从承袭王爵以来，意志衰退，行动懒散，每日只知吃喝玩乐，对正业毫不用心。"

刘睦不想让皇帝知道他是一个精明的人。因为，在当时的宗室中凡是有志向的人都会被皇帝猜忌，弄不好就会招来杀身之祸。刘睦佯装糊涂人的做法，实在是明哲保身的妙计啊。

二

一天，殿前都虞侯孔守正和王荣等人在北园陪宋太宗饮酒。孔守正不知不觉喝得酩酊大醉，信口夸耀自己驻守边疆的功劳，已有八分醉意的王荣听后很不服气，指着孔守正的鼻子说："论起守边的功劳，你就不值一提了！"二人你一句我一句，吵得面红耳赤，全然不顾朝堂礼仪。

侍臣看到此情形，立即要将二人抓起来。太宗阻止了，派人把他俩送回各自的家。次日，二人酒醒后，知道在皇帝面前酒后失仪，急忙到金銮殿向太宗叩头请罪。没想到太宗说道:"昨天朕也喝醉了,不记得什么了。"二人再次叩拜谢恩而出,暗暗告诫自己不可再犯此类错误。

宋太宗采取假痴不癫的态度,原谅了二人的过失。酒本来就是使人狂妄不羁之物,酒后失态在所难免。宋太宗佯装不知二人的行为,既保住了朝臣的体面,又暗中警诫二人以后不可再犯,真是两全其美。

三

西汉时,作为"汉初三杰"之一的萧何,协助吕后,设计诱杀了韩信,这与萧何早年月下追韩信之事,构成了一幕完整的"成也萧何,败也萧何"的历史悲喜剧。

汉高祖刘邦此时率兵在外平叛,闻此讯后,立即派使者拜萧何为相国,外加许多优厚的恩赐奖赏。文武百官蜂拥而来,向萧何贺喜。

唯有大臣召平前来报忧。

召平对萧何说:"目前诸王都心怀二志,所以陛下亲自率兵在外平叛,无暇后顾。而相国你镇守京都,不用冒负伤战死的危险,陛下难免对你有所猜忌。故而,现时陛下给你加官晋爵,意在试探,若你因此而居功自傲,日后难免不测之祸。所以,我恳请相国坚决推辞这些封赐,还要拿出全部家财来资助劳师远征的军队,唯有如此,才可以消除陛下对你的疑虑。"

萧何听后,如梦初醒。他从善如流,马上按召平的建议而行。果然,刘邦对萧何的举动十分满意,不再为后方分心。

第五十七章　无为而治

〔题解〕

本章是老子社会政治哲学的集中反映，主要说明了"有为"的弊端和"无为"的好处。老子认为统治者肆意作为，会造成社会动荡，所以主张"无为而治"。"无为而治"有两个要求，即"以正治国""以无事取天下"，统治者做到这两点，就能使百姓"自化""自正""自富""自朴"。

【原文】

以正①治国，以奇②用兵，以无事取天下③。吾何以知其然哉？以此：天下多忌讳，而民弥贫；人多利器④，国家滋昏；人多伎巧，奇物⑤滋起；法令滋彰⑥，盗贼多有。

故圣人云："我无为，而民自化⑦；我好静，而民自正；我无事，而民自富；我无欲，而民自朴。"

【字词注解】

①正：此指清静之道。

②奇：奇巧，诡秘，此指随机应变。

③取天下：治理天下。

④利器：锐利的武器。一说喻权谋。

⑤奇物：邪事。简本作"哦物"。"哦"，应读为苛刻、苛细之

"苛"，"苛物"犹言"苛事"，"苛"字用法与"苛政""苛礼"之"苛"相类。

⑥彰：显明，清楚。

⑦自化：自我化育。

【白话解说】

以清静之道治国，以诡奇的方法用兵，以不搅扰百姓来治理天下。我为什么知道是这样呢？因为这些情况：天下的禁忌越多，百姓就贫穷得越厉害；人间的利器越多，国家越陷于混乱；人们的技巧越多，邪恶的事情就连连发生；法令越详明，盗贼反而不断地增加。

所以圣人说："我无为，百姓就自我化育；我好静，百姓就自然走上正途；我不搅扰，百姓就自然富足；我没有贪欲，百姓就自然朴实。"

【智慧剖析】

在这一章里，老子说的是"问题在下面，根源在上面"这个道理。为此，老子提出了关于治世的四个原则和四条标准。四个原则是给天子皇帝们定的，即行为做事，一要顺其自然，二要心态平和，三要按规律办事，四要遵循天道公理。四条标准是检验百姓的实际生活，看是否达到：一能自由发展，二能安分守己，三能生活富足，四能风气淳朴。

老子生活的时代，社会动乱不安，严峻的现实使他感到统治者倚仗权势、武力，肆意横行，为所欲为，造成天下"民弥贫""国家滋昏""盗贼多有"的混乱局面。所以老子提出了"无为""好静""无事""无欲"的治国方案。他的政治主张在当时不可能被执政者所接受，也绝对没有实现的可能性。总之，这一章是他对"无为"的社会政治观点的概括，充满了脱离实际的幻想成分。但这对于头脑清醒的统治者为政治民，是有益处的。

统治者就如同一个企业的领导，领导水平的最高境界是下放权力。下放权力的领导能跟下属建立起良好的关系，把自己的理想传达给下属，把下属动员起来，让他们深信这个理想是可以实现的，再教给他们实现这个理想的方法，在争取成功的过程中和下属建立起伙伴关系。

古代战争英雄和贤人匹塔卡斯说："衡量一个人有多伟大，就看他用手中的权力做什么。"平庸的领导者把保住自己的权力作为第一大事。他们贪恋权力是因为他们把权力看作不易补充的有限资源。其结果是，这些人把权力囤积起来，不愿意放弃权力所带来的特权。

相反，下放权力的领导者获得权力之后，就将权力分派给他的下属。他训练下属，使他们懂得怎样运用权力和肩负责任，然后就授权给他们。于是他周围的人就能分享他的成功。

小故事·大道理

艾森豪威尔是美国第三十四任总统。在任期间，他并不像有的国家领导人那样日理万机，甚至总是很悠闲。

一次，艾森豪威尔正在打高尔夫球，白宫送来急件要他批示。总统助理事先已经拟定了"赞成"与"否定"两个批示，只待他挑出其中一个签名即可。谁知艾森豪威尔只是简单地看了一下，就在两个批示后各签了个名，说："请狄克（即当时的副总统尼克松）帮我批吧。"然后，他就又若无其事地打球去了。

但就是这样一位"懒"总统，却领导美国取得了历史上最为和平安定的时期，创造了美国历史上空前的繁荣，直到现在，人民都还怀念着那段好时光。

艾森豪威尔的"懒"并不是当上总统之后才有的，而是由来已久。比如，"二战"结束后不久，艾森豪威尔出任哥伦比亚大学的校长。一次，副校长安排他听有关部门的汇报，考虑到系主任一级人员太多，只安排会见各学院的院长及相关学科主任，每天见两三位，每位谈半个小时。

在听了几拨人的汇报后，艾森豪威尔把副校长找来，不耐烦地问他总共要听多少人的汇报，对方回答说共有六十三位。

艾森豪威尔大惊：

"天啊，太多了！先生，你知道我从前做盟军总司令——那是人类有史以来最庞大的一支军队，我只需要接见三位直接指挥的将军，他们的手下我完全不用过问,更不用接见。想不到,做一个大学的校长,一次汇报就要接见这么多的人。他们谈的,我大部分听不懂,又不能不细心地听他们说下去,这实在是在浪费他们宝贵的时间,对学校也没有好处。你拟订的那张日程表,是不是可以取消了呢?"

第五十八章　祸福相依

〔题解〕

本章揭示了对立转化的道理。老子首先议论政治得失：政治宽厚，百姓就淳朴；政治严苛，百姓就狡黠。由此引出正反两面相互转化的规律。本章末尾，老子阐述圣人的德行，强调为政应当宽厚，不走极端。

其政闷闷①，其民淳淳②；其政察察③，其民缺缺④。

祸兮，福之所倚；福兮，祸之所伏。孰知其极？其无正也⑤。正复为奇，善复为妖⑥。人之迷，其日固久⑦。

是以圣人方而不割⑧，廉而不刿⑨，直而不肆⑩，光而不耀⑪。

【字词注解】

①闷闷：昏昏昧昧，含有宽厚的意思。

②淳淳：淳厚、淳朴的意思。

③察察：严苛。

④缺缺：狡黠。

⑤其无正也：它们并没有定准，指福、祸变换无端。

⑥正复为奇，善复为妖：正再转变为邪，吉再转变为凶。

⑦人之迷，其日固久：人们的迷惑，已经很久了。

⑧方而不割：方正而不割伤人。
⑨廉而不刿（guì）：锐利而不伤害人。廉，利。刿，伤。
⑩直而不肆：直率而不放肆。
⑪光而不耀：光亮而不炫耀。

【白话解说】

政治宽厚，百姓就淳朴；政治严苛，百姓就狡黠。

灾祸啊，幸福依傍在它里面；幸福啊，灾祸藏伏在它之中。谁知道它们的究竟？它们没有定准。正忽而转变为邪，吉忽而转变为凶。人们的迷惑，已经有长久的时日了。

因而有道的圣人方正而不割伤人，锐利而不刺伤人，直率而不放肆，光亮而不炫耀。

【智慧剖析】

老子在本章里提出的"祸兮，福之所倚；福兮，祸之所伏"一句，自古及今都是极为著名的哲学命题，往往被学者们征引来说明老子的辩证法思想。老子的辩证法已经具备了矛盾、对立、统一的规律的性质，相反的东西可以相成，同时，他又知道相反的东西可以互相转化，这种观察事物、认识事物的辩证方法，是老子哲学中最大的贡献。

"奇"与"正"这对范畴涉及艺术创作中整齐与变化相统一的创造方法及表现方法，为中国古代作家、艺术家所常用。"正"指正常、正规、正统、整齐、均衡，"奇"指反常、怪异、创新、参差、变化，二者是艺术创造中"多样统一"规律的具体表现之一。在创作者们看来，其意味着事物与事物或形式因素之间既对称、均衡、整齐又参差、矛盾、变化，彼此相反相成，正中见奇，奇中有正，奇正相生，于是产生和谐、新颖的艺术美。

梁启超说："安常处顺，以为社会一健全分子，以徐徐发达，人尽能之，岂待我辈。"（《中国前途之希望与国民责任》）梁启超的改良主义思想从宏观上看不可取，仅为社会进步的权宜之计，但这句话中的"徐徐发达"不失为良言。顺其自然，不可操之过急，尊重历史规律，迟早会达目的。可见，顺其自然，安世处顺，无论是出于道家还是改良主义者，都是经验之谈。

与济世、愤世、避世、玩世、混世、厌世、欺世等处世哲学相比，顺其自然，不失为一种处世良方，养生"神"道。匹夫有责，济世安邦平天下，但成就大业者仍系少数人。对于普通人来说，济世过大，愤世过激，避世过于消极，玩世短视，混世不足取，厌世、欺世更为人所不齿，所以按照东方人的"中庸"思维，顺其自然、安世处顺便成为一种较为上乘的选择。

古时有一位贤者叫许由，尧帝仰慕其名，想将天下让给他。许由对尧帝说："鹪鹩巢于深林，不过一枝。"说完便去隐居了。这句话是说凡事不必求多，有一个能够维持正常生活的环境就行了。

古语说："伸缩进退变化，圣人之道也。"纵观古今历史，一个在事业上有所成就的人，必定是一个善于驾驭时势的人。顺时驭势与一成不变、墨守成规相对立，它的含义是按照变化的、发展的情况灵活机动地处理问题。所谓顺应客观、淡然恬适并不是听天由命，而是敢于正视矛盾、认清现实，但又对现实生存环境和理想之间的冲突和矛盾持乐观豁达的态度。生活一方面为人们提供了太多可选择的机会，同时也给人们的精神、心理带来巨大的压力。顺应自然、泰然处之，能让人在失衡绝望时摆正心态，重建人生信念，塑造新的自我。

好事有好事的缘（条件），坏事亦有坏事的缘（因素），万事随缘，就是实事求是。古之得道者，处于困境仍然充满希望，处于顺境亦乐观向上。因为他们明白，逆境和顺境都是事物发展中交替出现的必然规律，就像春和夏、风和雨交替出现一样。

这就是"祸兮，福之所倚；福兮，祸之所伏"。

小故事·大道理

一

一位企业家谈及他的生死观。他说，他曾生了大病，住过加护病房，在生死一线间被拉回人间。从此他就思索着：我还有什么事还没做，要何时做？他说："现在我的每一天，过的都是感恩的生活。以前我很怕死，现在不怕了。像前些时候常有坠机事件，我却照样搭飞机来往国内外。事业上越来越放下，志气上越来越提起。"

他从死亡边缘回来后，第一个想到的就是回馈社会。他说："真正的欢喜，是亲身投入。"

二

很久以前，山上的村子有个小伙子，有一天他外出狩猎时，意外地捉到一匹野马。他兴奋地带着野马回村，好消息传遍了族内，人们无不对野马表示夸赞，并为年轻人的奇遇感到忌妒。大家都说他是一个幸运的男孩。

然而好景不长，年轻人为了驾驭野马，不慎被摔下马背，跌断了腿。于是族人开始说野马为不祥之物，才会为年轻人带来如此的灾祸。

那位年轻人只得卧床休养，家人对这匹野马心生怨恨，纷纷躲避，并为年轻人的遭遇感到难过。

正巧，那时正逢兵荒马乱，族内的年轻男丁皆被抓去充军，躺在病床上的年轻人因摔断了腿留在家中，免受征召。族人又开始众说纷纭，赞许"良驹"为年轻人带来幸运，免于一劫。

人生路上的得失祸福，岂是仅凭一时一事就能论断的。

第五十九章　治人事天，莫若啬

〔题解〕

本章论述治国、养生的原则和方法。老子指出，"啬"是治理国家和修身养性的要义。所谓"啬"，就是在精神上注意积蓄、养护，厚藏根基，培植力量。老子认为，拥有了"啬"，就能够不断地积累"德"，有了"德"，就能够无往不胜，最终取得天下。

原文

治人事天①，莫若啬②。

夫唯啬，是谓早服③；早服，谓之重积德④；重积德，则无不克；无不克，则莫知其极；莫知其极，可以有国⑤；有国之母⑥，可以长久。

是谓深根固柢、长生久视⑦之道。

【字词注解】

①事天：奉行天道。

②啬：克制欲望。

③早服：早得道。

④重积德：不断地积蓄"德"。重，多，厚，含有不断增加的意思。

⑤有国：含有保国的意思。

⑥母：此处喻指保国的根本。

⑦长生久视：长久维持，长久存在。久视，久立。

【白话解说】

治理国家、奉行天道，没有比克制欲望更重要的了。

克制欲望就是早得道；早得道就是不断地积德；不断地积德就没有什么不能战胜的；没有什么不能战胜就不会被人看清实力；不被看清实力就可以担负保护国家的责任；掌握治理国家的道理，就可以长久维持。

这就是深根固柢、长生久视的道理。

【智慧剖析】

"治水"叫作兴修水利，"治人"便是发展人类事业；"事天"遵命于天道时运，一切按照天令时节行事。老子说："治人事天，莫若啬。""啬"是什么？"啬"是收藏，是涵养，可以解释为治国安邦的根本原则，也可以解释为节俭的美德。

"治人事天，莫若啬"，短短七个字涵盖了世间最大的三件事：一是人类发展如逆水行舟，不进则退，不论何时，发展都是硬道理；二是天道时运，人可欺天不可欺，任何情况下天时都不能违背；三是吃饭问题，农业是国家命脉，仓里有粮方能做事不慌。"治人事天，莫若啬"，简单一句话把天、地、人三者有机地联系在一起。这告诉我们，不仅军事上讲究"天时、地利、人和"，人类事业上更讲究"天时、地利、人和"，不仅要知道人间有个"军法从事"，还要懂得世上有个"天时从事"。我们只有上得天时、下取地利、中享人和，才能解决好自己的生存和发展问题，才能开创灿烂辉煌的人类文明。

在老子的思想中，所谓"不争""无欲"和"无为"，适用于所有生物。而对于人类，要使这样的行为具体落实，则需要有比较坚固的心理支撑点。关于"无为"的支撑点，老子在其他章已经反复提及，就是"无欲"。我们知道，在老子心中，欲望之源是文字、技巧、发明、智慧、知识、权力、财货等，所以，老子在此所提到的消除和减少欲望的基本原则，就是"啬"的运用。

老子认为，大到维持国家的统治，小到维持生命的长久，都离不开"啬"这条原则，都要从"啬"这条原则做起。所以，老子说它是"长生久视之道"。

涵养是在分辨、消化、静观中，历经时间和实践的检验或查证，再慢慢地、一点点地吸收分解，将所有外在的因素，经过自己的认真筛选，转化成纯正的营养，把自己的灵魂培养得健康而周正。

仔细地想想，我们所知道的很多贤能之士，都是拥有这种能力的，他们以高尚的道德修养做人做事。因为他们知道自己为什么活着、目标是什么。他们把自己与大道相融合，使自身素质在全面稳定的基础上，成就更大更多的利国、利民的事业。

小故事·大道理

一

寇准（公元961—1023年），北宋政治家。景德元年（公元1004年）辽（契丹）大举南犯时，他任宰相，反对王钦若等南迁的主张，力主抵抗，促使真宗澶州（今河南濮阳）督战，以鼓舞士气。果然，当皇帝到达前线时，百姓和士兵高呼万岁，声音传出十多里远，寇准立即命令士兵出击，大败辽军，辽国不得不退兵讲和，订立了澶渊之盟。

这一年，寇准过生日，他准备好好庆贺一番。官员们听到宰相做寿，想方设法送来贺礼，唯恐落后，皇帝也赏赐了金银绸缎。相府上下，人人忙碌，派人四处采办山珍海味，准备连摆三天筵席。

生日前一天，寇准觉得平时点的油灯油味太重，命令一律改点蜡烛照明，就连厨房、走廊、天井、花园、厕所也都烛火辉煌，照耀得如同白昼一般。蜡烛油流淌满地，明晃晃，滑溜溜，一位白发老妪不慎滑倒。这位老妪就是寇准的奶娘刘妈妈。当年寇准家很穷，她和寇准的生母一起苦渡难关，所以寇准一直对她很尊敬，特地在相府拨给她两间房屋养老。她起身后不知怎的又滑倒了。丫头笑道："是蜡烛油淌到了地上。"她才看清四周烛光摇曳，便问："油灯呢？"

丫头告诉她，相爷嫌有味都换成蜡烛了。刘妈妈吃惊地说："啊呀，这要花多少银子呀！"旁边人又七嘴八舌地告诉她，相爷过生日，要连摆三日酒席，菜都是新奇精巧的，光活鱼就要上千斤，天天从黄河边用车子运来。刘妈妈说："我正是为这件事来找相爷的。"

丫头们忙阻拦她，劝她别去碰钉子，刘妈妈想了想，叹口气说："好吧，我回自己的房间去。"

花园里，寇准正在观看歌舞排练，忽然传来一阵隐隐的哭声。这样喜庆的日子谁在哭？寇准用严厉的眼光扫视了管家一眼，管家轻声回话："小的已派人查看过，是刘妈妈。"寇准觉得奇怪，刘妈妈是懂规矩的老人，怎么能在自己生日前一天放声大哭呢？他立即走去察看。管家高声叫道："相爷来了！"刘妈妈听了却哭得更加厉害，细听她是在哭"太夫人"，一边哭一边还在诉说："太夫人啊！你好苦呀！你没看到现在这个样子呀！"

寇准走近了。她看了寇准一眼，继续诉说道："当年老太爷去世，日子艰难，没钱没油，太夫人跑到很远的山里去拾松枝来照明，好让相爷你晚上攻读诗书。她怎么会想到如今蜡烛油流淌满地……"

寇准想起当年的艰辛，母亲去世没有享到福，心里十分难过。他立即接过刘妈妈的话茬儿，说："母亲要是活到现在，看到今天的荣华富贵，一定会很高兴的。"

"不！她不会高兴的！"刘妈妈斩钉截铁地回答。

寇准一愣，不解地问："为什么？"

刘妈妈说："她不止一次说过，希望你能永远保持俭朴的生活，不要铺张浪费。"

寇准笑笑说："现在就要显出太平盛世的样子，花的钱是我的俸禄和皇上的赏赐，不贪污不受贿，并不过分。"

刘妈妈说："不！做宰相的这么花费，下面的官员就会跟你学，钱不够用就会想歪点子去坑害老百姓。所以，你这么铺张奢华就是下面做坏事的根源，上梁不正下梁歪！"

寇准听到这句话，脸色沉了下来，很不高兴地说："我已不是黄口小儿了，你别再教训我了！"

刘妈妈这时拿出一幅尚未展开的画卷，指着它说："我没有那么大的胆子，这是你母亲在教训你。"说罢将画卷展开挂在墙上。只见画上有两位妇人，一个在纺纱，一个在补衣，一个八九岁的小孩靠几枝松枝照明在读书。寇准看到此画，一阵心酸，喊声"母亲！"就跪下了，丫头、仆人也跟着跪下，他们曾听刘妈妈说，知道画上的读书郎就是寇准，那两个妇人当然就是寇准的母亲和刘妈妈，刘妈妈连忙说："相爷，请起来，这上面还有太夫人亲笔写的两行字。她对我说过，将来小公子如果做了大官，享乐太过，你就将这画给他看。"

寇准近前细看，上面是母亲的笔迹："前贤教训须谨记，成由勤俭败由奢。"

寇准受到震动，深深地思索着。

刘妈妈又说："我有一个老邻居，打鱼为生，今天来找我，说这几天为了相府酒筵，县府命他们天天到黄河里打鱼，不顾风急浪高，非常危险……"寇准不等刘妈妈说完，拦住她的话头说："我明白了，上有所好，下必甚焉。我不能做坏样子，辜负母亲的教诲。"他立即吩咐管家，三天的宴会全部取消，礼物分别退回，活鱼退给渔民，把那幅画悬挂到客厅最显眼的地方，好让自己天天看到它，时时刻刻提醒自己。

二

宋朝元丰某年，苏东坡被贬官到黄州。

这天晚上，苏东坡坐在桌前，取出四千五百钱，分成三十份。他的妻子季章把钱装入三十只小布袋中，然后又将小布袋一一挂到梁上。

苏东坡的长子苏迈好奇地望着这一切，不解地问："爹，为什么要将钱分成三十份挂起来？"

苏东坡说："这就叫过日子，每天一份、一百五十钱，只准余，不准缺。"

"至于挂在梁上，那是杭州贾耘老的办法，"苏东坡接着说，"布袋一天比一天少，日子一个一个过去了，它能提醒你不要虚度光阴，要珍惜每一天。"

父子俩正说话间，有人敲门，来的是邻居庞安常医生，庞医生和苏东坡是好朋友。因为城里几个财主合起来修南天门，托庞医生请苏东坡题字，苏东坡一口应允。两人谈得投机，到三更时分庞安常才离去。

庞安常走后，苏东坡铺开宣纸，欣然挥毫。刚写到"南天"两字，忽然传来苏迈的惊叫声："抓贼，抓贼！"苏东坡大吃一惊，扔下笔，大步冲出书房，正好与那个盗贼撞个满怀，盗贼倒在地上，吓得浑身发抖。

这时，季章掌灯，苏迈操棒，三个人将贼团团围住。那盗贼慌忙掏出小钱袋，连连求饶："老爷，小的叫阮小三，家住后村，上有老，下有小，日子过不下去，听说老爷从城里来，钱多得没处放，就挂在梁上，所以我就……"

苏东坡听了不觉笑出声来，他叫阮小三打开钱袋数数，然后说："这是我一家每天的生活费，你拿一袋，我就要挨一天饿。"

阮小三一惊："老爷，都说你有钱，怎么这样节俭？"苏东坡微微一笑，回答道："口腹之欲，何穷之有？每加节俭，亦是惜福延寿之道。"

阮小三听不懂苏东坡文绉绉的话，苏迈解释道："我爹的意思是，肉体上的欲望是没有限度的，你不注意节俭才沦为盗贼。"

阮小三慌忙申辩，说自己是穷得揭不开锅才出此下策的，而且是第一次。苏东坡听他这么一说，马上让苏迈去请庞安常来做证。

不一会儿，庞安常来了，见是阮小三，便跟苏东坡说，他家中老母病瘫在床，妻子是个哑巴，还有三个孩子，日子过得很苦。苏东坡听了十分同情，念他因生活所迫，又系初犯，就放了他。阮小三千恩万谢，连连磕头，然后转身要走。

忽然，苏东坡叫住他，自己转身到书房，挥动大笔，在宣纸上点了一个形似钱袋的墨点，然后将那宣纸卷好，送给阮小三。跟他说，那架上的钱袋只有一百五十钱，拿去也派不上用场，这个纸有一万钱，叫他好生保护，阮小三接过纸，半信半疑，但不敢多问，在一旁的庞医生也觉得奇怪，问苏东坡葫芦里卖的什么药，苏东坡笑而不答，他要庞安常通知几个财主，明天一早来取他的题字。

第二天，几个财主来到苏东坡家取墨宝，他们一看题字苍劲有力，非同一般，心中十分高兴，突然发现南天门的"门"字少了一笔，忙请教苏东坡是何缘故，苏东坡笑笑说："噢，我想起来了，这一点嘛，忘在后村阮小三家里了，你们去取吧！"

此时阮小三正在家里端详那张宣纸上的墨点，他想：这一点就值一万钱，会不会是苏老爷作弄我？文人会开玩笑，也许是在骂我一点不懂。他正想得出神，几个财主上门来了，他们向阮小三要那个墨点。阮小三想起苏东坡的话，开价一万钱，少一钱也不给，财主们知道苏东坡的墨宝值钱，痛快地答应了。

财主走后，阮小三将一万钱分成两份：一千钱给自己，九千钱用布包好给苏东坡送去。苏东坡不肯收，他对阮小三说："我每天一百五十钱，足矣足矣。"

阮小三不懂，他问苏东坡："老爷写一点就值一万钱，为什么日子过得如此清苦？"

苏东坡笑道："君子倡俭，一曰安分以奉福，二曰宽胃以养气，三曰少费以养财，此乃三养也。"

三

有一个二十二人组成的应届毕业生小组，实习时被导师带到北京的国家某部委实验室里参观。全体学生坐在会议室里等待部长的到来，这时有秘书给大家倒水，同学们表情木然地看着她忙活，其中一个还问了句："有绿茶吗？天太热了。"秘书回答说："抱歉，刚刚用完了。"他看着有点儿别扭，心里嘀咕："人家给你倒水还挑三拣四的。"轮到他时，他轻声说："谢谢，大热天的，辛苦了。"秘书抬头看了他一眼，显出一丝惊奇，虽然这是很普通的客气话，却是她今天听到的唯一一句。

门开了，部长走进来和大家打招呼，不知怎么回事，静悄悄的，没有一个人回应。他左右看了看，犹犹豫豫地鼓了几下掌，同学们这才稀稀落落地跟着拍手，由于不齐，越发零乱。部长挥了挥手："欢迎同学们到这里来参观。平时这些事一般都是由办公室负责接待，因为我和你们的导师是老同学，非常要好，所以这次我亲自来给大家讲一些有关情况。我看同学们好像都没有带笔记本，这样吧，王秘书，请你去拿一些我们部里印的纪念手册，送给同学们做纪念。"

接下来，更尴尬的事情发生了，大家都坐在那里，很随意地用一只手接过部长双手递过来的手册。部长的脸色越来越难看，走到他面前时，已经快要没有耐心了。就在这时，他礼貌地站起来，身体微倾，双手接住手册恭敬地说了一声："谢谢您！"部长闻听此言，不觉眼前一亮，伸手拍了拍他的肩膀："你叫什么名字？"他照实作答，部长微笑点头回到自己的座位上。早已汗颜不已的导师看到此景，微微松了一口气。

两个月后，毕业分配表上，他的去向栏里赫然写着该部委实验室。有几位颇感不满的同学找到导师："他的学习成绩最多算是中等，凭什么选他而没选我们？"导师看了看这几张尚显稚嫩的脸，笑道："是人家点名来要的。其实你们的机会是一样的，甚至你们的成绩比他的还要好，但是除了专业知识，你们需要学的东西还多着呢，修养是第一课。"

要做好事情就要先学会做人，这是一句人尽皆知、永不过时的话。一个人的道德修养是其事业的基础，没有道德的事业只是空中楼阁，试问空中楼阁建得再好，又能耸立多久呢？

圣贤之士虽然不少，但是在茫茫人海中，只是沧海一粟。只有我们每个人都崇尚道德修养，以"啬"为本，顺应自然天性，才能使所有的人都生活在一个安宁的社会中。

人最基本的东西就是在精神中有着高尚的道德范畴和淳朴的本质，这不仅是做人的根本，更是人类得以良好生存和幸福快乐的基础。

第六十章 治大国，若烹小鲜

〔题解〕

本章以烹鱼比喻治国，论述以"道"治天下的好处。老子认为治理天下应当顺应自然，清静无为，像煎鱼一样不随便翻动，这样才能避免危险和灾祸，使百姓生活安乐。

原文

治大国，若烹小鲜①。

以道莅②天下，其鬼不神③。非④其鬼不神，其神不伤人；非其神不伤人，圣人亦不伤人。夫两不相伤⑤，故德交归⑥焉。

—•【字词注解】

①小鲜：小鱼。

②莅：临。

③其鬼不神：鬼不起作用。古人常用阴阳和顺来说明国泰民安，古人以阴气过盛称"鬼"。神，这里作"伸"讲。

④非："不唯"二字合音。

⑤两不相伤：此指鬼神和圣人不伤人。

⑥交归：会归。交，俱，共。

【白话解说】

治理大国，犹如煎小鱼一样，不可随意翻动。

用"道"来治理天下，那鬼怪就不再有神奇的能力了；不是鬼怪不再有神奇的能力，是因为鬼怪神奇的能力伤害不了得道的人；不但鬼怪神奇的能力伤害不了人，圣人也不会伤人。这两者都不伤人，所以，功德相交，天下和谐。

【智慧剖析】

《道德经》虽然只有五千字，但涉及的问题可谓包罗万象，而且，每个问题的提出和论证虽然不过寥寥数语，却无不深邃精辟，入木三分。如何治理一个大国？这也是个讨论了成千上万次的古老话题，同时，也是人类的最优秀人物脚踏实地地寻找和实践了成千上万年的古老课题。但国家的治理与人类社会的其他事物一样，似乎是一个永远也不能获得妥善解决的问题。看样子，只要国家存在一天，如何治国就是一个无法逃避的问题，每个人都有责任贡献自己的思想和智慧。

在这一章，老子把治理一个大国形容为煎小鱼，说"治大国，若烹小鲜"。这个比喻实在非常有趣，以至于深刻地影响了中国几千年的政治家们。车载说："这一段话就治国为政说，从'无为而治'的道理里面，提出无神论倾向的见解。无为而治的思想，是《道德经》一书无为的主张在政治上的运用。老子书很看重'无为'，提出'为无为'，提出'无为而无不为'，反复说明这个道理，多方运用这个道理，这是他对'道法自然'的见解的发挥。他把这个道理运用在治国为政方面，主张'处无为之事，行不言之教'，当'民忘于治，若鱼忘于水'就不需要再用宗教来辅助政治而谋之于鬼，于是鬼神无灵了。鬼神不再有任何作为，是为政的人'无为'的结果，符合'道法自然'的规律。这是他提出无神论倾向的一个方面。"这喻示着统治者为政的关键，在于不扰害百姓，安静无为，反之，灾祸就要来临。一个国家的执政者要保证国泰民安，就得谦虚谨慎，严肃认真，以客观规律来执政，而非以主观意志左右国家政治，这句话说的就是治国的谋略。如果以个人的主观愿望去改变社会，朝令夕改，朝三暮四，忽左忽右，老百姓就会无所适从，国家就会动荡不安。相反，如果国家制定的政策法令能够一以贯之，就会收到富国强兵之效。

"烹小鲜"看似极平凡的比喻，却寓意深远。我们知道，处理一条大鱼并不困难，随便你怎么处理都能做出一道大菜。但小鱼本身价值已很小，如果处理不善，恐怕除了一堆小刺外什么都没有。

河上公注："烹小鲜，不去肠，不去鳞，不敢挠，恐其糜也。"可见，处理小鱼的要点便是简单，越简单越好，能把小鱼完整地烹制出来便是最好的方式。在老子眼里，一个无所作为的大国也许跟一个无所作为的家庭没有不同，它们都应该在自然无为和与世无争中获得存在。也就是说，治理一个国家就像烹制一条小鱼，或是一道精美的小菜，需要按规律、按步骤一点点地来，既不能着急，也不可乱动。因为着急了就把握不好火候，乱动就会搅得一塌糊涂。如果一个国家的所有人有烹制小鱼的心境、觉悟，何愁国家不兴旺昌盛呢？治理一个国家是这样，管理一个企业也是一样的，只要遵循以人为本的原则，以净化人们的心灵作为企业管理的根本和风尚，又何愁企业不发展壮大呢？

老子把人类与自然界的和谐相处，称为"两不相伤"。人与物、人与自然、人与人，只有处于两不相伤的状态中，天地万物才能各得其所，人类才可以心安理得。

具体到一个人，如果能将自己的行为以道德的范畴为基准，时刻将大道的德行存于心，当作自己做人处事的法则，那又何愁自己不被他人敬服，又何愁自己不能成为众望所归的好领导呢？

小故事·大道理

一

从前的秤十六两一斤，因此有半斤八两之说。

在十六两一斤的年代，县城南街开着两家米店，一家字号"永昌"，另一家叫"丰裕"。

"丰裕"米店的老掌柜眼看兵荒马乱生意不好做，就想出个可以多赚钱的主意。这一天，他把星秤师傅请到家里，避开众人，对星秤师傅说："我多加一串钱，麻烦师傅给星一杆十五两半一斤的秤。"

星秤师傅为了多得一串钱，就忘掉了行业道德，满口应允下来。老掌柜吩咐完毕，留下星秤师傅在院里星秤，自己就踱进米店料理生意去了。

米店老掌柜有四个儿子，都帮他料理米店。最小的儿子两个月前娶了一位塾师的女儿为妻。新媳妇正在屋里做针线活儿，公爹吩咐星秤师傅的话被她听见了。

老掌柜离开后，新媳妇想了一会儿，走出新房对星秤师傅说："俺公爹年纪大了，有些糊涂，刚才一定是把话讲错了。请师傅星一杆十六两半一斤的秤，我再送您两串钱。不过，千万不能让俺公爹知道。"

星秤师傅为了再多得两串钱，就答应了。一杆十六两半一斤的秤很快星成，星秤师傅果真没把秤的变化告诉老掌柜。老掌柜曾多次请他星秤，对他的手艺信得过，当时就把新秤拿到米店使用了。

过了一段时间后，"丰裕"米店的生意兴旺起来，"永昌"米店的老主顾也赶热闹，纷纷转到"丰裕"买米。

又一段时间后，县城东街、西街的人也舍近求远，穿街走巷来"丰裕"买米，而斜对门的"永昌"米店却无人问津。

到了年底，"丰裕"米店发了财，"永昌"米店却没法开张了，把米店转让给了"丰裕"。

年三十晚上，一家人围在一起吃饺子。老掌柜心里高兴，出了个题目让大家猜，看谁猜得出自家发财的秘密。大家七嘴八舌，有说老天爷保佑的，有说老掌柜管理有方的，有说米店位置好的，也有说是全家人齐心合力的……老掌柜呵呵一乐，说："你们说的都不对。咱靠啥发的财？是靠咱的秤！咱的秤十五两半一斤，每卖一斤米，就少付半两，每天卖几百几千斤，就多赚几百几千个钱，日久天长，咱就发财了。"接着，他把年初多掏一串钱星十五两半一斤秤的经过说了一遍。儿孙们一听，都惊讶得忘了吃饺子。惊讶过后,大家都说他不显山不露水的,连自家人都没察觉就把钱赚了,实在高明。老掌柜高兴极了,把胡子捋了一遍又一遍。

这时,新媳妇慢慢从座位上站起来,对老掌柜说:"我有一件事要告诉爹,在没告诉爹以前,希望您老人家答应原谅我的过失。"待老掌柜点头后,新媳妇不慌不忙,把年初多掏两串钱星十六两半一斤秤的经过讲给大家听。她说:"爹说得对,咱是靠秤发的财。咱的秤每斤多半两,顾客就知道咱做买卖实在,就愿意买咱的米,咱的生意就兴旺。尽管每斤米少获了一点儿利,可卖得多了获利就大了。咱是靠让利发的财呀。"

大家更是一阵惊讶,一个个张大了嘴巴。老掌柜不相信这是真的,拿来每日卖米的秤一校,果然每斤十六两半。老掌柜呆住了,一句话也不说,慢慢地走进自己的卧室。

第二天,吃过年初一的早饭,老掌柜把全家人召集到一块儿,从腰里解下账房钥匙说:"我老了,不中用了。我昨晚考虑了一夜,决定从今天起,把掌柜让给老四媳妇,往后,咱都听她的!"

二

红顶商人胡雪岩是把道德置于自己心灵之中的典范。

胡雪岩的钱庄开业不久,接待了一位存入阜康钱庄一万两银子,却既不要利息,也不用存折的特殊客户。这位客户是一位名叫罗尚全的绿营军官。他将银子存入胡雪岩的阜康钱庄,既不要利息,也不要存折,一是因为相信阜康钱庄的信誉,他的同乡刘庆生经常在他面前提起胡雪岩,而且只要一提起来就赞不绝口;二来也是因为自己要上战场,生死未卜,存折带在身上也是一个麻烦。

得知这一情况,胡雪岩当即决定,第一,虽然对方不要利息,但仍然以三年定期存款的利息照算,三年之后来取,本息付给一万五千两银子。第二,虽然对方不要存折,也仍然要立一个存折,交由刘庆生代管。因为做生意一定要照规矩来。

后来,罗尚全在战场上阵亡。阵亡之前,他委托两位同乡将自己在阜康的存款提出,转至老家的亲戚。罗尚全的两位同乡没有任何凭据就来到阜康钱庄，办理这笔存款的转移手续，原以为会遇到一些刁难或麻烦，甚至怕阜康钱庄会就此赖掉这笔账。不想，阜康钱庄除为了证实他们确是同乡，让他们请刘庆生出面做个证明，没费一点儿周折就为他们办了手续，这笔存款不仅全数照付，还算了利息。

第六十一章　大者谦下

〔题解〕

本章阐述了如何处理大国与小国之间关系。老子认为，国与国之间谦让无争，就能消除争端，和平相处，互惠互利。老子尤其强调大国要保持谦下，不可耀武扬威，恃强凌弱。这些主张表达了老子对和平的向往。

【原文】

大邦者下流，天下之牝，天下之交①也。牝常以静胜牡，以静为下②。

故大邦以下小邦，则取小邦；小邦以下大邦，则取大邦。故或下以取，或下而取③。

大邦不过欲兼畜人④，小邦不过欲入事人，夫两者各得所欲。大者宜为下。

【字词注解】

①交：交汇。

②下：谦下。

③取：借为"聚"。

④兼畜人：把人聚在一起加以养护。

【白话解说】

大国就像江河的下游那样，处在天下最柔之处，处在天下的交汇之处。雌性常常凭借安静胜过雄性，因为雌性安静并善于谦下。

所以，大国对小国谦下忍让，就可以取得小国的信任和依赖；小国对大国谦下忍让，就可以见容于大国。所以，有的大国对小国谦让而取得小国的信任，有的小国对大国谦让而见容于大国。

大国无非想要统治小国，小国无非想要见容于大国，两方各得到所欲求的。大国更应该谦下忍让。

【智慧剖析】

本章是老子针对当时兼并战争带来的混乱局面，论述如何处理好大国与小国之间的关系，表达了老子治国和处理国与国关系的政治主张。在老子看来，国与国之间能否和平相处，关键在于大国，所以一再提出大国要谦下，不可自恃强大而凌辱、欺压、侵略小国。这章中仍有社会政治的辩证法思想。大国应该像江海，谦居下流，天下才能归顺。大国还应像娴静的雌性，以静自处下位，而胜雄性。

在这一章，老子讲治国安邦，于人也是同样的道理。一个人就好比一个国家，高大威猛、孔武有力、非常富有的人，就像一个大国；而矮小瘦弱、贫穷有病的人，就像一个小国。富人是少数，就像大海；贫者是多数，就像世间万千溪流，数之不尽。作为富人如果能拥有大海一样的品质与胸怀，不但不欺负弱小，还帮助弱小，对他们谦恭礼让，和他们做朋友就会得到他们的支持与拥护，被更强大的欺负时，还会得到穷人们的帮助，做到以弱胜强。而那些弱小的，也同样得到了富人的保护与信任。

大国因为甘居下流而成就了其为大国的地位，这就是柔弱胜刚强的道理。老子根据生物界雌雄两性的不同行为表现，突出地强调了胜负的基本原理，说"牝常以静胜牡，以静为下"。老子的这一观点真不啻石破天惊的警世之言！

老子指出："大邦不过欲兼畜人，小邦不过欲入事人。"大国的目的就是要领导小国，但要想真正地担负起领导的责任，也不那么容易，必须以一种谦下的态度来获得小国的拥戴；小国亦无须以武力来争取生存，只要能以一种谦下的态度来赢得大国的信任，就可以安全无虞。如果大国和小国都竞相以谦下态度立世，就会各得其所。这是老子给所处病态时代开出的药方。

对所有大国、强国的领袖，对所有试图一手遮天的得志者，对所有欲望沸腾的人，学习和领会老子的思想，确是十分必要的。

对于个人而言，宽容无疑会带来良好的人际关系，自己也能生活得轻松愉快；对于团体而言，宽容必定会营造一种和谐的气氛，利己利人。引用两位名人所说的话，更能说明此道理。

荀子认为："君子贤而能容霸，智而能容愚，博而能容浅，粹而能容杂。"在生活中，当别人对不起我们时，我们应当怎么办呢？是针锋相对，以怨报怨呢？还是以宽容为怀，原谅别人呢？应当宽容之、理解之、原谅之，并以实际行动感化之。

孔子在《论语·阳货》中指出，做人应力求做到"恭、宽、信、敏、惠"五个字，因为"恭则不悔，宽则得众，信则人任焉，敏则有功，惠则足以使人"。大千世界，凡是有人群的地方，就难免有矛盾，有钩心斗角。各种利害冲突使人不可能不发生摩擦。有君子，就有小人；有温情，就有冷漠。中国人历来强调"以和为贵"，从不欣赏损人利己、踩着别人肩膀往上爬。如何与人和睦相处，是中国文化一直关注的问题。所以中国人强调不多舌、不多事、不结怨、忍者安。

小故事·大道理

"二战"期间，盟军一支部队在森林中与敌军相遇，发生了激战，最后两名战士与部队失去了联系。他们之所以在激战中还能互相照顾，因为他们是来自同一个镇的战友。两人在森林中艰难跋涉，互相鼓励。

十多天过去了，他们仍未与部队联系上，幸运的是，他们猎到了一只鹿。这一天，他们在森林中又遇到了敌人，经过再一次激战，两人巧妙地避开了敌人。就在他们自以为已安全时，只听到一声枪响，走在前面的年轻士兵中了一枪，幸亏只是伤在肩膀上。

后面的士兵惶恐地跑了过来，他害怕得语无伦次，抱起战友的身体泪流不止，把自己的衬衣撕了给战友包扎伤口。

晚上，未受伤的士兵一直念叨着母亲，两眼直勾勾的。他们都以为自己的生命即将结束，身边的鹿肉谁也没动。天知道，他们是怎么过的那一夜。第二天，他们被盟军部队所救。

三十年后，那位受伤的士兵安德森说："我知道谁开的那一枪，他就是我的战友。他去年去世了。三十年前他抱住我时，我碰到了他发热的枪管，但当时我就宽恕了他。我知道他想独吞所有的鹿肉，但我也知道他那样做是为了活下来见他的母亲。

"此后三十年，我装作根本不知道此事，也从不提及。战争太残酷了，他母亲还是没能等到他回来，我和他一起祭奠了老人家。他跪下来，请求我原谅他，我没让他说下去。我们又做了二十几年的朋友，我没有理由不宽恕他。"

二

春秋战国时期的楚庄王是一位很会恕人之过的贤明君主。一次，楚庄王大摆宴席，邀请朝中文武大臣赴宴，同时又令自己的妃子向诸位大臣敬酒。君臣正喝到酒酣耳热之时，突然一阵风起，将堂内的蜡烛吹灭，屋中顿时漆黑一片。这时，楚庄王的妃子突然感觉到旁边有人想要对她非礼，她十分镇定，立即抓住那人的帽缨，用力拽了下来。然后，她在黑暗中摸索到楚庄王身边，把这事告诉了他，希望楚庄王找出那狂徒严惩。

不料，楚庄王听了事情的经过后，并未暴跳如雷，反而令人先不要点亮蜡烛，并对大臣们说："今天我们尽兴而饮，请大家不必拘泥小节，都把自己的帽缨拔下来，大家一起开怀畅饮！"于是，大臣们纷纷摘下了自己的帽缨。这时，楚庄王才令人点着烛火，与诸臣继续开怀畅饮。事后，妃子埋怨楚庄王不为她出头。楚庄王说："一时的酒后失仪，岂可当真。"之后未再提及此事。

三年后,楚晋相争,双方战于沙场。楚军中一员猛将唐狡冲锋陷阵,异常勇猛,立下了赫赫战功。但当楚庄王论功行赏时,唐狡反而叩头请罪,原来他就是那天酒席上冒犯楚庄王妃子的人。

楚庄王胸襟宽广,能容人之过,给其补偿的机会,最终为自己的江山社稷的稳定凝聚了人心,使他能够坐稳江山,跻身"春秋五霸"之列。

三

《寓圃杂记》中记述了关于杨翥的事情。

杨翥的邻人丢失了一只鸡,指骂被姓杨的偷去了。家人告知杨翥,杨说:"又不止我一家姓杨,随他骂去。"又一邻居每遇下雨天,便将自家院中的积水排放进杨翥家中,使杨家深受脏污潮湿之苦。家人告知杨翥,他却劝解家人:"总是晴天干燥的时日多,落雨的日子少。"

久而久之,邻居们被杨翥的忍让所感动。有一年,一伙贼人密谋欲抢杨家的财宝,邻居们得知后,主动组织起来帮杨家守夜防贼,使杨家免去了这场灾祸。

第六十二章 道者，万物之奥

〔题解〕

本章写"道"的作用和遵循"道"的重要性。老子指出，"道"的伟大在于它是天地万物的庇护所，对于善者和不善者能平等对待，且有求必应，有罪必免，所以天下人都珍视"道"。

【原文】

道者，万物之奥①。善人之宝，不善人之所保②。
美言可以市尊③，美行可以加人④。人之不善，何弃之有？
故立天子，置三公⑤，虽有拱璧以先驷马⑥，不如坐进此道⑦。
古之所以贵此道者何？不曰：求以得⑧，有罪以免邪⑨？故为天下贵。

【字词注解】

①奥：一说为深的意思，不被人看见的地方；另一说是藏，含有庇荫之意。其实两说比较接近，不必仅执其一。

②不善人之所保：不善之人赖以自保的东西。

③美言可以市尊：美好的言辞，可以换来别人对你的尊敬。

④美行可以加人：良好的行为，可以见重于人。

⑤三公：太师、太傅、太保。

⑥拱璧以先驷马：拱璧，指双手捧着贵重的玉。驷马，四匹马驾的车。古代的献礼，轻物在先，重物在后。

⑦坐进此道：献上清静无为的道。

⑧求以得：有求就得到。

⑨有罪以免邪：有罪的人得到"道"，可以免去罪过。

──●【白话解说】

"道"是万物道理的根源，是善良之人珍视之物，也是不善之人赖以自保的东西。

美好的言辞可以换来别人对你的尊重，良好的行为可以见重于人。不善的人怎能舍弃它呢？

所以在天子即位、设置三公的时候，虽然有拱璧在先、驷马在后的献礼仪式，但不如把这个"道"进献给他们。

自古以来，人们把"道"看得这样宝贵是为什么呢？不正是由于借助它能获得所希望的事物，改正身上的过错吗？就因为这个，天下人才如此珍视"道"。

──●【智慧剖析】

本章再一次宣扬"道"的好处和作用。老子认为，道隐于万物之内，主导着万物由生到灭的全过程，清静无为的"道"，不但是善良之人的法宝，也是不善的人赖以自保的东西。所以，有人认为这一章的新意就在于指出世人在"道"面前一律平等。"道"保护善人，但也不抛弃不善之人，它有求必应，有过必除。这是"道"的可贵之处。

如果说，在上一章老子强调统一，即"和"的思想在国际关系上的运用，这一章则是在人际关系上的运用，目的在于晓谕人君行"无为"之政。

"道"是天地间最宝贵的。它之所以可贵就在于"求以得，有罪以免邪"。这就是说：善人化于道，则求善得善；有罪者化于道，则免恶入善。"道"并不仅仅是为善良之人所领悟，不善人并不被道所抛弃，只要他们一心向道，深切体会"道"的精髓要义，即使有罪过也是可以免除的。老子在这里给人们（包括有罪之人）提供了新的出路，是很有意义的。这种想法与孔子所言"君子过而能改"的说法是有相近意义的。孔子认为：君子不怕犯错误，只要能认真改正就不算错误，而且，这一点只有君子才可以做到。老子则从主观、客观两个方面为有错者提供了出路："道"不嫌弃犯错之人，肯定会给他改错的机会；而犯错者本人也必须体道，悟道，领会道的真谛，主观、客观这两方面的条件缺一不可。

小故事·大道理

一

法拉第是一名年轻的印刷厂装订工人，听说英国皇家学院公开张榜为大名鼎鼎的教授戴维选拔科研助手，法拉第激动不已，急忙到选拔委员会报了名。选拔考试的前一天，法拉第接到了一个通知，说取消了他的考试资格，因为他只是一个普通工人。异常气愤的法拉第跑到选拔委员会，想讨个说法。那些委员傲慢地告诉他："除非戴维教授同意让你来。一个普通的装订工人还想到皇家学院来，真是异想天开！"法拉第为难了，一个普通的工人想拜见大名鼎鼎的皇家学院教授，谈何容易！但是，如果不能见到戴维教授，自己就根本没有机会参加选拔考试。怎么办呢？

虽然法拉第也担心戴维教授不理睬自己，但是，为了自己的人生梦想，他放下重重顾虑，鼓足勇气来到了戴维教授家的大门口。在门前徘徊了许久，法拉第举起颤抖的手，叩响了那扇紧闭的大门。

并没有人来开门。法拉第停了一下，他在想：我是不是要敲第二次门呢？他转过身，看到了东方正在升起的太阳，又重新鼓起了勇气。终于，法拉第又举起了手。突然，门"吱呀"一声开了。一位鹤发童颜、精神矍铄的老者出现在法拉第的面前。他看了看法拉第，微笑着对他说："请您进来吧，门没有闩。"法拉第放下了举起的手，疑惑地问："教授家的大门整天不闩吗？"老者爽朗地笑了："干吗要闩上呢？当你把别人闩在门外的时候,也把自己闷在了屋里。我才不要当这样的傻瓜呢。"

"您是?"法拉第愣愣地问道。"我就是戴维呀!"老者微笑着说。法拉第高兴得简直要跳起来,一时不知说什么才好。教授看着他激动的样子,又一次笑了:"年轻人,来,请到屋里来吧。"

当戴维教授听了这个年轻的装订工人的诉说和要求后,一点儿也没有犹豫,写了一张字条递给法拉第说:"你带着这张字条去,告诉委员会的那群人说我戴维老头同意了。"要求严格、竞争激烈的选拔考试终于结束了,一位普通的书籍装订工出人意料地成了戴维教授的科研助手。靠着非凡的勇气和出众的才华,法拉第终于走进了英国皇家学院的大门。

二

1921年,路易斯·劳斯出任星星监狱的狱长,那是当时最难管理的监狱。可是在二十年后劳斯退休时,该监狱却成为一个提倡人道主义的机构。当劳斯被问到监狱改观的原因时,他说:"这都要归功于我已经去世的妻子——凯瑟琳,她就埋葬在监狱外面。"

在劳斯成为狱长的时候,每个人都警告凯瑟琳千万不要踏进监狱,但这些话并没有挡住凯瑟琳。第一次举办监狱篮球比赛时,她带着自己三个可爱的孩子走进体育馆,与服刑人员坐在一起。她的观点是:我要与丈夫一道关照这些人,我相信他们也会关照我,我不必担心什么。

那些服刑人员中有一个被判定有谋杀罪的犯人瞎了双眼,凯瑟琳知道后便去看望他,并且帮他学习"点字阅读法"。凯瑟琳在狱中还遇到过一个聋哑人,为了与他交流,她到学校去学习手语。在1921年至1937年期间,她经常造访星星监狱。

后来,凯瑟琳在一次交通事故中逝世。第二天,劳斯没有上班,可是消息立刻传遍了监狱,大家都知道出事了。第三天,她的遗体被运回家中,代理狱长早晨散步时惊愕地发现,一大群被视为最凶悍、最冷酷的囚犯,竟然齐集在监狱大门口,脸上带着悲哀的神色和难过的眼泪,他转身对他们说:"好了,各位,你们可以去,只要今晚记得回来报到!"然后他打开监狱大门,让那些囚犯走出去——当然是在没有守卫的情况下。结果,每一名囚犯当晚都回来报到了。

第六十三章 终不为大，能成其大

〔题解〕

本章讲述如何做事。老子首先指出立身行事要自然无为，随后阐述处理问题要从易处、小处下手，由易及难，由小到大，认为只有这样，才能克服困难，成就大事。

为无为，事无事，味无味①。

大小多少②。

图难于其易，为大于其细。天下难事，必作于易；天下大事，必作于细。是以圣人终不为大③，故能成其大。

夫轻诺必寡信，多易必多难。是以圣人犹难之，故终无难矣。

【字词注解】

①为无为，事无事，味无味：无为而为，以无事的态度做事，把无味当作味。

②大小多少：大生于小，多起于少。另一种解释是，大的看作小，小的看作大，多的看作少，少的看作多。还有一种解释是，去其大，取其小，去其多，取其少。

③不为大：是说有道的人不自以为大。

──●【白话解说】

以无为的态度去有所作为，以不滋事的方法去处理事情，把恬淡无味作为最好的味道。

大事从小处做起，大量从小量累积。

处理问题要从容易的地方入手，实现远大志向要从细微的地方入手。天下的难事，一定要从简易的地方做起；天下的大事，一定要从微细的部分开端。因此，有"道"的圣人始终不自高自大，所以能做成大事。

那些轻易许下诺言的，必定是很少能够兑现的；把事情看得太容易，势必遭受很多困难。因此，有道的圣人总是看重困难，所以最终就没有困难了。

──●【智慧剖析】

本章旨在阐发"无为而无不为"，即"为无为，事无事，味无味"的道理，也可以说是一种处世哲学。老子反对以烦琐的禁令去捆住人民的手脚、限制和扰乱百姓的生活，要想有所作为，就必须采取顺应自然的态度，必须以平静的思想和行为对待生活。他提醒人们注意，做任何事情都是从小到大、由少到多、由易到难的。

老子理想中的"圣人"对待天下，都是持"无为"的态度，也就是顺应自然的规律去"为"，所以叫"为无为"。把这个道理推及人类社会的日常生活，就是要以"无事"的态度去办事。因此，所谓"无事"，就是希望人们从客观实际情况出发，一旦条件成熟，水到渠成，事情也就做成了。

在这里，老子不主张统治者任凭主观意志发号施令，强制推行什么事。"味无味"是以生活中的常情去比喻，这个比喻是极其形象的，人要知味，必须先从尝无味开始，把无味当作味，这就是"味无味"。接下来，老子又说，"图难于其易"。这是提醒人们，处理艰难的事情，须先从细易处着手。面临小的、简单的事情，却不可掉以轻心。"难之"，这是一种慎重的态度，缜密地思考，细心而为之。

本章的格言，无论是对行事还是求学，都是不移的至理。这也是一种朴素辩证法的方法论，依附对立统一的法则，隐含着由量变到质变的飞跃。同时，我们也看到，本章的"无为"并不是提倡无所作为，而是以"无为"求得"无不为"。老子说"是以圣人终不为大，故能成其大"，这正是从方法论上说明了老子的确是主张以无为而有所作为的。

常言道："没事别找事，遇事不怕事。"这怕不怕事，不是胆量的问题，而是有没有思想准备的问题，但凡遇事惊慌失措者皆因缺乏必要的思想准备。

顺其自然，可以使事情变得容易，而且符合自然规律。

人生又何尝不是如此。

人的智力和才华，是随着知识与经验的积累而逐渐丰富的，既然是积累，就需要有一个实践和感悟的渐进阶段。对自己要求过急、过高、过苛，期望一口吃成个胖子，是不现实的。

在现代社会中，许多年轻人特别容易急躁，他们往往一上来就想把弓拉得满满的，以向人们展示自己的实力。他们不懂，自认为已经把弓拉得很满，在许多经验老到的人看来，这恰恰是一种幼稚的表现。因为即使你能把弓拉得很满，这张弓也是一张不具有太大实力的小弓。你一旦拉满了这张弓，就不能再有丝毫懈怠，人们在今后就会以"满弓"的标准评判你做的每一件事。如果你不能力冠群雄，事事都达到"满弓"的程度，那么，别人就会认为你这个人缺乏潜质和后劲。

真正老练的弓箭手，都是稳稳地拉弓，缓缓地加力，一旦拉满，必定蓄力千钧，势不可当。当一个人蓄势待发、胸有成竹时，也就是掌握了拉弓的真谛之时。这个真谛就是不断地积累，蓄势，让人们看到你日见深厚的潜质。

小故事·大道理

莫卡在一次家庭聚会上讲了自己最难忘的经历。

在克尼斯纳，一个老林工对我解释如何伐树。他指出，要是你不知道哪棵树砍了会倒在哪里，就不要去砍它。"树总是朝支撑少的那一方倒下，所以如果你想使树朝哪个方向倒下，只要削减那一方的支撑便可以了。"他说。我半信半疑，此时稍有差错，我们就可能损坏一幢昂贵的小屋或一个砖砌车库。

我满心焦虑，在两幢建筑物中间的地上画了一条线。老林工朝双手啐了一下，挥起斧头，向那棵巨松砍去。树身底处粗一米多。他的年纪看来已六十开外，但力气十足。

约半个小时后，那棵树果然不偏不倚地倒在线上，树梢离房子很远。我恭贺他砍伐如此准确，他有点儿惊讶，但没说什么。不到一个下午，他已将那棵树伐成一堆整齐的圆木，又把树枝劈成柴。我告诉他我绝对不会忘记他的砍树心得。

他把斧头扛在肩上，转身离去之前却突然对我说："我们运气好，没有风。要提防风。"

老林工的言外之意，我在数年后接到关于一个心脏移植病人的验尸报告时才真正明白。那次手术出乎意料地顺利，病人的复原情况也极好。然而，忽然间出现了异常，病人去世了。验尸报告指出病人腿部有一处微伤，伤口感染到肺，导致整个肺丧失机能。

那个老林工的脸蓦地在我的脑海中浮现，他的声音也响起来："要提防风。"简单的事情，基本的真理，需要智慧才能了解。那个病人的死，惨痛地提醒我们功亏一篑这个道理。纵使那个小伤口对健康的人无关紧要，却可以夺去那个病人的生命。

那个老林工可能早已离世。然而，他却留下了一个训诫给我，让我在得意之时警告自己。人人都得意扬扬时，我会紧紧盯着镜子里的影子，对自己说："我们这回运气好，没有风。"

第六十四章　慎终如始

[题解]

本章的主要内容是阐述事物发展变化的规律。老子认为事物都是从微小发展到壮大的，凡事有所准备，谨慎对待，一点一滴地去完成，就能获得成功。同时，老子还重申了"无为"的思想。

其安易持，其未兆易谋；其脆易泮①，其微易散。为之于未有，治之于未乱。

合抱之木，生于毫末②；九层之台，起于累土③；千里之行，始于足下。

为者败之，执者失之。是以圣人无为，故无败；无执，故无失。民之从事，常于几成而败之。慎终如始，则无败事。

是以圣人欲不欲，不贵难得之货；学不学，复众人之所过。以辅万物之自然，而不敢为。

【字词注解】

①其脆易泮：物品脆弱就容易消解。泮，通"判"。

②毫末：细小的萌芽。

③累土：堆土。

―●【白话解说】

局面安定时容易保持和维护，事变没有出现迹象时容易图谋，事物脆弱时容易消解，事物细微时容易散失。做事情要在它发生以前就处理妥当；治理国家，要在祸乱产生以前就做足准备。

合抱的大树，生长于细小的萌芽；九层的高台，筑起于每一堆泥土；千里的远行，是从脚下一步一步走出来的。

有所作为的将会招致失败，有所执着的将会遭受损害。因此圣人无所作为，所以不会招致失败；无所执着，所以不会遭受损害。

人们做事情，总是在快要成功时失败。所以，当事情快要完成的时候，也像开始时那样慎重，就没有办不成的事情。

因此，有道的圣人追求人所不追求的，不稀罕难以得到的货物；学习别人所不学习的，补救众人经常犯的过错。遵循万物的自然本性而不妄加干预。

―●【智慧剖析】

在这一章，老子仍然是谈自己对生活的态度，谈事物发展变化的辩证法。与上一章联系起来读，又返回到"为无为，事无事，味无味"的道理。老子认为：大的事物总是从小的事物发展起来的，任何事物的出现，总有自身生成、变化和发展的过程，人们应该了解这个过程，对其中可能发生祸患的环节给予特别注意，防患于未然。从"大生于小"的观点出发，老子进一步阐述事物发展变化的规律，说明"合抱之木""九层之台""千里之行"，都是以"生于毫末""起于累土""始于足下"为开端的，形象地证明了宏大和深远的景况无不是从细微和浅近形态发展而来的；同时也告诫人们，无论做什么事情，都必须具有坚强的毅力，从小事做起，才可能成就大事业。

无论做世界上最容易的事情，还是做世界上最难的事情，都少不了"坚持"二字。没有坚持不懈的精神，最容易的事情都会变难；有了坚持不懈的精神，最困难的事情都会变容易。

老子依据他对人生的体验和对万物的洞察，指出"民之从事，常于几成而败之"。许多人不能持之以恒，总是在事情快要成功的时候失败。出现这种情况的原因是什么？

老子认为，主要原因在于，将成之时，人们不够谨慎，开始懈怠，没有保持事情初始时的那种热情，缺乏韧性。老子认为，一个人想要发挥智能或技能的最佳状态，只有在内心平静从容状态下才能做到。总之，在最后关头如果像一开始的时候那样谨慎从事，就不会出现功败垂成的事情了。

老子主张"无为""无执"，实际上是让人们依照自然规律办事，树立必胜的信心和坚强的毅力，一点一滴耐心地完成，稍有松懈，就会造成前功尽弃、功亏一篑的结局。

水滴石穿，并非依靠猛劲儿，而是靠持之以恒的滴落；千里之行，并不是一天到达的，而是一步步不停地向前迈进的结果。所以，我们要依靠大道的自然规律，不要强求，只要坚持谨慎，就可以成功。

坚持是成功的关键。

有这样一个故事：某边远地区有贫富悬殊的两个和尚，都想去朝圣，富和尚几年间一直打算雇好车马前往，但始终没有成行；穷和尚托着一个化缘的钵，步行抵达了圣地，并顺利返回。

身处顺境的富和尚未到达圣地而身处逆境的穷和尚却已成功往返，这是为什么？根本原因就是穷和尚有着坚忍不拔的毅力和不达目的不罢休的坚定信念。如果不发挥这种主观能动性，没有这种毅力和信念，富和尚到不了圣地，穷和尚更到不了。

即使真的有些愚笨，只要坚持，也能成功。

明代的张溥，小时候很"笨"，别人读一会儿就能背下来的东西，他往往要读几十遍才能背下来。但是，他并没有灰心，每拿到一篇文章，先认真抄一遍，校正好，再大声朗读一遍，然后烧掉，接着再抄。这样，一篇文章往往要抄六七遍。后来，他逐渐变得文思敏捷，出口成章，二十六岁就写下了名扬天下的《五人墓碑记》。

小故事·大道理

当珍妮和四岁的儿子走到街边准备过马路时,突然听到汽车急刹车时轮胎刺耳的声音。一辆失去控制的轿车飞速向他们直冲过来,这时他们已来不及躲闪,所有的一切都发生在那一瞬间。

轿车撞到了离他们只有几步之遥的栏杆上。其实当时珍妮并不知道那辆车距离他们有多近,在最后的一刻珍妮将身体背转了过去,但那辆车真的就停在了他们身前。人们都停下车询问珍妮和儿子的情况。

"车没有撞到我们。"珍妮从巨大的惊吓中醒过神来,连忙对周围的人们说道。接着,珍妮蹲下身,将儿子紧紧地抱在怀中。"妈妈,那辆车刚才差点儿朝我们开过来。"儿子声音清朗地说道,手里仍然握着那只上午在幼儿园用纸折成的小猫。他完全不了解一辆时速五十公里,重达一吨的汽车冲过来时,会对他这个三十五公斤重的小男孩造成怎样的伤害。他头脑中的观念显然并不属于这个现实且残酷的世界,幻想使他深信,当某个人身处危难时,一定会有神勇的英雄从天而降,使人摆脱险境。

珍妮走到那辆轿车前,里面坐着一个六十多岁的妇人,双手仍然握着方向盘。"你还好吗?"珍妮问她,言下之意是说:你差点儿撞死我和我儿子,你知道吗?

"有一辆车在我面前突然转弯,让我的车失去了控制……"那老妇人开口说道。

无疑,这个差点儿撞死他们的老妇人当时行色匆忙,她好像是想要赶下一个路口的绿灯。而那名突然开车转弯的司机肯定也是在赶时间,才会如此冒险地横冲直撞。

珍妮自己也不是完全没有责任。她想节省两分钟,就没有多走半条街到十字路口去过斑马线,而是在中途横穿马路,险些葬送自己与儿子的性命。

平日珍妮并不是轻易冒险的人。就在一周前,珍妮刚结束九天的旅行,从日本回来,飞越了两千五百多公里,其间转过六趟班机,经历了六次飞机的起落,有十二次成为晚间新闻头条的机会。

此刻,珍妮不禁在心中想着,飞行了两千五百多公里都安然无恙的她,却差点儿死在离家只有两条街的地方。想着儿子幼小的生命几乎就此被夺走,想着丈夫险些要同时面对两个至爱的丧生,而这一切仅仅源于无谓的匆忙。

在现实生活中总是会这样,当我们行色匆匆时,就可能失去必要的谨慎。有时候就是在刹那之间,我们就失去了生活的全部,真是"一失足成千古恨"。

二

战国时,秦国国富民强,气势最盛。秦武王以为从此可高枕无忧,便以骄色示人。一谋士见势不妙,便进言提醒武王道:"古语曰'行百里者半九十',指的是坚持到最后关头最为困难。今天的霸业是否能成,还得看各方诸侯是否出力,然而大王现在就沾沾自喜,以骄色示人,而忽视图霸的准备,若让他国知道了,受诸侯攻击的恐怕非楚而秦了。"秦武王虽勤于朝政,其霸业也只维系了短短的四年。可见他没有听进谋士的忠言。在施政方面,真正做到善始善终、居安思危的,要数唐太宗李世民了。

李世民常对左右说:"治国之心犹如治病。病人希望尽快痊愈,求医心切。如果病人能认真听从医生的嘱咐,配合治疗,病就痊愈得快,反之,恐怕就要使病情恶化,甚至丧命。治国也是同理,要想保持天下安定,就得事事谨慎,若在关键时候有疏忽,必招亡国之祸。

"现在天下的安危全置于我一人肩上,因此,我要警惕自己。即使被歌功颂德,我还是要检点自己的言行,加紧努力。但是,只靠我一人是难有作为的,希望你们能做我的耳目,发现我有过失就请直言,君臣之间如有疑惑而不说,对治国是极其有害的。"

唐太宗如此开明,才引出善谏的魏征,以这种态度施政,才出现了中国历史上有名的"贞观之治"。

三

某山区有个废弃的矿井。本来，矿工们在遗弃它时，将它的入口堵死了，但时长日久，风刮雨淋，堵死的矿井口坍塌了，露出一个黑乎乎的洞来。两个在山上放牛的男孩子发现了洞口，很想进洞去看个究竟。于是，他俩举着火把，钻进洞里去。呈现在他俩眼前的是一个新奇的世界。矿井极深极长，且纵横交错，很像一个地下迷宫。两个男孩一时兴起，就顺着一条偏井走了进去。

不一会儿，火把燃尽了，他俩顿时置身于无边的黑暗和冷寂之中。两人都有些害怕了，慌忙往回走。但是，他俩找不到洞口了。恐惧和焦虑越来越甚，他俩在里面盲目地左冲右突……三天后，孩子的父母在矿井里找到了这两个男孩的尸体。他俩的尸体在一个偏井里，离主井的出口不到五十米。法医尸检时说，这两个男孩不是死于饥饿和寒冷，依靠他俩的体能，完全可以走出矿井获救。分析的结果表明，这两个男孩是死于内心的恐惧和绝望。

可以想象，这两个男孩也曾在矿井里努力地寻找出口，但因为久久没有找到，所以陷入了极度的恐惧和无边的绝望中，最终他俩放弃了努力，倒在了离出口不到五十米的地方。其实，只要他俩再向前走几步，转一个弯，就能看到洞口的阳光。

世间许多事情都是如此。有人在拼搏一阵还看不到希望之后，便丧失希望，放弃努力。也许，在你放弃努力的时候，离成功还不到五十米，只要你再向前走几步，就能看到灿烂的阳光。

第六十五章　与物反矣

〔题解〕

本章论述治国的方法，强调返璞归真。老子认为统治者以智治国会使百姓机巧伪诈，给国家带来危害，而不以智治国会使百姓质朴自然，使社会和谐稳定。所以，老子主张"非以明民，将以愚之"。

古之善为道者，非以明民①，将以愚之②。

民之难治，以其多智③。故以智治国，国之贼④；不以智治国，国之福。

知此两者⑤，亦稽式⑥。常知稽式，是谓"玄德"。"玄德"深矣，远矣，与物反矣⑦，然后乃至大顺⑧。

【字词注解】

①明民：此处意为让百姓知晓巧诈。明，知晓巧诈。

②将以愚之：使老百姓无巧诈之心，敦厚朴实，善良忠厚。愚，敦厚、朴实，没有巧诈之心，并非愚弄、蒙昧之意。

③智：巧诈、奸诈，而非智慧、知识之意。

④贼：伤害。

⑤两者：此指上文"以智治国，国之贼；不以智治国，国之福"。

⑥稽式：法式，法则。

⑦与物反矣："德"和事物复归于真朴。反，通"返"。

⑧大顺：顺应自然。

——•【白话解说】

古代为道的人，不是教导百姓知晓智巧伪诈，而是教导百姓淳厚朴实。

百姓之所以难于统治，乃是因为统治者使用太多的智巧心机。所以用智巧心机治理国家，必然会危害国家；不用智巧心机治理国家，才是国家之福。

了解这两点便明白了治国的法则。能常常知道什么是法则就叫作"玄德"，玄德又深又远啊，和具体的事物复归于真朴，然后才能极大地顺乎于自然。

——•【智慧剖析】

本章有"非以明民，将以愚之""民之难治，以其多智"数句，从文字的表面意思上去看，很容易得出"为统治阶级出谋划策，而且谋划的都是阴险狡诈之术"的结论。中国历史上的封建统治者对群众实行"愚民政策"，与老子主张的"非以明民，将以愚之"不能说毫无干系，但并不等同。老子的本意绝不是为迎合统治者的需要而提出一套"愚民"之术。正如陈鼓应所说："老子认为政治的好坏，常系于统治者的处心和做法。统治者若是真诚朴质，才能导出良好的政风，有良好的政风，社会才能趋于安宁；如果统治者机巧黠猾，就会产生败坏的政风。政风败坏，人们就相互伪诈，彼此贼害，而社会将无宁日了。基于这个观点，所以老子期望统治者导民以'愚'。老子生当乱世，感于世乱的根源莫过于大家攻心斗智、竞相伪饰，因此呼吁人们扬弃世俗价值的纷争而返璞归真。老子针对时弊，而作了这种愤世矫枉的言论。"老子希望人们不要被智巧、争夺搞得心迷神乱，不要泯灭原始的质朴、淳厚的人性，要顺应自然，而本章所讲的"愚"，其实就是质朴、自然的另一表述词句。

世间万事万物都有它的本质和规律，所以人类只能顺应自然规律，而不能妄自改变。万事万物也不会因为我们是万物之灵，或因为我们的地位高低就有所改变或顺从，在这个规律面前，人与物、人与人都是平等的，无亲无疏，无远无近，无高低与富贵之分，全都要依从它的法则。

　　老子认为，人应该取法于天地自然。自然界的水流花开、鹰飞鱼跃、春华秋实，这一切都不是刻意追求的结果。大自然是无意识的，但处处充满生机；天地并不想去实现什么，但又样样都实现了。人类何不像大自然这样以"无为"的态度对待一切呢？处处顺应自然的规律，不背离自然去追求个人目的，这样反而能达到自己的目的——老子把这叫作"无为而无不为"，表面上什么都没有干，其实什么愿望都实现了。难怪从历代当权者到今天的企业家，都对"无为而无不为"感兴趣了，这也许是中国一种最特殊、最玄妙的管理思想。顺道者昌，逆道者亡。所以，人就不可能使出任何阴诡心机，既然使不出阴诡心机，那就不要擅动心智。因此，按老子的意思，没有心智就是最大的心智。要运用这么大的心智，就要抛弃那些小的心智，特别是领导者，因为你的心智不只是个人的心计，还要变成行动和指示，就会有个"整体顺道还是逆道"的问题，整体顺道就会昌盛兴旺，整体逆道就会衰败灭亡。一个人心智太多，就容易过于精明，变得不诚实，虚伪。

小故事・大道理

　　1835年，摩根先生成为一家名叫"伊特纳火灾"的小保险公司的股东，因为这家公司不用马上拿出现金，只需在股东名册上签上名字就可成为股东。这正符合当时摩根先生没有现金却想获得收益的情况。

　　很快，有一家在伊特纳火灾保险公司投保的客户发生了火灾。按照规定，如果完全付清赔偿金，保险公司就会破产。股东们一个个惊慌失措，纷纷要求退股。

摩根先生斟酌再三，认为自己的信誉比金钱更重要，他四处筹款并卖掉了自己的住房，低价收购了所有要求退股的股份。之后，他将赔偿金如数付给了投保的客户。

一时间，伊特纳火灾保险公司声名鹊起。已经身无分文的摩根先生成为保险公司的所有者，但保险公司已经濒临破产。无奈之中他做出决定，凡是再到伊特纳火灾保险公司投保的客户，保险金要加倍收取。

意外的是，客户很快蜂拥而至。原来在很多人的心目中，"伊特纳火灾"是最讲信誉的保险公司，这一点使它比许多有名的大保险公司更受欢迎。伊特纳火灾保险公司从此崛起。

二

有一对夫妻，下岗后开了一家烧酒店，自己制作烧酒卖。

丈夫是个老实人，为人真诚热情，烧制的酒也好，人称"小茅台"，有道是"酒香不怕巷子深"，一传十，十传百，烧酒店生意兴隆，常常供不应求。

看到生意如此之好，夫妻俩便决定把挣来的钱投进去，再添置一台烧酒设备，扩大生产规模，增加酒的产量。一可满足顾客需求，二可增加收入。

这天，丈夫外出购买设备，临行之前，把烧酒店的事都交给了妻子，叮嘱妻子一定要善待每一位顾客、诚实经营，不要与顾客发生争吵……

一个月以后，丈夫外出归来。妻子一见丈夫，便按捺不住内心的激动，神秘兮兮地说："这几天，我可知道做生意的秘诀了，像你那样永远发不了财。"丈夫一脸愕然，不解地说："做生意靠的是信誉，咱家烧的酒好，卖的量足，价钱合理，所以大伙儿才愿意买咱家的酒，除此还能有什么秘诀。"

妻子听后，用手指着丈夫的头得意地说："你这榆木脑袋，现在谁还像你这样做生意，你知道吗？这几天我赚的钱比过去一个月挣的还多。秘诀就是，我给酒里兑了水。"

丈夫一听，十分生气，他没想到，妻子竟然会往酒里兑水。他知道，妻子这种坑害顾客的行为已经将他们苦心经营的好口碑砸了。

　　从那以后，尽管丈夫想了许多办法，竭力挽回信誉，可"酒里兑水"这件事还是被顾客发现了，烧酒店的生意日渐冷清，后来就不得不关门停业了。

第六十六章　为百谷王

〔题解〕

本章反映了老子"不争"的思想。老子以江海居无争之洼地而能成为百川之王为喻，说明治国者只有肯于居下，才会最终居上；只有肯于退后，才会最终当前；只有肯于不争，才会无人能争。

江海所以能为百谷①王者，以其善下之，故能为百谷王。

是以圣人欲上民，必以言下之；欲先民，必以身后之。是以圣人处上而民不重②，处前而民不害，是以天下乐推而不厌。以其不争，故天下莫能与之争。

—●【字词注解】

①百谷：百川。

②重：累，不堪重负。

—●【白话解说】

江海之所以能够成为百川所汇往的地方，是因为它善于处在低下的地方，故而能够成为百川之王。

因此，要想处于百姓之上，必须用言辞对百姓表示谦下；要想处于百姓之前，必须把自己的利益放在他们的后面。所以，有道的圣人虽然地位居于百姓之上，但百姓并不感到负担沉重；居于百姓之前，但百姓并不感到受害。天下的百姓都乐意拥戴他而不感到厌倦。因为他不与百姓相争，所以天下没有人能和他相争。

【智慧剖析】

在这一章，老子非常具体地谈到了统治者管理国家和统治人民的正确方法，其意见新颖，独特，高明。

首先，老子按照他的一贯论述方式，先从物理世界的现象进入主题，说"江海所以能为百谷王者，以其善下之，故能为百谷王"。卑下是老子热烈赞美的物象，所有在自然界中能够主动使自己置身于卑下地位的事物，在老子看来都是伟大的存在。所以，老子始终赞美能够为万物贡献出自己的力量，而自己却默默地处于卑下地位的"道"以及水，《道德经》一书就是以"道"为骨干全面展开的。老子对水的着墨虽然不多，但能够与"道"相提并论的则只有水。在本章，老子通过对江海接纳和融汇了千川百谷的事实，说明了地位卑下才能获得万物的拥戴，才能成为百谷之王。

由江海而论及国君，老子认为，现在的国君往往试图以严刑酷法确立自己的权威，无疑是走错了路线，以致国家的治理情形每况愈下。他指出："是以圣人欲上民，必以言下之；欲先民，必以身后之。"如果想要立身于百姓之上，就一定要用言辞来表示自己卑下；如果要走在百姓的前头，就要把个人的私利放到后面。这些话也许不算什么高深的哲理，根据现代人类学提供的资料和做出的推测，可以姑且相信，在人类历史上，确实曾经存在那样一个时期，那时的氏族公社统治者们作为一个血缘大家族的族长或血缘联合体的酋长，仅仅具备一点儿人格方面的权威，他们要使自己的威望保持长久，就要像老子所说的那样，以卑下表现自己的谦虚，表示自己的地位不但没有超越群体，反而更加低下；他们如果想要走在前面引导和领导人民，便需要把个人的利益放在百姓的利益之后，若不如此，在一个百姓尚没有完全交出自己权利的时代，他们很容易就会被轰下台,甚至被残酷地处死。

老子在这一章中详细阐述了如何才能得到百姓的拥护,更为我们说明了领导者应具备的品德。江海之所以能成为百川之王,就是因为它将自己处在一个低下的位置上。从智慧的角度来讲,江海是非常谦虚正直的,总是以低姿态、高标准要求自己,不自视伟大,不以大欺小,才能得到万千溪流的敬仰和拥护,最终成为无人能争的百川之王。

由此引申到我们为人处世,也是同样的道理,大到治理一个国家,小到只有几个人的小公司,都是一样的。身为君王,要想国家昌盛发达,成为万民所景仰的圣贤之君,就应该有江海一样的胸怀和品行,做到真正的谦虚和廉正。应该时刻把百姓的利益放在首位,礼贤下士,不妄自尊大,不视自己高高在上而不可一世,这样百姓就不会感觉到沉重,也不会使百姓受到妨害,就会得到百姓的拥戴而不会遭到反对。因而也就没有人想与其争斗,因为任何人都无法与其抗衡,其背后是天下百姓的心。

治理国家能做到这样的德,就能使国泰民安,就能得到百姓的拥护和爱戴。一个组织的领导者拥有这样的德,能够谦虚、廉正,把下属员工的利益放在首位,能够与下属员工同心同德,并以身作则,不仅员工不会感到压力,领导者自身也不会有任何压力感;不仅能得到全体员工的拥护和支持,还能使公司发展壮大。

在员工面前,如果领导者一味认为"我"是经理、"你"是工人,就应当各尽其职。这样,下级就不可避免地要对这样的上司采取疏远态度,也要和他所代表的公司疏远。这样的上级就很难使下级尽力工作了。

小故事·大道理

742年,唐玄宗连下三道诏书,征召大名鼎鼎的诗人李白入京。李白这一年四十三岁,他向往建功立业,以为这一回终于可以大展宏图了,于是意气风发地来到了长安。唐玄宗在大明宫召见了他。

封建时代，皇帝召见大臣时端坐御座之上，居高临下，臣下则要行三跪九叩的大礼俯首称臣。而唐玄宗这一次召见李白，这一切森严的礼仪全都免除，他亲自坐着步辇（一种由人抬的代步工具）前来迎接。当李白到来时，他从步辇上下来，大步迎了上去；迎入大殿之后，又以镶嵌着名贵宝石的食案盛了各种佳肴招待李白，大约是怕所上的一道汤太热，会烫着李白，唐玄宗竟然亲自以汤匙调羹，赐给李白，并对他说："卿是一个普通读书人，可你的大名居然传到我的耳中，若不是你有着超凡的诗才，怎能做到这一点。"

接着，唐玄宗又赐了李白一匹天马驹，之后的宫中宴会、銮驾巡游，都让李白陪侍左右。

一个普通的诗人，无官无职，能够得到皇帝的召见、赐宴，已是非常的礼遇了，而降辇步迎、御手调羹更是旷古的隆恩。虽然李白这次来长安，在仕途上并没有多大发展，最后还被客客气气地送出了长安，但唐玄宗的这次接见，却在李白心中留下了永不磨灭的印象，使他终身引以为豪，念念不忘。

二

民国时期，袁世凯在统御部下方面也很注重感情投资。

早在小站练兵时期，他就从天津武备学堂物色了一批军事人才，其中最著名的有三个人：段祺瑞、冯国璋、王士珍。他们后来都成了北洋军阀中叱咤风云的人物。袁世凯为了让他们感恩戴德，供其利用，可谓煞费苦心。

袁世凯在创办新军时，相继成立了三个协（旅），在选任协统时，他宣布采用考试的办法，每次只取一人。

第一次，王士珍考取。

第二次，冯国璋考取。

从柏林深造回国的段祺瑞，自认为学问不凡，却连续两次没有考取，对段祺瑞来说，只有最后一次机会了。第三次考试前，他十分紧张，担心再考不上，就要屈居人下。

第三次考试前一天的晚上，正当段祺瑞闷闷不乐地坐着发呆时，忽然传令官来找他，说袁大帅叫他去。段祺瑞不敢怠慢，立即前往帅府见袁世凯。袁世凯令他坐下，东拉西扯说了些不着边际的话。临走，袁世凯塞给段祺瑞一张纸条，段祺瑞心中纳闷儿，这纸条是什么呢？又不敢当面拆开看。他急忙回到家中，打开一看，不觉大喜，原来是这次考试的试题。

段祺瑞连夜准备，第二天考试时，胸有成竹，考试结果一出来，果然高中第一名，当了第三协的协统。

段祺瑞深感袁世凯是个伯乐，对自己有知遇之恩，决心终身相报。

后来，段祺瑞、冯国璋、王士珍都成了北洋军阀政府的要员。段祺瑞谈起当年袁世凯帮他渡过难关的事，仍感恩戴德，谁知冯国璋、王士珍听了，齐声大笑，原来王、冯二人考试前也得了袁世凯的纸条。

袁世凯用的这种办法，既可以使提拔的将士报恩，又能使没升官的将士心服口服，便于统率，还让被提拔者获得了很高的声誉。由此可见，袁世凯在玩弄权术上是个高手。他的这个例子从反面印证了感情投资的作用。

三

日本某矿业公司的一位董事长年轻时，因为工作上急于求成，遇事常急躁冲动，把事情办得很糟，结果被贬到基层矿山去担任一个矿的矿长。到职时，在欢迎酒会上，由于他一不善喝酒，二不善辞令，被老职员们认为是一个不讲人情的上司，年轻的职员和矿工们对他更是敬而远之。他在矿里一度很被动，工作开展不起来。

这样闷闷不乐地度过了大半年后，在过年前夕，矿里举办同乐会，大家要即兴表演节目。他在同乐会上唱了几句家乡戏，赢得了热烈的掌声。连他自己也没想到，那些一向对他敬而远之的部下，会因此而对他亲近和友好起来。此后，他在矿上成立了一个业余家乡戏团。从此，他的部下非常愿意和他接近，有事都喜欢跟他谈。他与部下关系密切了，过去令人望而生畏的人变成了可亲可敬的人。在矿上无论一件多难办的事，只要他出面，困难就会迎刃而解，事情定能办成。由此，这个矿的业绩突飞猛进。

因为他工作有能力，而且如此得人心，后来他荣升为这个公司的董事长。

他升为董事长后，有一次在工厂开现场会，全公司的重要人物都出席了。会上大家都为本年度的好成绩而高兴，于是公司总裁的秘书提议散会前安排一个让大家开心的小节目。她提议，把一个分公司的副经理抛到喷泉的池子中去，一定能让大家开心大笑，让会场的欢乐气氛达到高潮。总裁同意这位秘书的提议，就和这位董事长打招呼，董事长表示这样做不妥，决定由他自己——公司最高领导者，在水池中来一个旱鸭子游水。

董事长转向大家说："我宣布，大会最后一个项目是宋秘书的建议，她叫我在泉水池中来一个旱鸭子戏水，请各位先生注意了，我马上表演。"于是他跳入池中，游起泳来，引得参加会议的几百人哄堂大笑……

事后总裁问他："那天你为什么不同意由分公司副经理下水，而是自己跳下水池表演？"

董事长回答说："一般来说，让那些职位低的人出洋相，以博得众人的取笑，而职位高的人却高高在上，端着一副架子，使人敬畏，那是最不得人心的了。"董事长的话让总裁恍然大悟，之后，他学习董事长和部下相处的方式，企业越办越好。

第六十七章　我有三宝

〔题解〕

本章阐述了老子的"三宝"思想。老子称"慈""俭""不敢为天下先"为"三宝"，并说明"三宝"的价值和作用，告诫人们不要背弃"三宝"，否则就会走向灭亡。老子尤其强调"慈"的作用，希望统治者能够爱护百姓。

【原文】

（天下皆谓我："道大，似不肖。"夫唯大，故似不肖。若肖，久矣其细也夫①！）

我有三宝②，持而保之：一曰慈，二曰俭③，三曰不敢为天下先。慈，故能勇④；俭，故能广⑤；不敢为天下先，故能成器长⑥。

今舍慈且⑦勇，舍俭且广，舍后且先，死矣！

夫慈，以战则胜⑧，以守则固。天将救之，以慈卫之。

【字词注解】

①以上数句，于下文不合，疑为他章。

②三宝：三件法宝，或三条原则。

③俭：节俭，保守，有而不尽用。

④慈，故能勇：仁慈，所以能勇武。

⑤俭，故能广：节俭，所以能发展。

⑥器长：万物之长。器，物。

⑦且：取，追求。

⑧以战则胜：一作"以阵则亡"。

【白话解说】

（天下人都对我说："道大，却看不出大。"正因为道大，所以看不出大，如果看着大，那早就细微渺小了！）

我有三件法宝，执守而且珍视它们：第一件叫作慈爱，第二件叫作节俭，第三件是不敢居天下人之先。有了仁慈，所以能勇武；有了节俭，所以能发展；不敢居天下人之先，所以能为万物之长。

现在，丢弃了仁慈而追求勇武，丢弃了节俭而追求发展，舍弃退让而追求争先，结果是走向死亡！

慈爱，用来征战就能够胜利，用来守卫就能够巩固。天要援助谁，一定像慈母一样保护他。

【智慧剖析】

这一章是"道"的自述，讲的是"道"的原则在政治、军事方面的具体运用。老子说，"道"的原则有三条（即三宝），这就是"慈"，即爱心加上同情；"俭"，即含藏培蓄、不奢侈、不肆为；"不敢为天下先"，是"谦让""不争"的思想。有"道"的人运用这三条原则，能取得非常好的效果，否则，便会自取灭亡。

老子说的三宝即"慈""俭""不敢为天下先"。因为老子身处战乱时代，目睹乱世的暴力、残酷，深感人与人之间慈善之心的缺乏，因而极力阐扬"慈"。

总之，"慈""俭""不敢为天下先"这"三宝"，是老子对于"道"和"德"的社会实践意义上的总结。

一、"慈"。仁和慈爱，就是要对天下的万物及他人都保持一种宽仁和慈爱的态度，像爱自己一样去爱万物和他人，所以只要我们拥有一颗仁厚的慈爱之心，就一定会拥有幸福和快乐，而且无形之中也能得到我们想要的。

二、"俭"。"俭"的内涵有两层，一是节俭、吝惜；二是收敛、克制。五十九章讲"治人事天，莫若啬"，与这里的"俭"是相同的含义，俭即啬。老子要求人们不仅要节约人力、物力，还要聚敛精神、积蓄能量、等待时机，即在生活中抱有一种勤俭节省的态度，不贪婪，不放纵自己。

勤俭朴素，就是在生活中秉持勤俭节省的原则，不为外界的任何珠宝美食所诱惑，这样就不会滋长自己的贪欲，也就能更好地享受生活。

清康熙朝学者、文华殿大学士兼礼部尚书张英，在其所著的《聪训斋语》中告诫自家子弟：人一生可享的福分，都是有定数的。惜福的人，福常有余；暴殄的人，福常不足。所以老子以俭为宝。不只是钱财应该俭，一切事都要常常思考节俭的意义，才能有余地。俭对于吃喝来说，可以养脾胃；俭对于嗜欲来说，可以集中精神；俭对于说话来说，可以培养气息；俭对于交朋结友来说，可以减少过失；俭对于应酬来说，可以养身息劳。这虽然是持身的方法，也不失为涉世处事之道。

三、"不敢为天下先"。"不敢为天下先"，也有两层含义，一是不争、谦让；二是退守、居下。六十一章讲"大邦者下流"，六十六章讲江海"善下"，都指不为天下先的意思。这符合"道"的原则。不敢大胆地去做天下人的表率和领袖。这一句的意思很好明白，也就是持身处世应谦卑一点儿，谨慎一点儿，对人对事都要小心谦虚，决不胆大妄为、自高自大地想做他人的老师或表率，这样就不会遭到他人的忌妒和反感，反而会得到他人的尊敬和喜欢。

小故事·大道理

一个渔村里有个穷寡妇，靠补渔网谋生。有一段时间天气不好，渔民不能出海，她也就没事可做，最后连面包都吃不上了。她想了又想，决定向村里最富有的人家要点儿吃的。

"我已经好几天没吃东西了，您可以赏赐我一块面包吗？"

"《塔木德》教导我们，说'厌恶赠品的人才有可能长寿'，白拿别人的东西会减少寿命，也是一种罪过。神也不允许我这样做，我不能让你犯错，所以我不会施舍你任何东西。"富人说。

"那么，您可以借给我一些面包吗？"

"这也不行。所罗门王说过，借债的人极有可能成为债主的奴隶。我一直从外国人中挑选奴隶，不想让亚伯拉罕的后代成为奴隶，所以我也不能把面包借给你。"

寡妇仍不放弃最后的希望："那么，您就忍心看着我在您面前饿死吗？恐怕神也不愿看到这样的事发生吧。"

富人缓缓地说道："这种事情不会发生的。我将代替神来帮助你。你可以去捡那些无主的东西。我刚刚给所罗门王献过面粉，现在仓库是空的，但散落在地板上的面粉是无主的，你可以将它收集起来。"

寡妇来到仓库，看见仓库的地板上真的有好多洒落的面粉。她把那些面粉收集起来带回家，烤了三个面包。

她正要吃第一个面包时，传来了一阵急促的敲门声。

"可怜可怜我，给我点儿吃的吧。我的村子被火烧毁，我侥幸逃了出来，已经有好几天没吃饭了。"门外的人哀求她说。

寡妇对他的遭遇表示同情，就给了他一个面包。看着那人消失在夜幕中，寡妇心想：自己的面包也是要来的，没想到还用它做了好事，真的感谢神的恩赐。正当她准备吃第二个面包时，门又被敲响了。

"好心的人，可怜可怜我吧，我快要饿死了。"

这个人告诉寡妇，强盗抢走了他所有的财产，还杀死了他的妻子、孩子以及仆人，他已经一无所有，是穿过沙漠才逃到这儿来的。

寡妇同情地把第二个面包给了他。这个男子拿了面包消失在暮色中。

她很高兴自己又做了一件善事。她做了祷告，准备吃最后一个面包。

这时刮起了大风，小屋的屋顶被风掀走了。不幸并没有终止，寡妇手里的最后一个面包也被大风刮往大海的方向。

大风刮了整整一夜。

第二天早上，狂风总算停了，然而寡妇的最后一个面包也没了，她怎么也想不通，自己将前两个面包施舍给了最需要帮助的人，为什么第三个面包还会被风刮走呢？神不是最照顾寡妇和孤儿的吗？要不就是风违背了神的意愿，故意来制造麻烦？

她决定向所罗门王状告风的这种恶行。她长途跋涉，走到了耶路撒冷，来到了所罗门王的宫殿前。

"陛下，我是来告状的。"

"你要告谁呀？"

"我要告风。"

她把事情的经过讲了一遍。听完，所罗门王说："原来是这样啊。你先在这儿住一段时间吧，一直到再起风的时候。家臣，安排一下她的衣食住行。"

寡妇出去以后，王宫里又进来了三个外国人。经过询问，所罗门王得知他们是阿拉伯的商人，装了一船的宝石、金银、香料等贵重物品来做贸易，途中遇到了暴风雨，船在海上拼命地摇晃，船底还破了个大洞，水不断往里涌。他们大声地祈祷，请求神的帮助，但没有回音，最后猛然想起了以色列的神，就乞求以色列神灵的帮助，大声高喊："要是我们得救的话，将把船上的所有金银财宝都献给以色列神。"

话音刚落，从空中飞来一个东西，将船底的漏洞堵上了，没过多久，暴风雨也停了。他们得救了。

"所以，为了实现我们许下的诺言，我们来到了耶路撒冷。我们不知道以色列之神在哪儿，不知道把金银财宝献到哪儿才好。"阿拉伯商人向所罗门王说明了来意。

"那个从天空中飞来的东西是什么？"

"那是一个烤面包，我们把它也带来了。"

说着，一个商人从包里取出了一个小面包，呈送到所罗门王的面前。所罗门王马上把那个寡妇叫了来。

"你见过这个面包吗?"

寡妇仔细地看了看这个小面包,认出了它,这正是那个被风刮走的面包。

所罗门王做了裁决:"这些金银属于你了。这是神赏赐给你的,作为对借了你的面包的回报。风是受了神的派遣才这么做的,他并不是故意制造麻烦。"

同时,善良的寡妇还得到了她那块被风吹走的小面包。

二

古时候,有一位将军,在打仗撤退的时候始终在后面。回到城中大家都称赞他勇敢。他却说:"非勇也,马不进也。"虽然他不承认自己勇敢,把自己断后的行为归结为马走得太慢,但人们却更加赞扬他,并把他的勇敢和谦虚载入史册。

前世界重量级拳王阿里有一次到中国访问时,与中国的老将进行了表演比赛。他故意装作被打倒在地,引得在场观众热烈鼓掌,一时被传为美谈。

"主动趴下,匍匐前进"是一种智慧。

三

一个阴霾的下雨天,一名狼狈不堪的老妇人进入纽约市一家百货公司避雨,并想寻求一些帮助。但因为她湿淋淋的身上一直淌水,外表看起来既狼狈又寒碜,因此,百货公司里没有什么人理会她。

但有一个年轻的销售员不同于其他人,他热情地问老妇人:"你在等人来接吗?要不要坐一下?"后来他还帮她叫了出租车。

在老妇人离开之前,她要求这年轻人写下他的联络地址和电话,他照做了。

隔天,这位老妇人的儿子——美国钢铁大王安德鲁·卡内基打电话到这家百货公司,表示他刚在苏格兰买了座古堡,打算向这家百货公司购置所有用来装潢古堡的家具。卡内基同时指定那位年轻的销售人员来做这笔生意，并且陪他到苏格兰将所有的家具装置完毕。当然，所有的佣金将全归给这个年轻人。

百货公司的经理十分诧异，他隐藏了自己的震惊，说道："年轻人的经验恐怕不够，我在这行业已经工作了很多年，很愿意为卡内基先生服务。"

卡内基说："我母亲说这名年轻人对她十分友善，即使他根本不知道她是谁。这件事让我觉得这个年轻人不仅了解人，也了解生意之道。他将得到这份工作，而且我要他得到所有的佣金。我会再回来确认他是否拿到了这佣金，如果没有的话，我再也不会在这儿买家具了。"

第六十八章 不争之德

〔题解〕

本章主要论述不争之德。老子要求将帅作战时"不武""不怒""不与""为之下",即不逞武力,不意气用事,不与敌人正面冲突,谦恭用人。老子认为在战争中做到了这些,才符合"道"的最高法则。

善为士者①,不武;善战者,不怒;善胜敌者,不与②;善用人者,为之下。

是谓不争之德,是谓用人之力,是谓配天③,古之极也。

【字词注解】

①善为士者:善于做统帅的人。

②不与:不正面冲突。

③配天:符合天道。

【白话解说】

善于做统帅的人,不逞其勇武;善于作战的人,不轻易被激怒;善于胜敌的人,不与敌人正面冲突;善于用人的人,对人谦下。

这叫作不与人争的品德,这叫作用人之道,这叫作符合天道,这是自古以来的最高准则。

【智慧剖析】

本章讲用兵作战的道理，就是从"武"字开始谈起的。

武主要表现在战场上。能够冲锋陷阵、浴血奋战的是英雄，能够折冲于樽俎之间、决胜于千里之外的更是英雄。所以真正善于领导作战的将帅从不逞强斗勇，也不凭借一时怒气而盲动，而是用智慧取胜。

战争是国力、人力的较量，也是智慧的较量。"武""怒"是军事指挥者暴烈、失去理智的表现。一旦"怒"上心头，就会失去冷静，也就不能客观地分析、研究敌我双方的优势与劣势，而以主观臆断和愤怒的情绪代替客观实际，将给国家和军队带来极大危害，甚至灭顶之灾。这样的事例在中外战争史上比比皆是。军事上如此，人生亦然。遇事不急躁，不冲动，平心静气地认真思考，细心分辨客观现象，就可找到问题的症结，从而得出正确的解决方法。

在《孙子兵法》中有这么一段话：每战之前，一定要将下列情形考察清楚。一是道义，二是天时，三是地利，四是将领，五是法规。所谓道义，就是看老百姓与帝王是不是一条心，可以不可以同生死、共患难；所谓天时，就是看阴阳向背、四季变换、气候等；所谓地利，就是看地形的远近、险夷、宽窄、死生；所谓将领，就是看各级将军的智谋，是否诚实、勇敢、严明等；所谓法规，就是看军队的编制、官吏的委派、钱财和物资的管理等。这些要反复考察和比较，要搞清国君哪一方有道义，将领哪一方有才能，天时、地利哪一方能把握，法规、号令哪一方能执行，军队哪一方更强大，士兵哪一方更精锐，赏罚哪一方更严明；之后，才会有智谋的产生和运用。可以肯定，这是讲打仗用兵的道理，这时拥有道义、天时、地利、将领、法规的人，就是有不争之德的人，即智者。

那么，在不打仗的和平年代，如何证明一个人是否有智谋，是不是智者，是不是拥有不争之德呢？

关于这个问题还得从打仗谈起。大家都知道，打仗体现的是一种冲锋陷阵，迎着枪林弹雨冒死向前的英雄本色，这无疑是一种英勇的行为。但这种英勇只能被视为骁勇，因为它缺乏智谋，所以这种有勇无谋不仅是古人所不取的，也是当下的我们不能采纳的。

历史上有勇无谋者可谓不少，他们虽然也青史留名，但绝对不是一个有德之人。比如，三国时期的吕布、张飞，《水浒传》中的李逵等。有勇无谋的人成不了大事。所以只有智勇双全者才是真正的得道之人。

人生在世，不是被人用，就是用人。而能用人的人，当然是有了一定的格局，是个人上之人。故而老子说："是谓用人之力，是谓配天，古之极也。"

古往今来，凡是能成就伟大事业者，一是凭借个人的卓越智慧与胆略；二是凭借群众的聪明才智与巨大力量；三是凭借政党组织的权威作用。其深妙之处，还是以"借"字为本。

只能尽自己之能者为小智者，能够借用他人之力者为大智者。

三国时有不少著名的战役，而诸葛亮的"草船借箭"一直被广为传颂，其中很重要的原因就在于，中国人有欣赏"智取"不屑"莽夺"的传统。从经济学的角度来看，"草船借箭"就是一种"搭便车"效应，它运用现实中存在的固有资源，借力打力，出奇制胜。

明朝的刘伯温认为，善战者省敌，不善战者益敌，所以，应当善于借用他人之力战胜对手。

物竞天择，各显其能。在自然界里，每个物种都有自己的生存之道。然而刺猬的防护之法尤其绝妙——遇敌害时能蜷曲成球，以刺保护身体，令敌害无机可乘。"刺猬战术"虽然是一种防御形式，但它不同于单纯的被动防御，而是防中有攻、寓攻于防、借力打力，敌人的进攻就是自己的进攻，完美地体现了进攻与防御的辩证统一。

武侠小说中有"四两拨千斤""借力打力"等说法。其实，借他人之力为我所用，借他人之脑为我所用，能快速地壮大自己，提高工作效率。

小故事·大道理

一个十二岁的孩童向中国历史上最暴戾的皇帝秦始皇说"不",却获得了赏识。历史传说中,甘罗十二岁拜上卿,秦始皇对他的评价是"孺子之智,大于其身"。这些或许都源自一次他跟秦始皇关于"公鸡下蛋"的辩论。

秦始皇听信方士"吃公鸡蛋能长生"的话,命令甘罗的爷爷前去寻找。

"爷爷,您有什么心事吗?"甘罗看到愁眉不展的爷爷在房间里走来走去,便上前问道。

"唉,皇上听信了方士的话,要吃公鸡蛋以求长生。现在命令我去找,要是三天之内找不到,就得受罚。"

甘罗一听,也着急起来。不过他灵机一动,有了主意。

"爷爷,你不用再为此事操心,三天后我替你上朝去,我有办法应付皇上。"听了甘罗的话,一向信任他的爷爷也就放下心来了。

期限已到,甘罗不慌不忙地随着一帮大人走进宫殿。

秦始皇认识他,暗想,甘家竟然让这么一个小孩来上朝,真是荒唐。他生气地问:"你来干什么?是不是你爷爷找不到公鸡蛋不敢来了?"

"启禀陛下,我爷爷来不了啦。"甘罗冷静地说,"他在家生孩子呢,所以只能让我替他来上朝了。"

"胡说!"一句话把秦始皇逗乐了,"男人怎么会生孩子?"

"既然公鸡能下蛋,为什么男人就不会生孩子呢?"甘罗反问道。

秦始皇一听,自然知道自己错了,同时也看出了甘罗的智慧,便破格招用了他。

第六十九章　哀兵必胜

〔题解〕

本章主要讨论用兵作战的方法。老子认为，作战不能主动侵略，可以被动防御；不能主动前进，可以被动撤退，更不能狂妄轻敌。老子强烈反对侵略战争，同时坚信被侵略的一方一定能够取得胜利。

原文

用兵有言："吾不敢为主①，而为客②；不敢进寸，而退尺。"是谓行无行③，攘无臂④，执无兵⑤，乃无敌⑥。

祸莫大于轻敌，轻敌几丧吾宝。

故抗兵相若⑦，哀者⑧胜矣。

【字词注解】

①为主：主动进攻，进犯敌人。

②为客：被动退守，不得已而应敌。

③行（xíng）无行（háng）：行军却没有阵列。

④攘（rǎng）无臂：出手反击却并不振奋挥臂。

⑤执无兵：全副武装却像没拿兵器般不轻易动用。

⑥乃无敌：天下无敌。乃，又作"仍""扔"。

⑦抗兵相若：两军相当。若，又作"加"。

⑧哀者：此指被侵略而悲愤反抗的一方。

●【白话解说】

用兵之道有这种说法："我不敢主动进犯，宁可采取守势；我不敢前进一寸，宁可后退一尺抵御。"这就是说，军队行进但并未摆出击杀的凶阵，出手反击但并不像进攻那样振奋挥臂，军备齐整但像手无寸铁般不轻易动用，这样用兵无人能敌。

祸患再没有比轻敌更大的了，轻敌几乎丧失了我的法宝。

所以，两军实力相当的时候，因被侵犯被迫悲愤应战的一方必能获胜。

●【智慧剖析】

本章讲的是用兵打仗的事情，从本章内容看，老子是反战的。他认为，如果是被迫卷入战争，就应该采取完全的守势，这是他把谦退忍让、无为静柔的哲学思想通过军事再次表述出来。

北宋吕惠卿（字吉甫）曰：

> 道之动常在于迫，而能以不争胜，其施之于用兵之际，宜若有所不行者也。而用兵者有言：吾不敢为主而为客，不敢进寸而退尺。则虽兵犹迫而后动，而胜之以不争也，而况其他乎？何则？主逆而客顺，主劳而客逸，进骄而退卑，进躁而退静，以顺待逆，以逸待劳，以卑待骄，以静待躁，皆非所敌也。所以尔者，道之为常出于无为，故其动常出于迫，而其胜常以不争，虽兵亦犹是故也。诚知为常出于无为，则吾之行常无行，其攘常无臂，其仍常无敌，其执常无兵，安往而不胜哉！苟为不能出于无为，知主而不知客，知进而不知退，是之谓轻敌。轻敌则吾之所谓三宝保而持之者几于丧矣，故曰祸莫大于轻敌，轻敌则几丧吾宝。夫唯以不争为胜者，则未有能胜之者也。故曰抗兵相加，哀者胜矣。（吕惠卿. 老子吕惠卿注[M]. 上海：华东师范大学出版社，2015：80.）

张松如（笔名"公木"）认为：

  今人或谓老子以退为进的方针，在军事方面，则表现为以守为主、以守取胜的主张。这条总的作战原则是不对的，但老子提出的不可轻敌和双方兵力差不多相等的条件下，悲愤的一方将获胜等见解，还有它合理的地方。（公木.传统文化普及读本：老子[M].长春：长春出版社，2011：221-222.）

  战争是不得已而为之的，所以老子不赞成动用武力发动战争，这一章开篇便体现了这样的思想。但到了必须战斗的时候又不得不战，因此老手又提出了"祸莫大于轻敌，轻敌几丧吾宝"，就是我们经常说的哀兵必胜。

  也就是说，决定战争胜负不仅在于兵力等有形的因素，更在于天时、地利、人和等无形的条件。谁悲观，谁把问题看得严重一些，谁的准备就能更加充分，对风险的规避就能做得更好；反之，谁乐观，谁看问题就轻率一些，准备就容易不足，所冒的风险也将大些。因此，两军未战而胜负已定。似乎也可以这样总结：胜利的一方在适当的时间、适当的地点，打了一场恰当的战争。

  老子认为，打仗的目的其实不为打仗，虽然它也可以包括打仗，但更重要的是要遵循为人处世的大道。其实我们无论做什么事，都不能狂妄自大、浮躁轻敌。那我们的敌人是谁呢？老子告诉我们，所有与我们对立的都是敌人，所有我们要征服的都是敌人，但我们真正的、最大的敌人其实是我们自己。

  在日常生活中，我们之所以经常失败，不是因为对手比我们高明，而是因为我们狂妄自大、焦躁轻敌。我们之所以不敢直面自己的缺点或是承认失败，是因为我们从不曾把自己的虚荣心丢掉。杜牧在总结秦朝灭亡时说"灭秦者，秦也，非天下也"，现在我们套用一句俗话——"天作孽，犹可恕；自作孽，不可活"。

  一位哲人说过这样一句话：智者是不会自骄自大、自以为是的，这样做的只有蠢人。

有时候我们能够看清敌人的一举一动,了解对手的活动意图,探知敌人的缺点和失误,但是,我们对自己的缺点、不足又知道多少呢?

小故事·大道理

一

张先生已经穷得身无分文,可是牙又痛得不行。最后张先生还是忍不住去看牙医。牙医看过后说病牙需要拔掉。

"拔一颗牙要一块钱。"牙医说道。看着张先生的一副穷酸相,想着他也没这钱拔牙。

一听牙医那语气,就知道他挺不情愿的。张先生心生一计,决定教训一下牙医,顺便赚点儿钱。"那么,镶一颗好牙得多少钱?"张先生问道。

"一颗牙两块钱。"牙医答道。

"好吧,你拔吧。"张先生说道,"不过能否请你先把病牙左边的那颗牙拔了,这样你会比较好拔,我也就不会很痛了。"

牙医心想:"穷人就是笨,可以免费得到一颗好牙何乐而不为呢!"就顺着张先生说道:"你说的也对。我今天就免费为你多拔一颗吧。"

牙医把他那颗牙拔出后,正暗自高兴,谁知张先生一转身扇了他一巴掌,说道:"蠢货,你怎么把我的一颗好牙拔掉了?"

牙医一听到这话,连忙说道:"不是你自己提议我先把边上那颗好牙拔掉的吗?现在怎么又怪罪于我?"

张先生说道:"哼,你肯定是想从我这里拿一颗好牙,有谁会这么笨要拔掉好牙。我要告你去。"

牙医慌了,知道如果打起官司来自己肯定赢不了,于是连忙向张先生道歉,并表示不收拔牙的钱了。

张先生却说道:"这我不是亏了,一颗好牙值两块钱,而我只欠你一块钱。所以你应该找给我一块钱。"

牙医没辙，只得给了张先生一块钱。

张先生拿了牙医付的一块钱高兴地走了。

留下牙医一脸的懊恼……

二

战国初期，齐人孙宾和魏人庞涓在鬼谷子门下一起学习兵法。庞涓自认为学得差不多了，便下山求取功名去了。孙宾继续留在老师身边，鬼谷子见他为人质朴、勤勉好学，就把私藏的《孙子兵法》传授给他。

庞涓在魏国受到了重用。魏惠王听说庞涓的同学孙宾很有才学，就让庞涓写信邀请孙宾到魏国。

孙宾在魏惠王面前讲起兵法来滔滔不绝，令庞涓十分忌妒，便偷偷在魏惠王面前讲孙宾的坏话。魏惠王信以为真，命人把孙宾的膝盖骨挖去。受过膑刑的孙宾从此就改名孙膑了。

庞涓表面上对孙膑大献殷勤，令孙膑十分感动。孙膑不知道庞涓是害他的罪魁祸首，还答应庞涓把《孙子兵法》写在木简上给他。孙膑的遭遇引起了庞涓派来侍奉孙膑的一个童仆的同情，童仆把真相全都说了出来，孙膑这才恍然大悟。孙膑为了脱身开始装疯，他一会儿大哭、一会儿大笑，说话颠三倒四、语无伦次。庞涓怀疑他装疯卖傻，叫人把他扔进粪坑。孙膑竟抓起粪便就吃，庞涓这才相信孙膑是真疯了。

后来，齐威王派辩士淳于髡到魏国救出孙膑，孙膑受到齐威王的重用。孙膑带兵伐魏，用减灶之计歼灭魏军，庞涓兵败自杀。

三

三国时，汉寿亭侯关羽，过五关，斩六将，单刀赴会，水淹七军，是何等英雄气概。可是他致命的弱点就是刚愎自用、固执偏激。当他受刘备重托留守荆州时，诸葛亮再三叮嘱他要"北拒曹操，东和孙权"，可是，当孙权意欲与关羽联姻，派人登门为其子向关羽之女提亲时，关羽大怒，呵斥道："吾虎女安肯嫁犬子乎？"总是看自己"一朵花"，看人家"豆腐渣"，说话办事不顾大局，不计后果，导致吴蜀联盟破裂，兵戎相见，关羽也落个败走麦城、被俘身亡的下场。本来嘛，人家来提亲，同意不同意在你，怎能出口伤人，以自己的个人好恶任性狂傲地对待关系全局的大事呢？假若关羽少一点儿偏激，不意气用事，那么，吴蜀联盟大约不会遭到破坏，荆州的归属可能就是另一种结局了。

　　关羽不但看不起对手，也不把同僚放在眼里。名将马超来降，刘备封其为平西将军，远在荆州的关羽大为不满，特地给诸葛亮去信，责问说："马超能比得上谁？"老将黄忠被封为后将军，关羽又当众宣称："大丈夫终不与老兵同列！"关羽目空一切，气量狭小，盛气凌人，一些受过他轻视羞辱的将领对他既怕又恨，以致他兵败时众叛亲离，无人救援。

第七十章　被褐怀玉

[题解]

本章描述行道的艰难。老子认为自己主张的"道"有主旨，有根据，简明扼要，容易施行，但世人却不知晓。老子由此感叹"知我者希"。不过，老子依旧"被褐怀玉"，坚持行道。

吾言甚易知，甚易行。天下莫能知，莫能行。
言有宗①，事有君②。夫唯无知③，是以不我知。
知我者希，则④我者贵。
是以圣人被褐⑤而怀玉⑥。

【字词注解】

①言有宗：言论有一定的主旨。

②事有君：办事有一定的根据。君，一作"主"。

③无知：别人不理解。一说指自己无知。

④则：法则，此处用作动词，意为效法。

⑤褐：粗布。

⑥怀玉：怀揣着知识和才能。玉，美玉，此处引申为知识和才能。

―●【白话解说】

我的话很容易理解,很容易施行。但是天下竟没有谁能理解,没有谁能施行。

言论有主旨,行事有根据。因为人们不理解这个道理,所以才不理解我。

能理解我的人很少,那么能取法于我的人就更难得了。

因此,有道的圣人总是穿着粗布衣服而怀揣知识和才能。

―●【智慧剖析】

在前几章里,老子谈了自己的政治理想和政治学说,例如静、柔、俭、慈、无为、不争等,这些都是合乎于道、本于自然的主张,在社会生活当中应当是容易被人们所理解和施行的。然而,人们却拘泥于名利,急于躁进,违背了无为的原则。老子企图就人类行为做一个根源性的探索,对于世间事物做一个根本性的认识和注解,而后用浅显的文字讲述深奥的道理。文字固然简朴,道理固然单纯,内涵却很丰富,犹如褐衣粗布里面怀藏着美玉一般;只可惜不被世人理解,更不被世人所施行。世人只慕恋虚华的外表,所以他感叹:"知我者希。"

其实老子说的道理很简单,可常人往往无法理解。所以,那些觉悟了的圣人只能隐居在尘俗之中,虽身穿粗衣,但胸怀珠玉锦绣。也就是说,那些真正有觉悟的人,看似衣着普通,平平无奇,但思想境界远高于常人。

身穿粗衣,这属于一个人的仪表;胸怀珠玉锦绣,这属于一个人的心灵。

人活于世,最重要的是要有爱人的能力,而不只是被爱。我们不懂得爱人,又如何能被人所爱呢?我们之所以对生命做不到深刻透彻的认识,是因为我们还没有意识到爱人的快乐,人与人都是以心交心、以心换心的。有爱人的心,自然会被人所爱。

富有爱心的人,不但自己的生活充实快乐,而且能感染那些麻木了的、尘封了的、变形了的心灵。富有爱心者,即便没有高高在上的地位,没有显赫的声名，没有更多的财产，但在精神上，却非常富足。

仪表美与心灵美都不应忽视，仪表美能反映心灵美，心灵美的人不可能不注重仪表美。只有集仪表美与心灵美结为一身的人才是最美丽的。

人生"不设防"，就不怕不被理解，是因为胸怀坦荡不做见不得人的事情，没有见不得人的事，什么都可以拉出来晒晒太阳。不设防还因为不怕暴露自己的弱点。弱点总是要暴露的，正像优点也总会有机会表现出来一样。而对待自己弱点的坦然态度，正是充满自信并比较容易令他人相信的表现。只要你长久与人相处，某些弱点的暴露反而更加说明你的弱点不过如此而已，而你的长处、你的可爱可敬之处，正如山阴的风景，美不胜收。那还设什么防呢？

小故事·大道理

一

一群虫子在草堆里聚餐联谊，它们一边兴奋地聊着天，一边开心地吃着可口的食物。没过多久，它们就把准备的汽水喝了个精光。

在没有汽水的情况下，大家口渴难耐，就商量要选一个代表帮大家跑腿买汽水，而卖汽水的地方又离这里有一段很长的路程，小虫们认为要解决口干舌燥的急事，一定要选出一位跑得最快的代表，才能胜任这样的任务。

大伙儿你一言我一语，环顾四周，挑来选去，最后一致推选蜈蚣为代表，因为它们认为蜈蚣的脚特别多，跑起来一定像旋风般快。

蜈蚣盛情难却，起身出发为大家买汽水，小虫们放心地继续嬉闹欢笑，一时忘记了口渴。

过了好久，大家东张西望，焦急地想蜈蚣怎么还没回来。情急之下，螳螂自告奋勇跑去了解究竟发生了什么事。它一推开门，才发现蜈蚣还在门口穿鞋子呢！

二

闹钟响了,又是一个星期天的早晨。布朗本来可以好好睡一个懒觉,但是有一种强烈的罪恶感驱使他起身去教堂做礼拜。

布朗洗漱完毕,收拾整齐,匆匆忙忙赶往教堂。

礼拜刚刚开始,布朗在一个靠边的位子上悄悄坐下。牧师开始祈祷了,布朗刚要低头闭上眼睛,却看到邻座先生的鞋子碰了一下他的鞋子,布朗轻轻地叹了一口气。

布朗想:邻座先生那边有足够的空间,为什么我们的鞋子要碰在一起呢?这让他感到不安,但邻座先生似乎一点儿也没有感觉到。

祈祷开始了:"我们的父……"牧师刚开了头。布朗忍不住又想:这个人真不自觉,鞋子又脏又破,鞋帮儿还有一个破洞。

牧师在继续祈祷。"谢谢你的祝福!"邻座先生低低地说,"阿门!"布朗试图集中心思祷告,但思绪忍不住又回到了那双鞋子上。他想:难道我们上教堂时,不应该以最好的面貌出现吗?他扫了一眼地板上邻座先生的鞋子想,邻座的这位先生肯定不是这样。

祷告结束了,唱起了赞美诗,邻座先生很自豪地高声歌唱,还情不自禁地高举双手。布朗想,主在天上肯定能听到他的声音。奉献时,布朗郑重地放进了自己的支票。邻座先生把手伸到口袋里,摸了半天才摸出了几个硬币,"丁零当啷"放进了盘子里。

牧师的祷告词深深地触动着布朗,邻座先生显然也被感动了,因为布朗看见泪水从他的脸上流了下来。

礼拜结束后,大家像平常一样欢迎新朋友,这能够让他们感到温暖。布朗心里有一种要认识邻座先生的冲动。他转过身子握住了邻座先生的手。

邻座先生是一个上了年纪的黑人,头发很乱,但布朗还是谢谢他来到教堂。

邻座的先生激动得热泪盈眶,咧开嘴笑着说:

"我叫查理,很高兴认识你,我的朋友。"

邻座先生擦擦眼睛继续说道:

"我来这里已经有几个月了,你是第一个和我打招呼的人。我知道,我看起来与别人格格不入,但我总是尽量以最好的形象出现在这里。

"星期天一大早我就起来了,擦干净鞋子,打上油,然后走了很远的路,等我到这里的时候鞋子已经又脏又破了。"

听到这里,布朗忍不住一阵心酸,强忍住眼泪。

邻座先生接着又向布朗道歉说:

"我坐得离你太近了。当你到这里时,我知道我应该先看你一眼,再问候你一句。但是我想,当我们的鞋子相碰时,也许我们就可以心灵相通了。"

这时,布朗觉得再说什么都显得苍白无力。他沉默了一会儿才说:

"是的,你的鞋子触动了我的心。在一定程度上,你也叫我知道,一个人最重要的是他的内心,不是外表。"

还有一半内心的话布朗没有说出来,而这个邻座先生是怎么也不会想到的。

布朗从心底深深地感激那双又脏又旧的鞋子,是它们深深地触动了自己的灵魂。

第七十一章　病病不病

〔题解〕

本章阐述认知问题。老子对那些有自知之明的人表示赞许，对那些自以为是、不懂装懂的人提出了尖锐批评。

知不知①，尚矣；不知知②，病也。
圣人不病，以其病病③。夫唯病病，是以不病。

—●【字词注解】

①知不知：这句话可以有好几种解释，常见的解释有二，一是知道却不自以为知道，二是知道自己（有所）不知。本书采用前一种解释。

②不知知：不知道却自以为知道。

③病病：把毛病当作毛病看。前一个"病"作动词，后一个"病"作名词。

—●【白话解说】

知道但不自以为知道，那是最好的了；不知道却自以为知道，这是缺点。

圣人没有毛病，是因为他把"不知知"这种毛病当作毛病。因为把毛病当作毛病，故而没有毛病。

【智慧剖析】

在这一章，老子谈的是自知之明的问题。

在自知之明的问题上，中国古代哲人们有非常相似的观点。孔子有言曰："知之为知之，不知为不知，是知也。"在老子看来，真正领会"道"之精髓的圣人，不轻易下断语，即使是对已知的事物，也不会妄自臆断，而是把已知当作未知，这是虚心的求学态度。

只有这个态度，才能使人不断地探求真理。所以老子认为，"知不知"才是最高明的。在古今社会生活中，刚愎自用、自以为是的人并不少见。这些人缺乏自知之明，刚刚学到一点儿知识，就自以为了不起，从而目中无人，目空一切，甚至连自己的老师也不放在眼里。

这些人肆意贬低别人，抬高自己，以为自己天下第一，说到底，如果不是道德品质问题，那就是没有自知之明。

世界上真正能认识和遵循大道的人太少了，但很多人往往自以为是地认为自己认识了大道。老子说："知不知，尚矣；不知知，病也。"知道而不自以为知道为上，不知道却以为知道是病。也就是说自以为是是许多人常犯的毛病。

曾经有一位哲人说："聪明的人不自以为是，自以为是的人不聪明。"自以为是的人表面上看似乎有点儿"学问"，他的一举一动似乎有点儿"道理"，但那些都是假象，自以为是这种小聪明是最愚蠢的行为。

小故事·大道理

一

中国有句谚语，叫作"聪明反被聪明误"。

"聪明反被聪明误"最有代表性的例子，莫过于杨修之死。

三国时期，曹操手下有一主簿名叫杨修，聪明博学，智慧过人。一次有人给曹操送来了一盒他很喜欢吃的酥点，曹操高兴地在盒上写了"一合酥"三个字。曹操因有事顾不上吃就出去了。杨修看见了，马上打开盒子，叫大家将酥点分了吃。曹操查问此事，杨修说："您在盒上写着'一合酥'，这不就是'一人一口酥'的意思吗？我们怎敢违背您的命令，就把它吃了。"曹操虽然很不高兴，但也无话可说。

还有一次，曹操路过蔡文姬家，偕杨修等下属拜访。曹操参观居室，看到了一幅碑文图轴，于是问蔡文姬这图的出处。

蔡文姬说："这是邯郸淳赞扬一位孝女的碑文，当时他一挥而就，众人惊奇。我父观此文，写了几个大字于碑后，就是'黄绢幼妇，外孙齑臼'。"

曹操不明所解，遂问谁人可解。杨修回说他已明白其中含意了。曹操打个手势阻止了他，说："让我先想想。"曹操离开了宅所，走了三里，才想到了答案。他向杨修说："你可以说了。"

杨修便道："黄绢是黄色的丝绢，'丝'傍'色'，是'绝'字；幼妇是少女，'女'傍'少'，是'妙'字；外孙是妇女的儿子，'女'傍'子'，是'好'字；齑臼是用来受五辛（五荤）的，'舌'傍'半'，是'辞'字。此正是'绝妙好辞'四字。"曹操本就是个嫉贤妒能的人，听了这话就恨恨地说："你真聪明！我和你的智慧相差三里之远呢！"

终于，在魏蜀战争中，曹操找到了杀杨修的机会。

当时，曹操领兵攻打汉中，驻军于斜谷界口，处于进退两难的境地，正在这时，厨子给曹操送来鸡汤，汤中有块鸡肋，曹操感慨万分。这时，夏侯惇来请示口令，曹操随口说道："鸡肋！鸡肋！"

杨修听到口令之后，马上收拾行装。夏侯惇见了，连忙问他原因，杨修说："鸡肋食之无味，弃之可惜。宰相把汉中当作鸡肋，就是留在这里没有必要了，要准备回去了。所以我先收拾好行李。"

曹操知道杨修猜中了他的心意，万分嫉恨，借口杨修扰乱军心，把杨修杀了。

杨修之死，就在于自作聪明。他不知道，君王喜欢有人辅佐，却不喜欢被人超过。苏东坡说："人皆养子望聪明，我被聪明误一生；唯愿孩儿愚且鲁，无灾无难到公卿。"这虽然是苏东坡对当时朝廷的讽刺，但也说明，自作聪明的人是很难立身处世的。

二

某地有个猎人，大大小小的动物打了不少，家里有各种各样的兽皮。

有一次，他要去野外办些事情，刚一出门，让风一吹，颇有些寒意。于是他又返身进门，想找件兽皮挡挡寒，顺手抓了一张棕熊皮，披在身上就上路了。

到了野外，猎人越走越觉得不对劲。一阵风吹来，他预感到有事要发生。果然，只听得一声长啸，一只吊睛白额大虎跳了出来。猎人没带什么厉害的武器，心里暗想：糟糕，要躲也来不及，这下可完了。于是他干脆不逃了，只是闭着眼睛站在原地等死。

再说那只老虎，早已饿了多时，一见有东西过来，就要往上扑。可那东西不但不逃跑，还站住了，在那边远远地看着自己。

老虎一阵奇怪，仔细看了看，乖乖，原来是头大棕熊！要是打不过可惨了，好汉不吃眼前亏，还是快溜吧！

猎人站了半天，还不见老虎来吃他，大着胆子睁开眼一看，只见老虎夹着尾巴逃跑，一闪就不见了，猎人给弄糊涂了。但又一想，对了，老虎肯定知道自己是个好猎手，害怕得跑掉了。

猎人非常得意，丝毫也没往自己披的熊皮上去想。他趾高气扬地回到家，逢人就夸耀："连老虎都知道我是打猎的好手，一见我就马上逃走了！"

又过了几天，猎人又要去野外了。这一回，他随手拿了一张狐狸皮挡风，像上次一样，走了没多远就又碰上了老虎。

猎人一点儿不怕，大摇大摆地走了过去。老虎定睛一看：哼，我当是什么呢，原来是只狐狸，居然也敢在我面前耍威风，一定要给它点儿颜色瞧瞧。

老虎连扑都懒得扑，就站在原地斜着眼睛瞧着他走过来。猎人走到老虎跟前，见老虎还不让路，不由大怒，高声威胁说："畜生，见了我还不滚开,当心我扒了你的皮!"

老虎看他骂了一会儿,不耐烦了,猛地跳了过去。可怜的猎人,就这样成了老虎的美餐。

第七十二章 自爱不自贵

〔题解〕

本章的主旨是反对苛政。老子指出高压政策会引起百姓的反抗，造成祸乱，因而对统治者提出严正警告，劝导统治者要自知自爱，抛弃自见和自贵，施行"无为之治"。

原文

民不畏威，则大威至。无狎①其所居，无厌其所生。夫唯不厌②，是以不厌。

是以圣人自知不自见③，自爱不自贵④。故去彼取此⑤。

【字词注解】

①狎：通"狭"，使狭小。
②厌：通"压"，压榨。
③不自见（xiàn）：不自我表扬。见，同"现"，表现。
④自爱不自贵：自爱而不自显高贵。
⑤去彼取此：舍去"自见""自贵"而取"自知""自爱"。

【白话解说】

当百姓不惧怕统治者的威权时，就会有大的祸乱发生；不要使百姓居住的地方变小，不要压榨百姓使其难以生活。只有不压榨百姓，百姓才不会厌弃统治者。

所以，圣人自我了解而不自我显示，自我爱护而不自视高贵。所以应该抛弃后者而选前者。

【智慧剖析】

前面讲了人们认识自然大道的表现及圣贤如何遵循大道，这一章讲述为什么要这样认识和实践大道。

只要仔细分辨，我们就会知道，老子重点反对的是统治者的高压政策和自见、自贵的政治态度。因为人民的反抗斗争必须有一个前提，这个前提就是，只有当统治者对人民实施暴政、压迫和掠夺人民的时候才会发生。所以老子警告统治者，对待人民必须宽厚，"无狎其所居，无厌其所生"。如果只是凭借恐怖手段，使人民群众无法照旧生存下去的话，那么，老百姓就会掀起巨大的暴动，反抗统治者的暴政。然而，老子对当时的统治者们失去了信心，而把希望寄托在理想中的"圣人"身上，只有"圣人"才懂得这个道理。圣人有自知之明、自爱之心，不会自我显示、自我抬高，这样就可以取得人民群众对他的拥护和支持。由此，我们感到，老子这一章的内容，正是表达了人民的愿望，而不是对人民反压迫斗争的敌视。

有权威、有权势的人，自然会得到他人的崇敬与畏惧。但是，有时他们却不能得到他人的畏惧与崇敬，到那时就是灾祸和苦难降临的时候了。

为什么百姓就不再畏惧了呢？

那是因为统治者的残暴使他们迫不得已、无可奈何，统治者的盘剥也使他们居无定所、无以为生，到了生与死的边缘了，那他们也就只能铤而走险、奋起反抗了。

所以圣人认识和实践了大道，要珍惜自己，不能做出高高在上、光彩夺目的样子，如此就不会有人跟他过不去了。

自知和自爱，是顺应大道规律的德行，自知才能知人，自爱才能爱人。在生活中，珍惜自己是应该的，但不应将珍惜自己变成抬高自己。统治者因珍惜自己而抬高自己，结果招致人民反抗。所以，自知自爱应该把握好分寸，避免过分在意和显示自己的行为。否则就会把自知变成了"自见"，把自爱变成了"自贵"，其产生的作用不仅是相反的，还会遭到他人的抱怨，影响我们与他人之间的关系。所以我们应该自爱，但不能过了头，那样只会适得其反。

小故事·大道理

——

有一位老师常常教导他的学生，说："人贵有自知之明，做人就要做一个有自知之明的人。唯有自知，方能知人。"

有个学生在课堂上提问道："请问老师，您是否知道您自己呢？"

是呀，我知道我自己吗？老师想，嗯，我回去后一定要好好观察、了解我自己。

回到家里，老师拿来一面镜子，对着镜子里的自己，细细端详。

首先，他看到了自己亮闪闪的秃顶。嗯，不错，戏剧大师莎士比亚就有个亮闪闪的秃顶，他想。

接着，他看到了自己的鹰钩鼻。嗯，大侦探福尔摩斯就有一个漂亮的鹰钩鼻，他想。

然后，他看到自己有一张大长脸。哈！大文豪苏轼就有一张大长脸，他想。

他放下手里的镜子，走到穿衣镜前，打量镜中之人。他发现自己个子矮小。哈哈！鲁迅个子矮小，我也同样矮小，他想。

视线从头看到脚，他发现自己有一双明显外分的大脚。呀，卓别林那标志性的外八字大脚就是这样！他想。于是，他终于有了"自知"之明。

"这些古今中外名人、伟人的特点集于我一身，我是一个不一般的人，我将前途无量。"第二天，他如此对他的学生说道。

呜呼，如此"自知"，还不如"无知"。

二

有一个富人很懂得自爱和自知，他很善良，经常帮助贫困者，而人们从来没有感觉到他在表现和炫耀自己，他用一种朋友式的关心帮助他人，亲切自然，得到众人的赞许和尊敬。有人就问这个富人怎么会有这样的心态。富人就给那个人讲了他一件事。

富人因原来的房子破旧了，就重建了一所房子，还特意为那个新房子做了一个很大的屋檐，好为那些无家可归的人提供一个躲避雨雪的地方。房子建好后，果然有很多的流浪者来这里躲避雨雪。但是人多嘈杂，以致富人一家没办法正常生活。为此，他家里人没少与那些人争吵，结果闹得很不愉快。

第二年冬天的一个晚上，有一个老人冻死在屋檐下。那些与他家人争吵过的人，就纷纷骂他为富不仁。过了些日子，一次台风的侵袭，把他家的大屋檐掀翻了，那些与他不和的人就幸灾乐祸，说这是上天的惩罚。修整屋檐的时候，他吸取了教训，将屋檐建得很小，用省下来的钱建了一所小房子。虽然房子小了些，也比较简陋，但是对那些穷困无家的人来说，这是一个再好不过的避风港；所有在这里得到暂时庇护的人，都对建这座房子的主人表示感谢。如此，富人不仅满足了自己行善的心愿，也得到了很好的口碑。

第七十三章　天网恢恢，疏而不失

〔题解〕

本章阐述"柔弱不争"的原则。老子首先指出做事逞强就会走向死亡，为人慈柔就会生命长存，告诫人们要选取后者，摒弃前者。随后，老子阐述天道的一般规律，说明天道无边，无可逃避，提示人们要取法自然，顺应自然规律。

原文

勇于敢则杀，勇于不敢则活。此两者，或利或害。天之所恶，孰知其故？是以圣人犹难之。

天之道，不争而善胜，不言而善应，不召而自来，繟①然而善谋。天网恢恢②，疏而不失。

【字词注解】

①繟（chǎn）：从容，舒缓。
②天网恢恢：天网宽广。恢恢，宽广的样子。

【白话解说】

勇于强硬就会死，勇于柔弱就可活。这两种勇，一个有利一个有害。天有所厌恶，谁知道其中的缘由？所以圣人也觉得这很难。

自然的规律，不争斗而善于取胜，不说话而善于得到回应，不召唤而使万物自己到来，坦荡从容而善于谋划。天网宽广无边，虽稀疏却无遗漏。

【智慧剖析】

上一章讲述，认知了大道的圣人会珍惜自己却不抬高自己，这一章接着讲不炫、不争的道理。

这一章主要说明了两层意思，第一层意思是柔弱胜坚强，第二层意思是天道自然。这两层意思之间是相互沟通的。

勇敢有两种：一是勇敢而胆大妄为、肆无忌惮、无所不敢，这种勇不是勇敢，是犯罪，是多行不义必自毙，当遇到比自己更强大的对手时，就会招致灭顶之灾，也会得到应有的报应，即善有善报、恶有恶报；另一种是勇敢而不妄为，有勇气但又不胡乱作为，这种勇是细心，是一种谨慎，这样就不至于有什么灾难。

老子认为，两种不同的勇，会产生两种不同的结果，一则遭害，一则存活。"勇于敢则杀，勇于不敢则活"，自然界的万事万物只要依照自然规律去变化和发展，都会有好的结果，不会有什么漏失。在这里，老子讲了自然无为的人生哲学，细细品读，颇能启迪人的心灵。

老子认为，自然的规律是柔弱不争的。他说：勇气建立在妄为蛮干的基础上，就会招来杀身之祸；勇气建立在谨慎的基础上，就可以活命。勇与柔相结合，就会得益，勇与妄相结合，就会遭祸。同样是勇，利与害大相径庭。老子的主张是很明确的，他认为自然之道贵柔弱，不贵强悍、妄为；贵卑下，不贵高尚、贵重；而自然之道是不可违背的。

有人认为老子只注重自然规律，而忽视人的主观因素，不讲人的主观努力的作用，而是在宣扬退缩、胆小怕事的生活态度和命定论的思想。我们不同意这种观点，因为老子所宣扬的是自然规律，人们立身处世不可以违背自然规律，勇于敢是不遵循自然规律的肆意妄为，并非我们现在所说的勇敢坚强。勇于不敢是顺应自然规律，不以主观意志取代客观实际，并不是懦弱和软弱的代名词。我们同意老子的观点，他提出了流芳百世的不朽格言，"天网恢恢，疏而不失"。

上天之网广大无边，虽网眼稀疏，但它却不会遗漏。平时做事如果胆大妄为、肆无忌惮，必定不能逃脱天道的惩罚，必因自己的妄为而自尝恶果。

小故事·大道理

一天夜里，米兰警察局接到一个人的自首电话。打电话的是一个惊慌失措的年轻人，他交代说他刚刚杀了自己的父亲。

警长立即赶往现场。在拿破仑大街一座楼房的六层，一个只穿着一件衬衣的年轻人正等在那里。他衣着寒酸，身材瘦高，眼圈发黑，脸色难看，由于过分紧张，身体不住地发抖。在他旁边站着一个女人，她就是小伙子的继母、死者的妻子。"是你把他杀了的？"警长问道。年轻人一句话也说不出来，只点了点头。

"用什么工具？"

"用这个！"小伙子的继母说道，然后指了指写字台上一把血迹斑斑的斧子。

"请你告诉我事情发生的经过。"

"他不过是自卫，警长先生！"继母又说。

"对不起，太太。我在问您的儿子，让他自己回答我。"

年轻人的声音有些颤抖："我和父亲吵了嘴，他骂我，还用牛筋鞭子抽打我。我进行了自卫。"这时继母按捺不住，又替儿子说了起来："我丈夫喝醉了，警长先生。当我到朋友家去的时候，他已经喝了很多。他几乎每晚都如此。"

警长是一个经验丰富的警务人员，他从母子俩反差强烈的举动中，觉察到其中必有蹊跷。于是他目不转睛地盯着小伙子，故意不理睬他的继母。

"你当时拿的就是这把斧子吗？"

"是的。我原本在给妹妹做一辆小车。"

"牛筋鞭子在哪儿，他抽打的是你的什么部位？"

"他抽打我的后背。"小伙子指了一下地毯上的鞭子。

"让我看看鞭痕。"

年轻人有点儿局促不安，他不太情愿地脱下衬衣，露出后背，背上果然有几道红印。

接着警长进一步了解到，年轻人的父亲是个古怪的家伙，经常在喝醉后殴打孩子。有时，他强迫儿子冒着大雨赤膊站在露天阳台上，或把儿子关进壁橱长达数小时。这样残忍的虐待导致年轻人杀死了他，应该说是符合逻辑的，看来，对这起凶杀案的调查似乎可以结束了。

但是，精明的警长心中仍有很深的疑问，他决心继续调查下去，不弄个水落石出不罢休。他进一步了解到，年轻人的继母以前是个妓女，曾因诈骗被判过五年刑，并因财产问题与丈夫有着很大的矛盾。年轻人本来在一家农场做事，可在案发前几天却被继母的电报催回。继母说已在米兰为他找好了工作，而实际上她从来没有为他找过工作。另外，继母晚上从不出门，但偏偏出事那天她去朋友家做客；而案发后仅仅几分钟，她就回到家里，并且迫不及待地为儿子开脱。

在掌握了这些情况后，警长又一次来到年轻人的家中，他让年轻人把杀人的前后过程重复一遍。

一个滑稽可笑的场面出现了。年轻人手握斧子，四肢发抖，一副可怜相。在模仿作案经过时，年轻人的眼睛始终盯着他的继母。他的每一束目光都好像在问："是这样吗？""这样没错吧？""我没搞错吧？"而继母也在旁边做着暗示。

于是，警长打断了年轻人的表演："行了，你们不要再演戏了。凭你刚才的动作根本无法砍中你父亲的头。还有，你一直没背对着他，这些鞭痕是从哪儿来的？"

这番话令这二人面面相觑，这尴尬的举止更加证实了警长的猜测。他抓住有利时机向年轻人喝问："你和你的继母是否有不正当的关系？"

这个爆炸性的问题使继母面如土色，目光凶狠，她大吼起来："无耻！你简直是魔鬼，竟然提出这样疯狂的问题。"

　　"太太，我让您的继子回答这个问题。年轻人，拿出勇气说出真相，你和你的继母是否有过性行为？有还是没有？"

　　"有……"年轻人用勉强能听见的声音说。

　　案情终于大白了，继母为了侵吞丈夫的财产，策划了这起凶杀案。她把继子骗回米兰，并唆使他杀害了他的父亲。她事先离开现场，案发后不久便回来并鞭打了继子，使人相信儿子杀死父亲完全是正当防卫，她还对继子说，这样掩饰可以不被判刑。

　　年轻人和继母发生过性行为，所以一直被继母牢牢地操纵着，并在她的唆使下杀死了自己的父亲。

　　这个曾做过妓女、妄图侵占丈夫财产的继母自以为她借刀杀人的诡计做得天衣无缝，但是，年轻人拙劣的"演技"，让老练的警长看出了破绽，案情得以真相大白。

二

　　从前，楚地有个人，财迷心窍，非常贪心，却又不愿意好好做事养活自己，总想轻松发大财。于是他找了一大堆讲歪门邪道的书回来研究，还成天念叨："怎么才能轻而易举弄到一大笔钱呢？"他指望能从这些书中找到不劳而获的窍门。

　　一天，他正在看一本名为《淮南子》的书，已经看了很久了，还是一无所获，不禁失望，准备睡觉去算了。忽然，他的眼睛落在随手翻到的一页上，定住了。只见书上有这么一句话："人如果能得到螳螂捕蝉时用来隐蔽自己的那片树叶，就可以隐形。"

　　这个人信以为真，大喜过望，扔下书就急急忙忙地跑到山上树林里去找隐身叶。他仰着脖子到处仔细地看啊、找啊，几个时辰下来，脖子酸痛酸痛的，难受极了。

　　功夫不负有心人，他终于找到了。在一片树叶后面，一只螳螂潜伏着，伺机扑向身前的蝉儿。这个人忙爬到树上，把这片叶子摘下来，如获至宝般地捧在手里。

忽然一阵风吹过来，叶子飘落到地上，和地上那厚厚的一层落叶混在了一起。这人急忙下树寻找，瞪大眼睛看了又看，怎么也分辨不出究竟哪一片才是他刚才摘到的树叶。无奈，他只得把这堆树叶全都扫到背篓里带回去。

回到家里，他把带回来的树叶全都倒在地上，顺手拿了一片挡在脸前问妻子："喂，你看得见我吗？"妻子正忙着做家务，随便瞟了他一眼，漫不经心地回答："看得见。"这人就又拿了一片叶子遮住脸问："你看得见我吗？"妻子还是回答说："看得见。"

这样反反复复问了几百遍，妻子每次都回答"看得见"。到最后，妻子实在是不耐烦了，就随口敷衍道："看不见了，看不见了。"

这人听了欣喜若狂，以为终于找到隐身叶子了。他将叶子小心地藏在身上，手舞足蹈地对妻子说："你在家里等着吧，我们马上就要发大财、过好日子了！"说完，他不顾妻子一脸的惊诧，跑到集市上去了。

集市上做生意、买东西的人熙熙攘攘，热闹非凡。大大小小的铺子里各色货物应有尽有：衣服、鞋子、首饰……真是琳琅满目，这个人眼都看花了。终于，他选中了一件贵重的头饰，取出叶子遮住脸，伸手就去拿。店里的伙计先是吃惊地看着他，不明白他为什么这么猖狂，之后就回过神来，一把抓住他的手大叫道："来人啊，快来抓强盗啊！"附近的人们闻声赶来，把这个人扭送到了县衙。

三

《圣经》里记载着这样一个故事：

大约两千年之前，以色列人在其国王大卫的鼓动下，侵入亚扪人的国土，并且很快包围了亚扪人的国都拉巴城。

消息传到耶路撒冷，大卫十分高兴。这天晚上，大卫离开王座，带领几个贴身侍卫到王宫的平台上散步。月光如水，宫殿以及周围的树林披上了一层皎洁的银光。忽然，大卫发现有一个女子正在平台下面的河水里沐浴，她身材苗条，肤色白皙，美貌绝伦。大卫顿时心旌摇荡，完全被这个美人给迷住了。

事后，大卫派人跟踪打听，才知道这个女人名叫巴示芭，是赫人乌利亚的妻子。

怎样才能把巴示芭弄到手呢？大卫苦思冥想，一条借刀杀人的计谋在他心中形成了。

第二天，大卫把乌利亚召上殿，神色严肃地对他说："前线的战事正紧，我有一封密信需要你尽快送到前线去，亲手交给约押元帅。"乌利亚不敢怠慢，骑快马找到了约押元帅。约押元帅打开密信一看，只见上面写着："……派乌利亚到战斗最激烈的地方去，当敌人冲过来的时候，你们便退走，单独留下乌利亚，让敌人把他杀死。"约押元帅猜不透国王的葫芦里卖的是什么药，但不得不照信中说的去做。

乌利亚在战场上阵亡的消息使巴示芭异常悲痛。为了讨好巴示芭，大卫派人前去慰问，并送去十分丰厚的礼品。巴示芭对大卫十分感激。不久，她成了大卫的王妃，后来还为他生了一个儿子。

《圣经》中，对大卫这些阴险行径的态度是抨击和诅咒。

此章的最后一节写道——上帝十分不悦，他派先知拿单去斥责大卫："为什么要做这种可憎的事情？为了霸占乌利亚的妻子，你借亚扪人的刀，杀死了乌利亚，这实在是太可恶了。由于你的行为，使上帝的敌人有了亵渎主的理由，所以巴示芭为你生的这个儿子将会死去！"

第七十四章　民不畏死

〔题解〕

本章的主旨是反对严刑峻法。老子指出，百姓并不畏死，统治者一味依靠刑罚来治理百姓，使百姓服从，是无济于事的；而且人的生死由天道规律决定，统治者行杀伐之权，乃是越俎代庖，这种行为是"不道"的。所以，老子警告统治者不要实行暴政。

【原文】

民不畏死，奈何以死惧之？若使民常畏死，而为奇者①，吾得执而杀之，孰敢？

常有司杀者②杀。夫代司杀者③杀，是谓代大匠斫④。夫代大匠斫者，希有不伤其手矣。

——●【字词注解】

①为奇者：作恶的人。奇，邪恶。
②司杀者：刑杀之事的掌管者，指天道。
③代司杀者：代替刑杀之事的掌管者。
④斫（zhuó）：用刀或斧头砍。

——●【白话解说】

如果民众不怕死，那用刑杀吓唬他们能有什么用呢？如果让百姓总贪生畏死，而一有胆敢作恶的，我就抓起来杀了，那谁还敢作恶？

自有专司行刑的天道杀人。代替行刑的天道去杀人，就好像代替大工匠去砍木头。那些代替大工匠砍木头的人，很少不砍伤自己手的啊。

【智慧剖析】

这一章主要是讲老子的政治主张。他认为，当时的君王施行苛政和酷刑，滥杀无辜老百姓，压制大众，其结果是，一旦老百姓不忍受了，就不会畏惧死亡。

人的自然死亡，是"司杀"的天道掌管的，但人间的君王残暴无道，把老百姓推向死亡的边缘，这从根本上悖逆了自然法则。因此，从本章的内容看，它是老子针对当时严刑酷法逼得人民走投无路而提出的抗议与警告。

老子指出，人民已经被残暴的统治者压迫得不堪其苦了，死都不怕了，何必再用刑罚恐吓他们？如果不对老百姓使用严刑酷法，人民各得其所，安居乐业，自然会畏惧死亡。在那种情形下，对于为非作歹之人，就把他抓起来杀掉，还有谁再敢做坏事呢？

接下来我们继续谈老百姓对死亡的认识。

民间有一句俗语说："蝼蚁尚且偷生，何况人乎？"由此可以看出生与死对人来讲是一件大事，是不能当儿戏的，人是害怕死亡的。

反过来问，那么有没有人不怕死呢？当然有！当身临绝境或生不如死的时候，人就不再害怕死亡了，死亡反而成了一种彻底的解脱，似乎是很平常的事。但是如果整个国家的老百姓都是这种情况的话，那只能说明一点，就是这个国家的君主太昏庸，太残暴，社会已经到了黑暗的边缘，以至于是非黑白都被颠倒了。

如果老百姓都不再害怕死亡了，那国家的制度、刑罚也就形同虚设，或者说根本就起不到任何震慑的作用，因此那些铤而走险、为非作歹之徒也就越发猖獗。一个国家的君主或是统治机构，如果能一心为老百姓着想，以老百姓的利益为重，让人民安居乐业，幸福快乐地生活，并且经常对人民进行道德和法律制度的宣传、教化，使人民畏惧死亡的同时又明了法规制度的限制，在万不得已的时候才动用死刑，这样既让人民明白刑罚的威严，又让人民知道生命的宝贵，那就不会有人敢以身试法、冒死犯险了。

这就是所谓的杀一儆百，也只有这样才能真正起到惩戒的效果。如果杀百儆一，那就得不偿失了，既起不到警诫的作用，也收不到惩处的效果，弄不好连自己都得搭进去。

在日常生活和工作中，利用这种杀一儆百的方法，有时还真能收到非常好的效果，所以也是一种有效的管理手段。

小故事·大道理

欧洲有一家制造公司，因极少辞退员工而名扬全球。

一天，一个老员工为了赶在中午休息之前完成三分之二的零件，在切割台上工作了一会儿之后，就图省事地把切割刀前的防护挡板卸下放在一旁，因为没有防护挡板，收取加工零件时会更方便，更快捷。

过了一个多小时，老员工的这一违规操作被无意间走进车间巡视的经理逮了个正着。

经理大发雷霆，除了盯着老员工立即将防护板装上，又大声训斥了他半天，并声称要作废老员工一整天的工作量。

事情到此，老员工以为就结束了，没想到，第二天一上班，人力资源部门就来人通知老员工去见总裁。在那间老员工受过多次鼓励和表彰的总裁办公室里，他听到了要将他辞退的处罚通知。

总裁说："身为老员工，你应该比任何人都明白安全对公司意味着什么。你今天少完成几个零件，公司可以换个人换个时间把它们补回来，可你一旦发生事故失去健康乃至生命，那是公司永远都补偿不起的……"

老员工央求道："我以后再也不会犯这样的错误了，您再给我一次机会吧……"

总裁断然拒绝："如果我容忍了你这一次，你可能还会有第二次；即使你以后不再犯这样的错误，但别人呢？别人会以为我既然能够对你开恩，也就会对他开恩，按照这样的推理，我们公司要是每个员工都犯一次你这样的错误，还能生存下去吗？"

离开公司那天，老员工流泪了，在这里工作多年，他有过风光的时候，也有过不如意的时候，老员工知道，他这次触碰的是公司的底线和原则。

第七十五章　无以生为者，是贤于贵生

〔题解〕

本章反对暴政。老子深刻揭示了民生疾苦与统治者之间的关系，指出统治者的剥削和压迫是导致百姓饥饿、难治和轻死的根源，对统治者提出警告和批评。

【原文】

民之饥，以其上食税之多，是以饥。

民之难治，以其上之有为①，是以难治。

民之轻死，以其上求生之厚②，是以轻死。

夫唯无以生为③者，是贤④于贵生⑤。

【字词注解】

①有为：政令烦苛，强作妄为。

②求生之厚：过度求生，奉养奢华。

③无以生为：不刻意去做有益于生的事。

④贤：胜过。

⑤贵生：奉养奢华。

【白话解说】

百姓的饥饿，是因为统治者侵吞的租税太多，所以造成饥荒。
百姓难以治理，是因为统治者多欲妄为，所以百姓不受管制。
百姓不惧死亡，是因为统治者过度求生，所以百姓冒死犯上。
淡泊清静，不刻意有益于生的人，胜过那些奉养奢华的人。

【智慧剖析】

在这一章中，老子指责严苛的经济剥削。老子认为，宽容的政治比暴虐的政治要高明得多。因为，一旦百姓不畏惧死亡而反抗，为求生存而暴动，统治者的日子就不好过了。

从政治上讲，群众的反抗是由统治者的苛政和沉重的赋税引起的，这就是说，统治者横征暴敛，再加上政令烦苛，使百姓动辄得咎，求生无门，自然会在死亡的边缘铤而走险，冒死求生了！

这时的百姓已经置生死于不顾了，而统治者也感觉到强烈的危机，双方展开的较量是水火不容的。如果统治阶级胜了，会有无数的人死掉，其中的反抗者自己死了还要被灭掉九族。如果百姓胜了，就会有新的领导者诞生，由百姓变成新的统治者，就又形成新一轮的对立关系。

但是，只要统治者或领导者不因私利任意妄为，能够顺其自然，就可令国泰民安。所以，这一章也是对虐政提出的警告。

愈是简单自然的东西，愈是耐人寻味。一件精雕细琢的精品，乍看之下虽令人惊叹，但震撼之后，还不如一件做工简朴的作品耐看，而一篇好文章往往能最真实地表达作者的思想感情。做人也是如此，品德修养至最高境界的人，和一般人并无不同。由此可知，最美好的事物，都是因为保留了最自然的纯真本性，没有矫揉造作，没有刻意模仿别人。

其实，事物的规律是自然而然存在的，统治者管理一个国家时只是按照其自然规律来调整自身而已。所以，作为一个领袖或者君王，在治理国家时最高明的策略就是以正确的方法加以调整，使自己和百姓都顺应自然的大道，按照客观规律生活和工作，就能永葆平安康乐。

一个国家的统治者是这样的，一个企业、一个组织的领导者也是这样的。一个公司的领导者，以事物自身的发展规律，以及市场变化的规律为指导原则，进行相应的企业规划，才能确保公司顺利发展，长久生存。如若领导者违背自然规律，不以市场变化规律为指导原则，而是凭主观意识妄自判断事物的发展变化，那其管理的公司是不会长久存在的，即便强盛，也只是暂时的。这同样也是给企业领导者的警诫。

在现实生活中，组织中的成员大多会有种种抱怨，为什么会出现抱怨呢？其实就是因为组织管理者的管理方法不当。一旦组织成员大范围地抱怨，在古代就会出现武装抗争，在近代就会出现罢工。尽管战争和罢工还有其他诸多原因，但总的来说要归咎于管理者的管理水平差，违背原则规律的制度太多，还要归咎于管理者只顾自身私利，不顾成员的整体利益。只要能使成员得到应得的利益，成员们自然会服从管理，这也证明了所实施的管理是正确的，是符合规律的。

因此，好的管理者是不会用自己的主观意识去判断事物的发展变化的；好的管理者是在自然经济时代遵从自然规律，在科学时代遵从科学精神；好的管理者是严格按照事物的客观规律进行管理的。

小故事·大道理

宋英宗治平年间，黄河以北的地区可谓多灾多难：先是水灾肆虐，广袤的土地被洪水淹没，无数的房屋倒塌；紧接着，地震又无情地袭来，给这片饱受苦难的土地带来了更沉重的打击。为了维持生计，百姓们不得不忍痛贱卖耕牛，换点粮食勉强度日。

当时，刘涣任澶州（今河南濮阳西）知府，他目睹了百姓的疾苦，于是下令用几乎全部的公款来收购农民的耕牛，想方设法喂养着它们，为此官府不得不节衣缩食。到了第二年春天，灾难停息了，农民们扶老携幼地回来了，想要重建家园。但是，他们面临一个严峻的问题：没有耕牛种田。当时的牛价比上一年暴涨了十倍，哪里是普通百姓负担得起的呢？

这时候，有人劝刘涣高价出售耕牛，获取暴利，他却颁布命令，将收购来的耕牛按平价卖给老百姓。这个决定让农民们重新看到了希望，他们感激涕零地购回耕牛，立刻就开始开垦土地、种植庄稼、恢复生计，澶州的生机恢复得很快，附近一带只有澶州的农民不用再流离失所，出外逃荒了。

第七十六章　柔弱处上

〔题解〕

本章重申贵柔的思想。老子以人和草木的生死为例，说明柔软的东西充满生机，坚强的东西象征死亡。在此基础上，老子提出"物壮则老"，用"兵强则灭，木强则折"来揭示"以柔克刚"的道理。

人之生也柔弱①，其死也坚强②；草木之生也柔脆，其死也枯槁③。故坚强者死之徒④，柔弱者生之徒⑤。

是以兵强则灭，木强则折。强大处下，柔弱处上。

——【字词注解】

① 生也柔弱：此指人活着时身体柔软。

② 死也坚强：此指人死后身体僵硬。

③ 枯槁（gǎo）：枯萎。

④ 死之徒：属于死亡的一类。

⑤ 生之徒：属于生存的一类。

——【白话解说】

人活着时身体柔软，死后身体就僵硬了。草木生长的时候枝叶柔嫩，死了以后就枯萎了。

所以说，坚强的东西属于死亡一类，柔弱的东西属于生存一类。

所以，穷兵黩武就会走向灭亡，树木强大了就会折断。坚强的处于劣势，柔弱的处于优势。

【智慧剖析】

老子通过人类和草木的生存现象，说明成长的东西都是柔弱的状态，而死亡的东西都是坚硬的状态，进而断言："坚强者死之徒，柔弱者生之徒。"他的结论还说明强悍的东西易失去生机，柔韧的东西则充满着生机。这是从事物的内在发展状况来说明的。若从外在表现上来说，坚强者之所以属于"死之徒"，是因为它的显露突出，所以当外力冲击时，便首当其冲了；才能外露，容易招致抨击，正如高大的树木更易引来砍伐一样。人为的祸患如此，自然的灾难亦然：狂风吹刮，高大的树木往往被摧折；小草纤细柔软，反而可以迎风招展。

老子对于社会与人生有着深刻的洞察，他认为世界上的东西，凡是坚强者都是死的一类，凡是柔弱的都是生的一类。

因此，老子认为：人生在世，不可逞强好胜，而应柔顺谦虚，有良好的处世修养。这一章老子又一次表达了他的辩证法思想。这种思想源于对自然和社会现象的观察和总结。这里，无论柔弱还是坚强，无论"生之徒"还是"死之徒"，都是事物变化发展的内在因素在发挥作用。这个结论还蕴含着"坚强的东西已经失去了生机、柔弱的东西则充满着生机"的道理。老子在这一章表达的思想是极富智慧的，他以自然和社会现象形象地向人们提出忠告，希望人们不要处处显露突出，不要时时争强好胜。事实上，在现实生活当中，有不少这样的人，这种例子不胜枚举。当然，这也符合老子一贯的思想主张。

卡莱尔曾经说："最弱的人，集中精力于单一目标，也能有所成就；反之，最强的人，分心于太多事务，也可能一事无成。"

"如果你握紧一双拳头来见我，"美国前总统威尔逊说，"我想我可以保证，我的拳头会握得比你的更紧。但是如果你来找我说：'我们坐下来，好好谈谈，看看彼此意见分歧的原因何在。'我们就会发现，彼此的差距并不是那么大，有分歧的观点并不多，看法一致的地方反而居多；也会发现，只要有沟通的意愿、诚意和耐心，我们就能够沟通。"

小故事·大道理

———

1944年，盟军在诺曼底登陆作战成功，德国法西斯的败局已定，德军内部厌战、反战情绪急剧蔓延，只有希特勒认为德国还有取胜的机会。这时，一个三十七岁的受勋军官决心刺杀希特勒，从而结束这场注定失败的战争。他就是希特勒的柏林陆军部办公室参谋长施陶芬贝格。

施陶芬贝格在战争中失去了一只眼睛和一只胳膊，当上柏林陆军部办公室参谋长之后，他开始利用职务之便寻找志同道合的军官，为刺杀希特勒以及日后接管德国做准备。

刺杀希特勒的关键在于接近希特勒。希特勒住在元首山庄，平时戒备森严，根本无法偷偷潜入山庄行刺。当他得知希特勒对集中营里千百万劳工的暴动伤脑筋时，立即有了主意。他连夜拟订了一个旨在镇压外国劳工的计划纲要，代号为"女武神"。他相信为了这一重要计划，希特勒一定会接见他。

不出所料，6月7日，元首山庄来电话，要他立即到山庄汇报。

"元首万岁！"施陶芬贝格一进门就用他那只仅有的胳膊向希特勒敬了一个标准的纳粹礼。希特勒看完施陶芬贝格拟订的"女武神"计划后，大加赞赏："很好，你尽快修改，必须在一个月内拿出详细方案。"希特勒看着这个为他发动的战争献出一只眼睛和一只胳膊，现在又为他分忧的年轻军官，不禁产生了几分喜欢。

出师顺利，施陶芬贝格更坚定了刺杀希特勒的决心。

一个月后，施陶芬贝格再次去见希特勒。

这一次，他的公文包里除了装着"女武神"计划的详细方案，还有一枚定时炸弹。希特勒非常热情地接待了他，夸赞他的方案"特别出色"。他谦逊地说了一通"请元首指正""还需要再修改"等客气话。出乎意料的是，这次希特勒的死党戈林和希姆莱都不在场。为了能让一颗炸弹同时将三个魔鬼送进地狱，他没有引爆炸弹。

7月15日，希特勒再一次召见"女武神"计划的全部拟订者。可惜由于会议时间太短，前后仅有半个小时，施陶芬贝格还没找到机会夹破引爆的酸液信管会议就结束了。

7月20日，施陶芬贝格去元首山庄参加由希特勒主持的军事会议。有了前两次的教训，这次他做了充分的准备，连谋杀后的逃跑路线都设计好了。会议开始前，施陶芬贝格以换衬衣为由来到一间卧室，以最快的速度夹破引爆的酸液信管。会议开始了，希特勒首先听取豪格将军关于东线形势的汇报。施陶芬贝格坐在豪格旁边，他把装有炸弹的公文包放在桌子底下，并尽量把它推向希特勒那边。距爆炸时间还有五分钟时，他悄悄地溜出会议室，按原定路线离开了元首山庄。

五分钟后，炸弹按时爆炸，但并没有炸死希特勒，只是使他双腿受了伤。原来，一名军官无意中将施陶芬贝格的公文包挪到了桌子的另一边，这才使希特勒死里逃生。施陶芬贝格虽然未能炸死希特勒，但他的行动却证明了"强大处下，柔弱处上"的道理。希特勒被炸以后，认为炸弹是外国劳工偷偷放进会议室的，根本没想到是"忠心耿耿"的施陶芬贝格干的。

二

明武宗死后不久，朝廷大事全都由大学士杨廷和主持。在入禀太后的情况下，杨廷和遂传遗诏：罢威武团练诸营，所有入卫京师的边兵，都发给重资遣归原地。

这时，兵马提督江彬正忙于改组团营，无暇入宫，故未得武宗的死讯。他接到"罢团营，遣边兵"的遗诏，不觉大惊，急忙和心腹商议对策。有人建议趁皇帝归天之机起兵造反。江彬心怀异志已久，巴不得能速图大事；但他又觉得事情重大，遂派安边伯许泰入阁探听消息，然后再做打算。

杨廷和知道许泰是"来者不善，善者不来"。寒暄过后，杨廷和面带微笑地说："许公来了甚好，我等因大行皇帝仓促晏驾，诸事忙乱，头绪繁杂，本欲请诸公前来协助办理，偏是遗诏上面写着'罢团营，遣边兵'，这些事情还要仰仗江提督妥为解决，所以一时没有奉请，还望见谅。"许泰见杨廷和态度和缓，所言极是，遂解除了疑虑，回去向江彬复命。许泰一走，杨廷和立即与亲信幕僚密谈，决定伺机捕拿江彬。杨廷和又命手下的魏彬急速入宫密禀太后，太后对他的计划当即允准。

杨廷和专程去见江彬，禀告内阁情形，言辞谦恭，江彬遂心情安舒，不复他想。过了一日，江彬带卫士数人前往大内。等候在门口的魏彬见江彬到来，便上前说道："坤宁宫正殿落成，今安置屋脊兽吻，昨奉太后懿旨，派大员及工部致祭，江提督来得正是时候。"江彬满心欢喜，忙换了衣服，入宫致祭。祭毕出来，又遇到杨廷和的心腹张永，张永格外殷勤地邀他宴饮。酒过数巡，忽然传报有太后懿旨到。江彬接旨时才知太后要逮他入狱，他推案而起，跨马奔逃，但城门早已关闭，江彬被官兵擒获。

杨廷和在政局不稳、危机四伏的情况下，用和缓的态度稳住了对手江彬，使江彬失去了应有的警觉，贸然前往宫中束手就擒，落得个身败名裂的下场。

三

戴太太是一位社交名媛，她来自美国长岛下缘的花园城。

"最近我请了几个朋友吃午饭，"戴太太说，"这个场合对我很重要。当然，我希望能宾主尽欢。我的总招待艾米一向是我的得力助手，但这一回却叫我失望。午宴很失败，因为根本没看到艾米，她只派了一个侍者来招待我们。这位侍者对一流的招待工作一点儿概念也没有。每次上菜，他都是最后才端给我的主客。有一次他竟在很大的盘子里上了一道分量极少的芹菜。肉没有炖透，马铃薯油腻腻的，糟透了，我都要气死了。我尽力从头到尾强颜欢笑，并不断对自己说：'等我见到艾米再说吧，我一定要好好给她一点儿颜色看看。'

"那次午餐是在星期三，第二天晚上我学到了为人处世的一课。后来转念一想，即使我教训艾米一顿也无济于事。她会变得不高兴，跟我作起对来，反而会使她失去将来帮助我的愿望。我试着从她的立场来看这件事：菜不是她买的，也不是她烧的；她的一些手下太笨，她也没法子；也许我的要求太严厉，火气升得太急。所以，我不但不再打算呵斥她，反而决定以一种友善的方式作为开场白。我决定夸奖她。这个方法特别有效。第二天我见到了艾米，她一脸防备，严阵以待。我说：'听我说，艾米，我要你知道，当我宴客的时候，如果你能在场的话，对我有多重要。你是纽约最好的招待。当然，我很理解菜不是你买的，也不是你烧的。星期三发生的事你也没法子控制。'

"乌云散了。艾米微笑着说：'夫人。问题出在厨房，不是我的错。'

"因此我继续说：'我又安排了其他的宴会，艾米，我需要你的建议。你认为我们是否应该再给厨师一次机会呢？'

"'噢，当然，夫人，当然了。上次的情形绝不会再发生了。'

"下个星期，我再度邀人赴宴。艾米和我一起计划菜单。她将服务费减了一半，再也不提上回的错误。

"当我的宾客到达的时候，餐桌上被两束美国玫瑰花装扮得多彩多姿。艾米亲自在场照应。即使我款待玛莉皇后，服务也不能比那次更周到了。食物精美无比，服务完美无缺。饭菜由四位侍者端上来，而不是一位。艾米亲自端上可口的甜点结束上菜。

"散席的时候，我的宾客们问：'你对招待施了什么法术？我从来没见过这么周到的服务。'

"他们说对了，我对艾米施了友善和诚意的法术。"

因此，当你希望别人同意你的想法时，请不要忘记：以一种友善的方式开始，温和比强硬更有力量。

第七十七章　损有余而补不足

〔题解〕

本章将"天道"和"人道"进行对比说明,表达了老子对"人道"的不满。老子认为"天道"是公平的,减损有余而增补不足,"人道"也应该像"天道"一样。然而现实却是,"人道"减损不足以增补有余。由此,老子感叹"孰能有余以奉天下"。

天之道,其犹张弓①与?高者抑之,下者举之;有余者损之,不足者补之。

天之道,损有余而补不足;人之道②则不然,损不足以奉有余。

孰能有余以奉天下?唯有道者。

是以圣人为而不恃,功成而不处。其不欲见贤。

—●【字词注解】

①张弓:拉开弓弦。

②人之道:人世的法则。

—●【白话解说】

自然的规律,不正像拉弓射箭吗?弦位高了就把它压低一些,弦位低了就把它抬高一些;有余就减损,不足就增补。

自然的规律，是减损有余而增补不足；人世的法则却不是这样，是减损不足而增补有余。

谁能拿出有余的东西供养天下呢？只有有道的人。

所以，圣人有所作为而不自恃，有所成就而不居功，他是不想表现自己的贤能。

【智慧剖析】

上一章讲述了柔弱和刚强所造成的生与死，这一章则继续讲大自然调和有余和不足的规律。老子通过对自然界和人类社会的观察，认为一切事物在其相互对立的矛盾中，都具有同一性。

大道对任何事物都是平等的，也就是说大道对满的、强的损之，对谦的、弱的益之，大道始终保持中和。

自然之道如此，可人们做事却恰恰相反，喜欢减去不足而补充有余。但聪明的圣人哺育万物而不自恃己能，有所成就而不以功自居，因为他不想表现自己的聪明才智。这是有道之人的得道之处。

在这里，老子将大道比喻成射箭时的状态，在射箭时我们都要瞄准目标，从而要与目标保持相对的平衡才能射中，不然的话就只会浪费一支箭羽。因此，当箭靶高了的时候，就往下放一放；低了的时候，就往上抬一抬。如果弓弦长了就减短一些，要是短了就加长一些，总之是要保持平衡状态，才能箭无虚发。

宇宙中的任何事物都是一个整体，每个事物既是边缘又是中心，都能得到大自然的恩惠。大自然本身永远是平衡的，永远是公正的，不管是对待山川大河，还是对待花草蝼蚁，都会给予相同的待遇。它又像一条溪流，总是从高流向低，从满流到亏，始终保持着平衡。

自然大道的规律就是盈满多余的地方会自然减少，而欠缺不足的地方会自然增加。我们都知道地震中有一种现象叫"地陷"，它的产生就是地壳在自然运动中，发现某个地方是空的，是不足的，就会塌陷使它变成实的，足的。这就是大道自然平衡的体现。

所以，聪明的圣人便会从中得到智慧：当自己满足时，不去炫耀，反而贬损自己；一旦自己多余的时候，就会把多余的东西补给那些欠缺的人。这样贬损了自己，别人也得到了好处，那么你与别人的关系自然也就好了，自然不会产生什么矛盾，也不会有什么争斗了。

人与人之间的某些差别只不过是形式上的而已，并没有什么实质差别。所以，领先一步的人根本没有必要自鸣得意。给他人一些帮助，使他人感受到真诚的平等，会得到他人发自内心的感谢。所以，最大的名气不是显露的名气，最大的财富不是炫耀的财富，真正的平衡是顺道自然的平等。我们若是显露名气，天道就会在我们的名气上加上一点儿秽气；我们若是炫耀财富，天道就会在我们的财富上配一名盗贼或者点一把火。这是天道使然，谁也奈何不得；这就是天道的平等，是谁也无法抗拒的。

小故事·大道理

丘吉尔是第二次世界大战时期的英国首相，是个以谦逊著称的伟人。

1941年夏天，一架轰炸机在荷兰某海域上空飞行时，右舷引擎突然起火。驾驶飞机的是新西兰人詹姆斯·艾伦·沃德中士。在千钧一发之际，他腰系一根绳子，在同伴的帮助下，爬上机翼扑灭了火焰，并胜利返航。这种勇敢的行为使他获得了维多利亚十字勋章。

很快，丘吉尔在唐宁街十号接见了沃德。站在英国首相面前，扑火英雄紧张得满脸通红，说不出话来，丘吉尔目不转睛地盯着这位硬汉，问道："你在我面前一定觉得非常紧张和窘迫吧？"

沃德承认确实如此，丘吉尔温和地反问："那么，你也能想象得到，我在你面前也是多么紧张和窘迫吧？"

无论是当首相，还是成为平民，丘吉尔一直保持着谦逊的美德。1955年，丘吉尔辞去首相职务，告老还乡。一天，英国著名作家、史学家罗斯来拜访，一踏进丘吉尔的书房，陈列在房中的一张布告引起了罗斯的兴趣。只见上面写着："悬赏通缉战犯一名：英国人，现年二十五岁，身高五英尺八英寸。体态臃肿，其貌不扬。走路时上身略向前倾，有一嘴乱七八糟的小胡子，说话时鼻音很重，口齿极不流利，不懂荷兰语，愚蠢如猪。此人名叫温斯顿·丘吉尔。"

"以二十五英镑的赏价缉拿逃犯丘吉尔，死活不论。"丘吉尔看到罗斯紧盯着布告，便加重语气说，"二十五英镑，这就是我生命的价格！"

这张布告究竟是怎么回事呢？那是1899年10月，英国发动了对南非布尔人的战争，二十五岁的丘吉尔以随军记者的身份前往战地采访，在一次深入敌区的侦察任务中当了俘虏。但不久，他又机智地逃跑了。于是，布尔人悬赏缉拿逃犯，丘吉尔之所以陈列这张布告，无非是告诫自己，永远不要以了不起的"大人物"自居，自己充其量才值二十五英镑。当了首相没有增，身为平民亦未减，陈列展示这张布告，可谓用心良苦！人们尊重、敬仰一个人，不是因为这个人具有什么样的身份，而是因为这个人身上有令人敬重的品质。

二

真正的聪明人，往往是深藏不露的。本杰明·富兰克林之所以获得很多人的支持，就在于他从不自视甚高。他在自传中说："我立下一条规矩，绝不正面反对别人的意思，也不让自己武断。我甚至不准自己在文字上或语言上表达过分肯定的意见。我绝不用'当然''无疑'这类词，而是用'我想''我假设'或'我以为'之类的词。时间长了就成了习惯。五十年来，没有人听我讲过太武断的话。这种习惯使我提交的新法案能够得到同胞的重视。尽管我不善辞令，更谈不上雄辩，遣词用字也很笨拙，有时还会说错话，但一般来说，我的意见还是得到了广泛的支持。"

第七十八章　弱之胜强，柔之胜刚

〔题解〕

本章以水为喻，阐述柔能克刚、弱能胜强的道理。老子希望统治者具备水一样的德行，能够居卑处弱，承受屈辱和灾难。本章末尾，老子提出"正言若反"的观点，反映了他对事物的辩证认识。

【原文】

天下莫柔弱于水，而攻坚强者莫之能胜，以其无以易之①。

弱之胜强，柔之胜刚，天下莫不知，莫能行。

是以圣人云："受国之垢②，是谓社稷主；受国不祥，是为天下王。"正言若反③。

—●【字词注解】

①以其无以易之：因为它是不可取代的。易，替代，取代。

②垢：这里指屈辱。

③正言若反：符合正道的语言像是反话。

—●【白话解说】

天下没有比水更柔弱的了，但攻坚克强没有能胜过水的，这是因为水是不可取代的。

弱胜过强，柔胜过刚，天下无人不知，但没有人能够实行。

所以，圣人说："能够承受一国屈辱的人，才称得上国家的君主；能够承受一国灾难的人，才称得上天下的君王。"符合正道的语言像是反话。

【智慧剖析】

本章内容主要包括两点：一是对水的赞美，二是"正言若反"。

老子认为：水虽然表面看来是柔弱卑下的，但它能穿山透石、淹田毁舍，任何强硬的东西都阻止不了它，战胜不了它，因此，老子坚信，柔弱的东西必能胜过刚强的东西。这里，老子所说的柔弱，是柔中带刚、弱中有强、坚韧无比。所以，对于老子柔弱似水的主张，应该深入理解，不能停留在字面上。由此推而言之，老子认为，有道的圣人就像水一样，甘愿处于卑下柔弱的位置，对人民实行"无为而治"。

再说"正言若反"。"正言若反"是老子对全书中那些相反相成的言论的高度概括，例如"大成若缺""大盈若冲""大直若屈""大巧若拙""大辩若讷""明道若昧""进道若退""夷道若纇""上德若谷""大白若辱""广德若不足""建德若偷""质真若渝""大方无隅""大器晚成""大音希声"等等。这些结构类似的词组，其组成部分本是彼此相异、互相排斥的，但在老子这里，表示某种特定事物的概念和它的对立方有了统一性，二者互相包含，互相融合，互相渗透，彼此一致。于是，在同一个判断中，就包含了对立概念的流动、转化，体现了概念的灵活性。这种灵活性是有条件的，老子的话也只在一定条件下才有意义。

"柔弱胜刚强"是老子长期思考的结果。世间万物，孰为最强者？"上善若水，水善利万物而不争""天下莫柔弱于水，而攻坚强者莫之能胜"。水滋润万物，性柔弱，在方为方，在圆为圆，去高就下，顺其自然，可谓柔之至、弱之极，然而水也能斩关夺道，决堤冲坝，穿石毁物，无坚不摧，无所不至。做人应效法水之精神，以柔和宽容之心待人，以水滴石穿之力对待一切困难。

老子之意在于揭示"刚则易折，以柔克刚"之至理，"天下之至柔，驰骋天下之至坚，无有入无间"。天下最柔弱的东西，腾越穿行于最坚硬的东西中；无形的力量可以穿透没有间隙的东西。做人还要学会以情动人，学会为他人着想，学会关心他人并不求回报，这样反而能让人信服。"既以为人，己愈有；既以与人，己愈多"，即为他人做的贡献愈大，自己就愈满足，精神上给予得愈多，自己就愈富有。

据此，可反衬出两种人不符"水性"：一种锋芒毕露，左砍右杀，自以为威风；另一种斤斤计较，患得患失，机关算尽。这两种人早晚会失信于群体。

在老子看来，柔弱具有一种内在的生命力，不是虚弱，不是脆弱，而是柔韧，有一种不断发展、成长的生机，必定能战胜"强大"，因为"强大"也就意味着已走向死亡——物壮则老。像水那样柔弱，那样趋下，那样平而后止；像水那样深沉平静，那样不求报答，那样洗涤污秽，正是为了"胜刚""胜强"。

要保持刚强，不是立足于正面，而是立足于反面；不是运用刚强，而是保持阴、柔、弱、雌、厚。

当然有一点必须加以说明，"柔弱胜刚强"，守柔处弱，并不是"装"字便可解释的。因为，这里的"柔弱"指的是发展着的强壮在发展过程中必定呈现的柔弱。

事物的发展有其规律，从发展的眼光来看待事物的强弱，这是很自然的。

"柔弱胜刚强"是《老子》的决胜之道，既是为人处世之道，又是治国之道，是老子辩证法思想的集中体现。

老子并非完全排斥刚，完全排斥似乎也不通情理，老子是叫我们做人不能太刚直了，人太刚直会走向反面，这种人往往固执己见，不知退让，不会变通，没有半点柔弱的气象。

人生在世，毫无刚直之气是不行的，尤其应该心有所主，有一些确定的做人准则。这样，人们可勇气倍增，可与恶行恶事抗衡，凸显自我的个性和风貌。但是，刚直并不是赌气，不是去追求无益的个人"胜利"。冯梦龙笔下的那对刚直父子，仅仅为了避让的小事，就与人对着干，不管其他的事，这就由刚直走向了蛮干，久了会引起别人的厌恶，最终会在人生旅途中碰得头破血流。所以说，刚而不柔是大恶。

小故事·大道理

一

战国时，齐国出兵攻打楚国。楚国的令尹子发率兵抵御，三次交战，三次皆败，子发用了很多办法，齐军始终未受影响，声势依然强大。

正在子发犯愁的时候，有一个小偷求见子发。小偷一本正经地对子发说："国家兴亡，匹夫有责。我外号'神偷'，今晚去敌营一试，说不定能扭转局势。"子发别无他法，只好同意了他的请求。

小偷趁着夜色偷偷潜入齐军营地，把营帐偷了回来。子发派人把偷来的营帐送还给齐军统帅。第二天晚上，小偷又偷回齐军统帅的枕头，子发又公开送了回去。第三天晚上，小偷又偷回齐军统帅的发簪，子发还是派人送了回去。这时候，齐军统帅已惊惶至极，心想：这样下去，我的脑袋岂不要被偷去了吗？于是急忙下令班师回国。

二

某公司的总经理，为了一桩十分重要的生意，亲自飞往异国参加商业谈判。

经过十三个小时的飞行，这位总经理感到筋疲力尽，于是临下飞机时嘱咐随行人员说："我们现在最需要的是痛痛快快地洗个澡，然后美美地睡上一觉。一会儿下了飞机，我们哪里都不去，直接去酒店休整。"

没想到，他们刚走下飞机的舷梯，与他们谈判的那家公司的欢迎队伍已经站在那里等候着了。一个公关小姐上前对这位总经理说："欢迎您的到来。我们的老板为您准备了欢迎晚宴，现在已经恭候多时了，请您一定赏光。"她一边说一边不停地躬身施礼，其盛情使人实在难以推辞，无奈之下，一行人只得先去赴宴。

宴会上，不但酒菜十分丰盛，而且东道主表现得特别热情，也不知哪来的那么多部门负责人，一个个地来劝总经理喝酒。这位总经理喝得很痛快，直到深夜才到旅馆休息。

第二天一大早，总经理还在睡梦之中，对方便有人来敲门，说自己这边的谈判代表已恭候多时了。

这位总经理匆匆忙忙地洗漱，穿戴完毕后来到谈判桌前。对方代表准备充分，精神焕发，头脑清醒，口齿伶俐，而总经理和他的随行人员宿醉未醒，满脸倦意。这场谈判以对方胜利告终。

用酒宴招待客人，一般没有恶意。但这家公司在谈判前安排的酒宴，实属"鸿门宴"。他们的笑脸和热情之中，暗藏着"杀机"，虽然不是置人于死地，却也意在引诱对方上当受骗。

第七十九章　天道无亲，常与善人

〔题解〕

本章的主旨是告诫统治者不要与民结怨。老子认为，调和怨恨并不能消除怨恨，统治者应当与民为善，爱民护民，以"德"化民，不骚扰百姓，这样才算符合天道。

原文

和①大怨，必有余怨，报怨以德，安可以为善？
是以圣人执左契②，而不责③于人。有德司契④，无德司彻⑤。
天道无亲⑥，常与⑦善人。

【字词注解】

①和：调和，消解。
②左契：古代借贷时，在竹简或木简上刻字，然后剖成两半，借贷双方各执一半，作为凭证。左契由债权人持有。
③责：讨债。
④司契：掌管券契。
⑤司彻：掌管税收。彻，周朝税法的名称，这里指税收。
⑥无亲：无所偏爱。
⑦与：帮助。

── ●【白话解说】

调和大的怨恨，必然有余留的怨恨，以德报怨，怎么可以算作为善呢？

所以圣人虽然持有券契，却并不向人讨债。所以有德的人掌管券契，无德的人主管税收。

天道对人无所偏爱，经常帮助有德的善人。

── ●【智慧剖析】

本章是帛书本《德经》的末篇，老子在本章中讲怨与善。

本章先由"和大怨，必有余怨"说起，引出下文，引出正题。老子认为一味地调和大怨，必定会有余怨未消，这样做事不能称为善。这就说明，必须承认并正视冤仇怨恨的客观存在，积怨难消，光靠调和是无法消除大怨的。本章由此引出"是以圣人执左契，而不以责于人"一句，老子希望人们能够成为有德、行善之人，这样才能得到天道的庇护。因为"天道无亲"，天道对一切事物都没有偏爱。而有德、行善之人之所以能得到"天道"的帮助，是因为他们顺应自然规律。他是在劝说那些剥削者，劝他们积德行善，不要扰害百姓，否则必然会遭受自然规律的惩罚。在本章中，老子着重强调了这一点，他认为"德"无法完全调解大怨，最好的办法就是不要与人结怨，也就是要求统治者实行清静无为的政策，辅助百姓而不去干涉他们，给予百姓而不去向他们索取，如此便不会积蓄仇怨，而这也是治理国家的上策。否则，若是肆意盘剥搜刮，随意施以严刑峻法来管制人民，只会与民结怨，而这也是治理国家的下策。

以一种自然的方式为人处世，对万事万物都保持一种平和的心态，不分亲疏远近，也不计较个人得失，也就不会与他人产生矛盾，从而避免积下怨气。

哲学家斯宾诺莎在《情绪的界说》一书中，提出了这样一个著名的观点：痛苦与快乐是可以相互转换的。虽然不是所有普通人都能企及哲人的睿智，但是其中的精辟哲理，却是每一个想从忧愁转向快乐的人都能汲取的养料。生活中，失败的人与平庸的人是因为心态和观念存在问题——

当遭遇困难的时候，他们就会想着找捷径。"我不行，我还是后退吧。"结果往往就退到了失败的深渊里。而成功的人遭遇困难的时候，仍然保持乐观的心态，并对自己说"我行""我一定行的"，以此来鼓励自己继续做下去，不断想办法克服困难，最终到达胜利的彼岸。爱迪生发明电灯时，遭遇了上千次的失败，但是他从未想过退缩，最后终于成功发明了电灯。因此，成功学创始人拿破仑·希尔说，人能不能成功，关键在于他的心态。面对人生，成功的人总是抱着积极的心态，即PMA（Positive Mental Attitude）；而失败的人则抱着消极的心态，即NMA（Negative Mental Attitude）。积极的心态支配着成功者的人生，使他们在做事时，不拘泥于陈规，而是积极地去思考，保持乐观的情绪；而失败者则受过去的失败与忧虑所支配。

有些人总是喜欢说他们的人生与地位由环境因素决定，他们这种观念根深蒂固，难以改变。但事实上，我们的现状并不是由环境造成的。我们的人生由我们自己决定和主宰。纳粹德国集中营的一位幸存者维克托·富兰克尔说："即便到了最艰难的环境中，人也还有一种自由，这种自由便是选择自己心态的自由。"当然，积极的心态无法保证你的人生一帆风顺，事事成功，但是它能改善你做事的方式，从而改善你的人生。只有当积极的心态与其他几个成功定律相互结合的时候，你才能顺利到达成功人生的彼岸。拿破仑·希尔曾说，从未见过保持消极心态的人能够拥有成功的人生，即便幸运地成功了，那也不过是昙花一现，转瞬即逝。

只要你心中怀有一个信念，坚信自己能够非常圆满地完成工作，那么在工作的时候，你就会非常自信，而你常常这样想，并且有意识地去做到最好，这样一来，你的信心就会增强。再比如，你对一个人非常有好感，你就会主动接近他，与他进一步接触后，会被他的优点所吸引而更加喜欢他。这是一种情绪与行为互相影响的例子。同样，对你自己也是一样，你做事的方式会使你心理上坚持的信念不断加深。因此，当一个人越懂得怎样做人时，他就会越发觉得，只要自己努力就一定会成功，实际上，除了自己，没人能打败你。

小故事·大道理

塞尔玛随丈夫驻扎在一个位于沙漠的陆军基地。她的丈夫大部分时间在基地内，塞尔玛则留在陆军基地的小铁皮房家属宿舍里。这里的天气非常炎热——即使处于仙人掌的阴影下，温度也达到了四十三摄氏度。这里没有人和她聊天，她身边不是墨西哥人就是印第安人，而他们都不会说英语。她感到非常难过，就给父母写了信，说要抛开一切回家。之后，她收到了父亲的回信，信上虽然只有两行字，却永远刻在了她的心里，也彻底改变了她的生活。

两个人从牢中的铁窗向外面看去，
一个看到了星星，一个却只看到了泥土。

塞尔玛反复读着这两行字，感到非常惭愧。她决定在沙漠中找到"星星"。

塞尔玛开始与当地人交朋友，他们的反应让她非常惊喜：她对他们的纺织品与陶器非常感兴趣，他们就把自己最喜欢、不舍得卖给观光客的纺织品与陶器送给了她。塞尔玛还研究那些让人着迷的仙人掌以及各种沙漠植物、动物，还学习了有关土拨鼠的知识。她观看沙漠的日落，还找到了海螺壳，这些海螺壳已经存在几万年了——那时这里还是海洋。原本难以忍受的环境如今变成了让人流连忘返的新奇之地。

这位女士的内心因为什么发生了如此巨大的转变？沙漠没有变，印第安人也没有变，但是这位女士的想法改变了，心态也改变了。一念之差，使她将原本认为难以忍受的境况变成了一生中最有意义的冒险。她对自己发现了如此美妙的新世界感到异常兴奋，为此她写了一本书，并以《快乐的城堡》为书名出版了。而她从自己所在的"牢房"向外看去，终于看到了星星。

第八十章　小国寡民

〔题解〕

本章描述了老子理想中的国家的美好蓝图，反映了老子"无为而治"的政治主张。老子提出"小国寡民"，要求摒弃一切先进的东西，回归远古时淳朴自然的状态。老子这种复古倒退的设想，只是他虚构的理想社会，不可能实现。但这也可以看出他对现实的不满和对百姓的同情。

原文

小国寡民。使有什伯之器①而不用，使民重死而不远徙。虽有舟舆，无所乘之；虽有甲兵，无所陈之。使民复结绳②而用之。甘其食，美其服，安其居，乐其俗。邻国相望，鸡犬之声相闻，民至老死，不相往来。

【字词注解】

①什伯之器：十倍、百倍于人力的器械。什伯，谓超过十倍、百倍。
②结绳：上古时期没有文字，人们用绳子打结来记事和记数。

【白话解说】

使国家小，使百姓少。使百姓有十倍、百倍于人力的器械也不使用；

使百姓重视死亡而不愿往远处迁徙。虽有船只车辆，却没有人乘用；虽有兵器，却没有地方陈列；使百姓恢复到结绳记事的状态。使百姓吃得香甜，穿得漂亮，住得安适，风俗和乐。相邻的国家相互可以望见，鸡鸣狗叫相互可以听到，百姓直到老死也不相互往来。

【智慧剖析】

本章讲述了奉行道德之后的社会状态，是老子理想中的社会形态。

"小国寡民"实际上是因不满于现实而在当时散落的农村生活的基础上构想出来的桃花源式的社会生活图景。在那里，社会秩序无须使用法治力量来维持，光靠各人纯良的本性便能相安无事。在那里，没有剥削和压迫，没有战争和掠夺，没有文化的污染，也没有凶悍之力和恐惧之心。故而人民没有焦虑与不安的情绪，也没有恐惧与失落的感受。这淳朴自然的社区，实际上是对古代乡间生活的理想化描绘。

正如孔子所说："知之者，不如好之者。好之者，不如乐之者。"这样的境界就在我们身边，唾手可得呀！

人生在世，重要的并非过得多么舒服、活得多么安逸，而是要活得快乐充实，活得心安理得，充分发挥生命的价值。

真正幸福美满的人生，源自智慧和修养，这是无法用金钱衡量的。金钱无法买到知识和学问，无法增进人的道德水准与涵养，这一点是肯定的，否则，富人都是快活的神仙了。

幸福并不是一颗美丽、难以寻找的巨大宝石，也不是不管付出多大的努力都无法寻到的幻境。相反，它是由一系列平凡又细小的宝石串起来的珠串，这些宝石散发着快乐、优美的情趣。幸福即散布于普通生活道路上的各种平凡的快乐，我们往往热衷于追求某些宏大而动人心魄的快乐，容易忽略这些微小的快乐。在我们诚实且正直地履行职责的过程中，幸福便会露出会心的微笑。

快乐非常复杂，无法说清，也是世界上最难的一道题；但是，快乐又很简单，犹如一颗透明的水滴、一支歌、一首诗、一片绿叶、一朵小花、一只小动物……

快乐即幸福，一个人若能在平凡的日常生活中发现快乐，那么这个人就比他人幸福。

大智若愚，一切伟大都潜藏于平凡之中。你不懂何为缘分，也就是说你同所有人都有缘分，你爱所有需要帮助的人；你不懂何为失望，所以你的心中永远有希望与快乐；你降低了自己对大自然索取的欲望，直至几乎为零，这样你也就不存在占有和失去的烦忧……

你将人性中行善的美德，以爱心、耐心及宽容打造出一艘人类所希望的"诺亚方舟"；你又用勤劳、理性与不屈不挠的勇气，在"诺亚方舟"之上营造有望抵达彼岸的快乐人生。

快乐只是一种感觉，无所谓"有"，也无所谓"无"。所有以贪欲和刺激获得的满足，都不会长久。只有在平和、平静以及平凡中去体味人生，方能有快乐如涓涓泉水滋润你的灵魂，并源源不断地流过你的生命。

将世上所有复杂的纷扰都化"繁"为"简"。让我们的"吃""住""行"变得简单；将自我的"小爱"转化为人类的"大爱"，爱所有需要帮助的人。

儒家讲究中庸之道，说的是安身立命、免受伤害的圆融处世之道。当然，庸德、庸行指的是与人打交道时保全自身的策略，并非要人们不思进取；人类的发展仍旧需要依靠人类自身的不断追求、探索才能取得进步。人类是在探求未知的过程中向前发展的，正所谓学问需要求疑，科学技术需要假设，社会的发展需要人们敢于提出独到的见解。如今，世界各国争着发展科技，无不以繁荣经济为基础，不断求新、求变、求奇，而发明新科技的原动力便是"异行奇能"。

现代科技的发展日新月异，诸多奇异的设想不断变为现实。尽管现代文明中有很多问题还无法解决，但再回归农业社会时代"狗吠深巷中，鸡鸣桑树颠"的原始状态中去，以满足一种理想的憧憬和美化的回忆，是不可行的。

在当下的平凡生活中用心感知并体味快乐，实际上是我们人生中沉于下而超乎上的极妙境界。

小故事·大道理

一个朋友讲了这样一个故事：

我见过这样一个人力三轮车夫，他五十多岁，从他的样貌中看得出他年轻时面容俊美，倘若去做歌手，应该属于偶像级的。问他为何愿意做这样的活儿，他笑着跳下车，并且夸张地走了几步给我看：哦，原来他跛足，左腿长，右腿短，天生的。

我有些不忍。可他却非常坦然，笑着对我说，为了少走路，踩三轮车便是再好不过的伪装了，这也算是"英雄有用武之地"。不一会儿，他还转过头"告慰"我："我老婆非常漂亮，儿子也非常帅！"

坐他的车，如沐春风。他说，自己的文化不高，但体力好，踩三轮车，非常环保，也能养家糊口，一天可以挣到上百元。他还说自己有"人生三愿"，那就是吃得下饭、睡得着觉、笑得出来。

正是为了这"三愿"，我多付了他一倍的车钱，他非常高兴。这又让我想起另一位跛足的女子，她喜欢跳舞，由于微跛，一些弧步反而跳得更漂亮，更流畅，所以她最后成了舞厅皇后。她总结自己说："我使我的不足得到了充分发展！"

而另一位女子爱好自助旅行，拍了很多照片，并积极地出版发行。记者采访她时，她非常认真地回答道："由于我长得丑，所以非常有安全感，倘若换了杨钰莹或张柏芝那样的美女去自助旅行，那就有些危险了。因此，我要感谢我的丑！"

英国有位作家兼电台主持人，名叫汤姆·撒克，他事业、爱情都非常得意。尽管他的身高只有一米三，但他并不自卑，当别人只学会"走"时，他却学会了"跳"，所以他获得了成功。他有句豪言壮语："我能够获得任何我想得到的东西。"

有一位著名的作家总对自己说:"倘若我没有出生,我就无法听见踩在雪上发出的'咯吱'声,无法闻到木材燃烧时散发的香味,也无法看见人们眼中散发的爱的光芒,更不可能感受到因自己的奋斗所带来的成功的快乐……存活于世间,是一件多么幸运的事啊!我为何不尽情地享受生活中的每一天呢?"

第八十一章　利而不害，为而不争

〔题解〕

本章是《道德经》的最后一章，阐述了"不争"的道理。老子首先用朴素的辩证法观点总结人生的经验，提醒人们要信实、讷言、专精。随后由"天道"推及"人道"，说明圣人伟大的品德，启示人们要多帮助、给予他人。

【原文】

信言①不美，美言②不信。

善者③不辩，辩者④不善。

知者⑤不博，博者不知。

圣人不积⑥，既⑦以为人，己愈有；既以与人，己愈多。

天之道，利而不害；圣人之道，为而不争。

【字词注解】

①信言：真实的话。

②美言：华美的话。

③善者：善良的人。

④辩者：能言善辩的人。

⑤知者：有真才实学的人。

⑥不积:无所保留。积,积藏。

⑦既:尽。

【白话解说】

真实的话语不华美,华美的话语不真实。

善良的人不善辩,善辩的人不善良。

有真知的人不自认广博,自认广博的人没有真知。

圣人不积藏财货,竭力帮助别人,自己却更富有;给予别人,自己得到更多。

自然的规律,是有利于万事万物而不害物;圣人的法则,是帮助、给予而不争夺。

【智慧剖析】

本章一开头就提出了信与美、善与辩、知与博。这实际上是真假、美丑、善恶的问题。而且,在圣人的心中,人世间为了名利或物质享受而引起的争斗,如同两只蚂蚁争夺一块腐肉,不值一哂。所谓"不争",指的是不争权夺利。倘若说"善者不辩"一句是在提醒人们要注意修口德的话,那么"为而不争"则是在劝说人们修心向善。"不争"并非让人们无动于衷、无所作为,而是劝说人们凡事要顺应自然,不可强取豪夺。圣人都是秉持"为而不争"的心态,竭尽所能地帮助他人而不索取回报,且不与他人争夺。顺应自然,是一种超凡脱俗的境界。

茫茫天地间,人类就像浩瀚大海里的游鱼,成群结队,形态不一,大小不一。抬头望天上的星星,低头看草叶上的露珠,一切都是那样使人欣喜,让人感动。这些美丽的事物是天地给予我们的礼物,天地无私地给予而不求回报,更不会伤害人类。圣人也是如此,他们默默地给予别人帮助而不要求回报,他们不与万物争斗,不妄为,更没有欲望。这是一种多么幽远、高深的境界,但是他们看起来又是如此普通。

不争,社会才能多一分安宁与和谐;都争,则可能会是一场空。为而不争,就是要我们以良好的心态,用正确的处世态度和名利观,踏实做人，用心做事。

小故事·大道理

清康熙年间有位名臣，名叫张英，他的一纸家信留下了著名的"六尺巷"的故事。而他也正是凭借这种"不争"的做法，深得康熙皇帝的信任与器重。

张英出生于安徽桐城，他在京做官时，并未携带家眷，家眷仍旧在老家生活。一次，张英老家的邻居吴氏私自占用了张英家的一块空地，张家人就想让吴家人把地腾出来，吴家人却说这块地本就是他们的，两家人互不相让，于是告到县衙。县官因为两家的背景，并未做出判决。无奈，张英的家人只好写信给身在京城的张英，想让他出面解决。

当时，张英官居文华殿大学士，正一品，若想争这样一块小地方，绝对没有问题，更何况那块地方本来就是他们家的。等了许久，他的家人终于盼到了他的回信，拆开一看，却只有这样一首诗：

千里修书只为墙，
让他三尺又何妨。
万里长城今犹在，
不见当年秦始皇。

不愧为官居一品的朝廷大员，张英不仅有远见，胸襟也宽广，他认为吃这么点儿小亏不算什么，当年秦始皇建造万里长城圈定了那么大的一片江山，如今他又在哪里呢？倘若因为这样一小块地方与邻居结下仇怨，那才真是不值呢。

他的家人收到信后也非常有感触，马上按照他的嘱咐让出了三尺土地，以表示不再相争。邻居吴家得知以后，感佩张家的大度，也让出了三尺土地，而这空出的六尺宽的过道就被称作"六尺巷"，传为美谈。

中华传统文化国粹经典文库书目

		第一辑	
序号	书名	作者/编者	导读者
1	三国演义	[明]罗贯中/著	郑铁生
2	水浒传	[明]施耐庵/著	宁稼雨 石 麟
3	西游记	[明]吴承恩/著	孟昭连
4	红楼梦	[清]曹雪芹 高 鹗/著	郑铁生
5	镜花缘	[清]李汝珍/著	欧阳健
6	白话聊斋	[清]蒲松龄/著	王晓华
7	阅微草堂笔记	[清]纪 昀/著	吴 波
8	西厢记	[元]王实甫/著	周传家
9	世说新语	[南朝宋]刘义庆等/著	侯忠义
10	山海经	[汉]刘 歆/编	马文大
11	道德经	[春秋]老 子/著	王 蒙
12	四库全书	[清]纪 昀等/编	林 骅
13	唐诗三百首	立 人/编	徐 刚
14	元曲三百首	立 人/编	查洪德
15	宋词三百首	立 人/编	韩小蕙
16	中华成语典故	立 人/编	陈世旭
17	中华寓言故事	立 人/编	陈世旭
18	颜氏家训	[南北朝]颜之推/著	孙钦善
19	治家格言	[清]朱伯庐/著	李硕儒
20	了凡四训	[明]袁了凡/著	俞 前
21	增广贤文	立 人/编	孙立仁
22	牡丹亭	[明]汤显祖/著	周传家
23	随园诗话	[清]袁 枚/著	潘务正
24	人间词话	王国维/著	陈世旭
25	楚辞	[战国]屈 原等/著	石 厉
26	吴越春秋	[东汉]赵 晔/著	田秉锷
27	菜根谭	[明]洪应明/著	俞 前
28	小窗幽记	[明]陈继儒等/著	陈喜儒
29	围炉夜话	[清]王永彬/著	陈喜儒
30	浮生六记	[清]沈 复/著	王晓华
31	传习录	[明]王阳明/著	王建新
32	说文解字	[东汉]许 慎/著	冯 蒸
		第二辑	
序号	书名	作者/编者	导读者
1	史记	[西汉]司马迁/著	关四平
2	资治通鉴	[北宋]司马光/编	张秋升
3	春秋左传	[春秋]左丘明/著	石定果
4	战国策	[西汉]刘 向/编	李瑞兰
5	汉书	[东汉]班 固/著	关四平
6	三国志	[晋]陈 寿/著	郑铁生
7	古文观止	[清]吴楚材 吴调侯/编	牛 倩
8	论语	[春秋]孔 子等/著	石 厉
9	孟子	[战国]孟 子/著	邵永海

中华传统文化国粹经典文库书目

序号	书名	作者/编者	导读者
10	庄子	[战国]庄子/著	尚学峰
11	荀子	[战国]荀子/著	尚学峰
12	管子	[春秋]管子等/著	官铎
13	墨子	[战国]墨子等/著	陈鹏程
14	韩非子	[战国]韩非/著	邵永海
15	列子	[战国]列子/著	陈鹏程
16	鬼谷子	[战国]鬼谷子/著	张世林
17	淮南子	[西汉]刘安等/著	张秋升
18	诸子百家	立人/编	张弦生
19	孔子家语	孔子门人/编	薄克礼
20	吕氏春秋	[战国]吕不韦等/编	田秉锷
21	礼记·尚书	[西汉]戴圣/著	冯蒸
22	三言二拍	[明]冯梦龙 凌濛初/著	宁宗一
23	隋唐演义	[清]褚人获/著	欧阳健
24	聊斋志异	[清]蒲松龄/著	林骅
25	儒林外史	[清]吴敬梓/著	吴波
26	东周列国志	[明]冯梦龙/著	侯忠义
27	弟子规·千家诗	[清]李毓秀/著 [南宋]谢枋得 王相/编	郑铁生
28	孙子兵法·三十六计	[春秋]孙武/著	李海涛
29	容斋随笔	[南宋]洪迈/著	李硕儒
30	纳兰词	[清]纳兰性德/著	李硕儒
31	豪放词·婉约词	立人/编	韩小蕙
32	唐宋散文八大家	立人/编	卓然

第三辑

序号	书名	作者/编者	导读者
1	中华上下五千年	立人/编	林海清
2	二十五史	立人/编	林海清
3	四书五经	立人/编	张弦生
4	智囊全集	[明]冯梦龙/编	周传家
5	贞观政要	[唐]吴兢/著	张弦生
6	诗经	[春秋]孔子/编	石厉
7	孝经	[春秋]孔子/著	田秉锷
8	挺经	[清]曾国藩/著	王建新
9	易经	立人/编	李树果
10	冰鉴	[清]曾国藩/著	陈喜儒
11	糊涂经	立人/编	周传家
12	周易全书	立人/编	郑铁生
13	黄帝内经	立人/编	廉玉麟
14	本草纲目	[明]李时珍/著	廉玉麟
15	三字经·百家姓·千字文	[南宋]王应麟 [南北朝]周兴嗣/著	乔卉林
16	大学·中庸	[春秋]曾子 [战国]子思/著	牛倩
17	曾国藩家书	[清]曾国藩/著	武道房
18	唐诗·宋词·元曲	立人/编	卓然
	未完待续……